GIBT'S DAS AUCH IN GRÜN?

KERSTIN SCHEIDECKER
KATJA TÖLLE

GIBT'S DAS AUCH IN GRÜN?

TRICKS DER INDUSTRIE DURCHSCHAUEN, NACHHALTIG EINKAUFEN

Campus Verlag
Frankfurt/New York

Hinweis: Alle in diesem Buch gemachten Angaben stellen den Stand der Recherche im Herbst 2023 dar.

ISBN 978-3-593-51837-4 Print
ISBN 978-3-593-45660-7 E-Book (PDF)
ISBN 978-3-593-45659-1 E-Book (EPUB)

Umschlaggestaltung: Guido Klütsch, Köln
Umschlagmotiv: © Nina Rocco/ÖKO-TEST Verlag GmbH & Co. KG
Satz: DeinSatz Marburg UG | tn
Gesetzt aus: Minion, Myriad und Leafy
Druck und Bindung: Beltz Grafische Betriebe GmbH, Bad Langensalza
Printed in Germany

www.campus.de

INHALT

SHOPPEN FÜRS KLIMA?

Kaufen müssen wir alle. Und dabei wissen wir sehr genau: Konsum zerstört die Umwelt, Konsum hat kein Gewissen. Für den Glitzer in unseren Lippenstiften arbeiten Kinder in indischen Minen, für unseren Ketchup bauen Zwangsarbeiter in China Tomaten an, für unsere Milch leben Kühe angebunden in engen Ställen, in denen sie sich nicht bewegen können. Unsere Waschmittel spülen jede Menge Chemikalien in die Meere, unser Hunger auf Erdbeeren und Avocados trocknet die Anbauländer aus. Die Verpackungen, die unser Konsum mit sich bringt, bilden inzwischen riesige Plastikinseln in den Meeren. Und unser Strom? Ist selten so »öko«, wie die Energieanbieter versprechen.

Die Industrie verkauft uns Umweltsünden – und wir kaufen sie. Weil wir sie selten überhaupt erkennen. Denn: Kein Hersteller, der chinesische Tomaten in seinem Ketchup verarbeitet, will, dass wir das wissen. Deswegen vertuscht er diesen ökologischen Irrsinn. Nur wie? Und wie verstecken Kosmetikhersteller Mikroplastik in ihren Tuben? Wie täuscht die Milchlobby Klimaschutz vor, obwohl Rinderhaltung einer der massivsten Treiber der menschengemachten Klimakrise ist? Dieses Buch zeigt, wie wir die Tricks der Industrie erkennen – und was wir dagegen tun können. Wie wir bewusst kaufen können, ohne dabei ständig ein schlechtes Gewissen haben zu müssen.

Dabei bleiben wir bewusst im Spannungsfeld zwischen »Was soll es schon bringen, wenn ich festes Shampoo kaufe?« und den großen, notwendigen Veränderungen, für die Politik und Industrie verantwortlich sind. Wir wälzen die Verantwortung nicht auf die Einzelne oder den Einzelnen ab, hängen nicht dem Irrglauben an, dass individuelle Entscheidungen das Klima retten können. Aber einfach zurücklehnen?

»Es gibt kein richtiges Leben im falschen« …? Sosehr wir Adorno schätzen – ein bisschen weniger falsch wäre ja schon mal ein Anfang.

Wir sehen Politik und Industrie in der Verantwortung, wissen aber auch, dass Veränderung im Großen durch Konsumveränderung im Kleinen möglich ist. Denn: Bio-Lebensmittel im Discounter gibt es nur, weil die Verbraucherinnen und Verbraucher immer häufiger zu Bio gegriffen haben. Die Auswahl an veganen Ersatzprodukten ist nur so groß, weil immer mehr Menschen immer häufiger auf Fleisch verzichten. Und das Lieferkettensorgfaltspflichtengesetz kommt nur, weil das Bewusstsein dafür gestiegen ist. Weil Umwelt- und Verbraucherschützer so genau hingeschaut haben und immer wieder so laut auf die Missstände am anderen Ende der Lieferkette aufmerksam gemacht haben. Denn wenn unsere Tests bei ÖKO-TEST eines seit Jahrzehnten zeigen, dann das: Die Industrie bewegt sich nicht freiwillig. Bewegung entsteht durch Druck – von Verbraucherschützerinnen, Umweltschützern und von jedem und jeder Einzelnen. Und von uns bei ÖKO-TEST. Es hat sich schon viel bewegt. Und es wird sich noch viel mehr verändern. Denn wir werden nicht aufhören, Produkte zu testen, Klimalügen und Greenwashing aufzudecken und die Industrie immer wieder laut zu fragen: »Gibt's das auch in Grün?«

Wir stellen in diesem Buch die Ergebnisse vieler Tests vor. Weitere Informationen zu vielen der ausgewählten Tests finden Sie auf gibts-das-auch-in-gruen.de. Wenn Sie Ideen haben, was wir uns unbedingt einmal vornehmen sollten, wenn Sie sich über grün gewaschene Produkte ärgern, die alles andere als ökologisch sind, oder Sie uns von Ihren Erfahrungen mit wirklich grünen Produkten erzählen möchten – schreiben Sie uns unter gibts-das-auch-in-gruen@oekotest.de. Wir sind gespannt auf Ihre Nachrichten, Geschichten und Hinweise.

Was jetzt also tun? Komplett vegan leben? Klamotten nur noch gebraucht kaufen? Überhaupt kein Plastik mehr verwenden? Schreckt viele ab – uns übrigens auch. Deswegen wollen wir zeigen, wie wir in kleinen Schritten zu einem gesunden und nachhaltigen Konsum gelangen. Und wie wir im Großen Politik und Industrie dazu bewegen, die notwendigen Änderungen umzusetzen. Was bringt das? Für die Umwelt und für unsere Gesundheit? Was sagen unsere Tests dazu? Was haben wir über die Jahre herausgefunden? Und wie setzen wir es um?

1

WEIT GEREISTER IRRSINN

Wir können alles haben, immer. Erdbeeren im Dezember, Rosen im Februar und Bananen das ganze Jahr über, obwohl bei uns keine einzige Banane wächst. Gäbe es keinen globalen Handel, könnten wir überhaupt nie Bananen essen. Wir könnten keine Rosen zum Valentinstag verschenken und Erdbeeren im Dezember hätten wir auch nicht. Auf die Erdbeeren zu Weihnachten könnten wir vielleicht gut und gerne verzichten. Aber sie sind nur die sprichwörtliche Spitze des Eisbergs. Denn dass Dezembererdbeeren nicht aus regionaler Produktion kommen, das leuchtet jeder Verbraucherin, jedem Verbraucher unmittelbar ein. Wir können es erkennen, weil die Händler das Herkunftsland auf der Verpackung oder dem Schild an der Obsttheke angeben müssen. Doch bei vielen anderen Produkten tappen wir im Dunkeln. Wir kommen gar nicht auf die Idee, dass auch saisonunabhängige hochverarbeitete Lebensmittel dreimal um die Welt gereist sein könnten, bevor sie in unserem Einkaufskorb landen. Denn die Industrie importiert längst nicht nur Dinge, die es bei uns nicht gibt.

Die Industrie importiert genauso das eher saisonunabhängige Tomatenmark aus China, Hühnerfleisch aus Brasilien und Honig aus Uruguay. In den allermeisten Fällen ist der Grund dafür ganz einfach: Das Lebensmittel in einem anderen Land zu produzieren und dann um die halbe Welt zu verschiffen, ist immer noch günstiger, als es bei uns herzustellen.

Ja, und? Ist das nicht einfach okay in einer globalisierten Welt? Internationale Arbeitsteilung eben. Profitieren davon nicht alle? Wir, weil wir (noch mehr) Tomatenmark bekommen, und China, weil China Geld damit verdient, uns Tomatenmark zu verkaufen? Ja, na ja! Also einmal ganz von dem ökologischen Irrsinn abgesehen, das Mark per Schiff um die halbe Welt zu schicken, gibt es da noch einen ganz anderen Aspekt.

Wann immer ein Lebensmittel sehr billig ist, stellt sich die Frage: »Wer bezahlt dafür, wenn nicht wir?« Und eines ist sicher: Einer zahlt. Im Falle der Tomaten sind es etwa Zwangsarbeiterinnen und -arbeiter, die die Tomaten auf den Feldern im chinesischen Xinjiang anbauen. Im Falle der Chicken Nuggets sind es die Hühner – und die Menschen, die in Polen oder Brasilien das Fleisch unter erbärmlichen Arbeitsbedingungen zerlegen. Und im Falle der Rosen, ein Strauß für 1,99 Euro im Discounter, sind es Arbeiterinnen und Arbeiter in Kenia, die bei uns längst verbotene Spritzmittel ohne Schutzkleidung sprühen. So ganz okay ist das also nicht – zumindest längst nicht immer.

Deswegen schauen wir bei *ÖKO-TEST* gerade bei herkunftskritischen Lebensmitteln genau hin: Woher stammen die Produkte? Wie wurden sie angebaut und von wem, unter welchen Bedingungen? Eine Herkunft, die sich überraschend häufig durch viele Lebensmitteltests zieht, ist China. Dass Technik, Spielzeug und Möbel oft aus China kommen, ist klar. Aber Weinblätter, Bio-Kidneybohnen, Bio-Erdnüsse, Honig? In unserem Test Weinblätter[1] 2023 stammten fünf der 20 Produkte gesichert aus China, zudem wollten fünf Hersteller die Karten nicht auf den Tisch legen, was die Herkunft betrifft. Und nur ein einziges Produkt kam tatsächlich aus Griechenland, wie die netten blau-weiß gehaltenen Verpackungen der »Dolmadakia« das häufig suggerieren. Von den sechs Bio-Kidneybohnen-Marken, die wir 2021 in unserem Test Kidneybohnen[2] überprüft haben, stammten alle (!) aus China. Bio, wohlgemerkt. Die konventionellen hingegen kamen aus den USA, Kanada, Argentinien und Italien. Gleiches galt für die Erdnüsse[3] im selben Jahr: Vier von fünf Bio-Erdnuss-Marken bezogen ihre Nüsse aus China, die konventionellen stammten fast alle aus Argentinien. Bei den »Iglo Kräutern italienischer Art« in unserem Test Tiefkühlkräuter[4] stammte der Knoblauch aus China, die »Freshona 8 Kräuter« von Lidl kamen zwar nicht aus China, aber aus dem Rest der Welt – Dill aus Indien, Petersilie aus Großbritannien, der »Rest« aus Frankreich und Polen. Dill aus Indien? Lidl, echt jetzt? Was ist da los?

Und der Honig[5]? Gerade einmal drei der von uns 2022 getesteten Produkte kamen aus Deutschland. Die anderen waren Mischungen, oft mit der alles und nichts sagenden Deklaration EU/Nicht-EU – über diese Nichtaussage ärgern wir uns an späterer Stelle noch mehr. Auch bei den Leinsamen überraschte uns die Herkunft. Fünf der 20 Produkte im Test Leinsamen[6] 2022 stammten aus Indien – auch das allesamt Bio-Produkte –, acht weitere aus Kasachstan. Aus Deutschland kam kein einziges, nur eines, immerhin, aus Österreich, ein anderes aus Frankreich.

Schauen wir uns ein paar besonders extreme Beispiele an: Tomaten aus China, Erdbeeren aus Spanien, Ägypten und Marokko, Rosen aus Kenia und Honigmischungen aus der ganzen Welt.

Tomaten aus China

Machen Sie doch mal Ihre Kühlschranktür auf. Wenn dort eine Flasche Ketchup steht, eine Tube Tomatenmark liegt oder im Tiefkühlfach eine Fertigpizza auf den Moment wartet, in dem Sie schwach werden – wissen Sie, woher die Tomaten stammen, die darin stecken? Schauen Sie sich die Produkte einmal an. Finden Sie Hinweise? Am ehesten vielleicht noch bei dem Mark – je stärker verarbeitet die Lebensmittel sind, je mehr Zutaten zusammengemischt werden, desto schwieriger ist es, die Herkunft der Rohstoffe zurückzuverfolgen. Meist steht gar nichts da, das ist auch erlaubt – die Hersteller müssen die Herkunft ihrer Rohstoffe nur unter ganz bestimmten Bedingungen nennen. Bio-Hersteller beispielsweise müssen das. Aber so eine Angabe wie »EU« oder »Nicht-EU« reicht auch dann meistens aus. Fast ein bisschen wild wird es, wenn Hersteller »EU/Nicht-EU« auf die Verpackung schreiben, als seien Jupiter oder Mond eine weitere mögliche Herkunft. Auf Ihrem Ketchup steht nichts? Auch auf der Pizza nicht? Die Wahrscheinlichkeit, dass in Ihrem Kühlschrank auch chinesische Tomaten liegen, ist gar nicht mal so klein. Und das ist nicht »nur« ein ökologisches Problem, sondern leider auch ein menschenrechtliches.

China ist der größte Produzent von Tomaten weltweit. Das Land produziert auf einer Fläche von mehr als 1 Million Hektar Tomaten, die Produktionsmenge übersteigt die Italiens etwa um das Zehnfache. Das mag jetzt überraschen, weil Tomaten ja nicht unbedingt auf dem täglichen Speiseplan der chinesischen Küche stehen. Die Chinesen bauen diese riesigen Mengen auch nicht für sich selbst an, sondern für den Export. Und diese Tomaten schicken sie zu Mark verarbeitet mit Containerschiffen in die ganze Welt – auch zu uns, auch nach Italien.

Die Ironie der Geschichte: Die Italiener klagen heute über die billige Konkurrenz Chinas – dabei waren sie es, die den Chinesen die Maschinen und das Know-how in den 1990er-Jahren gebracht haben, weil sie eben billiges Tomatenmark kaufen wollten. Und den Preis der Chinesen, den schlägt nun einmal keiner. Die Produktionskosten in China sind viel niedriger, darunter auch die Arbeitskosten. Denn *wenn* die Arbeiterinnen und Arbeiter auf den Feldern in China bezahlt werden, dann bekommen sie einen Hungerlohn. Die Betonung liegt auf *wenn*, denn in der Hauptanbauregion Chinas, in Xinjiang, arbeiten auch Zwangsarbeiterinnen und -arbeiter. Uigurinnen und Uiguren, die in Lagern festgehalten werden und überhaupt kein Geld für ihre Arbeit bekommen – Sklavenarbeiter. Menschenrechtsorganisationen schätzen die Zahl der inhaftierten Muslime auf über eine Million. Das macht es, sarkastisch gesprochen, natürlich relativ einfach, billig zu produzieren. Hinzu kommt: Die Umweltauflagen sind niedrig, der Schiffstransport günstig. Und tatsächlich gibt es auch ökologisch gesehen einen positiven Aspekt: Die Anbaubedingungen in Xinjiang sind klimatisch ideal – energetisch intensive und damit auch teure Gewächshäuser wie in Holland oder Deutschland sind nicht nötig. Doch das wiegt die katastrophalen menschenrechtlichen Zustände ja nicht auf.

Die USA etwa haben 2022 ein Importstopp für Tomaten und Baumwolle aus Xinjiang beschlossen, wegen menschenrechtlicher Bedenken. Bei uns und in der ganzen EU stehen weiterhin Ketchups, Grillsoßen und Co. mit Tomaten aus Xinjiang in den Supermarktregalen. In der ganzen EU? Nein, nicht in Italien. In Italien läuft das Geschäft mit den chinesischen Tomaten ganz, ganz schlecht. Denn Italien hat ein echtes Herkunftskennzeichnungsgesetz. In Italien muss auf einer Dose Tomaten stehen, dass sie aus China kommen, wenn sie aus China kommen. Und das kommt bei den Italienern nur so mittelgut an – chinesische Tomaten verkaufen sich nicht im Land der »pomodori«.

Warum Italien dann einer der größten Abnehmer von chinesischem Tomatenmark ist? Weil Italien die importierten Tomaten wieder exportiert, nachdem es die Produkte »veredelt« hat. So nennt man das fröhlich-euphemistisch in der Branche, wenn man etwa ein bisschen Salz dazu mischt und das Mark dann neu verpackt. Italienisches Fähnchen drauf, fertig sind die »pomodori italiani«. Italien exportiert 100 Prozent der aus China importierten Tomaten wieder als »italienische« Tomaten in den Rest der Welt. Bis April 2020 auch in den Rest der EU. Das geht so jetzt nicht mehr, zumindest nicht so ganz einfach.

Wie es geht, das regelt die EU-Verordnung mit dem entspannt klingenden Namen »*Durchführungsverordnung (EU) 2018/775 der Kommission vom 28. Mai 2018 mit den Einzelheiten zur Anwendung von Artikel 26 Absatz 3 der Verordnung (EU) Nr. 1169/2011 des Europäischen Parlaments und des Rates betreffend die Information der Verbraucher über Lebensmittel hinsichtlich der Vorschriften für die Angabe des Ursprungslands oder Herkunftsorts der primären Zutat eines Lebensmittels*«. Darin steht, vereinfacht: Hersteller dürfen weiterhin mit einer bestimmten Herkunft eines Lebensmittels werben, wenn das Lebensmittel nicht aus dem beworbenen Land stammt – aber, und das ist der Unterschied zu vorher, seit 2020 muss irgendwo auf der Verpackung im Kleingedruckten stehen, dass die sogenannte Primärzutat eben nicht aus dem entsprechenden Land stammt.

In unserem Beispiel bedeutet das also: Wenn die Italiener chinesisches Tomatenmark in der EU verkaufen wollen, dürfen sie das – wenn die Verpackung nicht den Eindruck erweckt, dass die Tomaten aus Italien stammen. Und selbst das dürfen sie, also italienische Fähnchen draufmalen und »pomodori di nonna« draufschreiben. Nur muss dann irgendwo im Kleingedruckten stehen, dass die Tomaten »nicht aus Italien« stammen. Diese Nichtangabe genügt. Dass die Tomaten in dieser italienischen Verpackung aus China kommen, das muss nirgendwo stehen. Die Latte hängt also nicht hoch.

Wenn nun aber auf einer Tomatensoße steht: »100 Prozent italienische Tomaten«, ist dann alles fein? Na ja! Dann kommen die Tomaten zwar aller Wahrscheinlichkeit nach aus Italien. Aber gerade im Süden Italiens liegt leider auch einiges im Argen im Anbau. Zwar arbeiten dort keine Zwangsarbeiter auf den Feldern, aber eben viele Menschen, die illegal dort leben, die für einen Hungerlohn in der sengenden Hitze Tomaten pflücken. Von den paar Euro, die sie am Tag verdienen, müssen sie noch Geld an die »caporali« abdrücken: Schlepper, die diese Arbeitskräfte vermitteln. Der internationale Verbund von Hilfs- und Entwicklungsorganisationen Oxfam hat eine Studie zu den Arbeitsbedingungen auf den süditalienischen Feldern veröffentlicht. Das krasse Ergebnis, weil, immerhin, wir reden hier von der EU: Die Arbeiterinnen und Arbeiter bekommen im Schnitt nicht einmal 4 Euro für 300 (!) Kilo gepflückte Tomaten. Sie arbeiten oft zehn Stunden oder mehr ohne Pause. Und viele von ihnen leben in Gettos ohne fließend Wasser und Strom. Diese dunkle Seite des Tomatenanbaus in Süditalien, die ist immer wieder Thema in den italienischen Medien. Immer wieder schreit die Öffentlichkeit auf. Und immer wieder tut sich nichts.

In Italien gibt es, wie bei so vielem, auch im Tomatenanbau eine scharfe Trennlinie zwischen Nord und Süd. Im Norden sind die Arbeitsbedingungen vielfach okay, überhaupt geschieht viel automatisiert und es gibt viel Bio-Anbau. Wer also guten Gewissens Tomaten essen will, kann darauf achten, dass es auf der Verpackung Hinweise auf eine norditalienische Herkunft gibt.

Zugegeben, das war jetzt alles ziemlich düster. Zeit also, noch etwas düsterer zu werden. Denn die Arbeiterinnen und Arbeiter auf den italienischen Feldern, die dort oft illegal leben, kommen häufig aus Afrika. Und die Tomaten, die sie dort in der sengenden Hitze für einen Hungerlohn pflücken, die werden auch in ihre Heimat geschickt. Nicht die frischen, die guten. Die landen bei uns. Aber die, die unseren Ansprüchen eben nicht genügen, werden in Afrika so billig verscherbelt, dass sie die lokalen Märkte zerstören.

Jean-Baptiste Malet, ein französischer Autor, der zwei Jahre lang für sein Buch *Das Tomatenimperium* die ganze Welt bereist hat, schreibt, dass der Tomatenabfall, der nach Afrika verkauft werde, in der Branche »black ink«, schwarze Tinte, heiße. So nenne man ein Konzentrat, das so alt sei, so oxidiert, dass es seine rote Farbe längst verloren hat. Wie der Name schon sagt: Es ist schwarz. Manche Hersteller würden die schwarze Tinte mischen, mit guten oder zumindest etwas besseren Tomaten. Aber das, das sei die Ausnahme. »Die gängigste Methode ist nämlich, das Zeug mit noch günstigeren Zutaten zu panschen, etwa mit Stärke und Sojabohnenfasern, und dann etwas roten Farbstoff hinzuzugeben, damit es frischer aussieht.«[7] Der afrikanische Zoll in Tunesien oder in Algerien entdeckt immer wieder abgelaufene, vergammelte Ware. Immer wieder veröffentlicht die afrikanische Presse diese Meldungen. Und immer wieder passiert nichts.

In aller Kürze: **TOMATEN**

⇨ China ist der größte Produzent von Tomaten weltweit.

⇨ Italien importiert chinesisches Tomatenmark, steckt es in italienisch aussehende Verpackungen und schickt es in den Rest der Welt – als italienisches Tomatenmark.

⇨ Sieht eine Verpackung italienisch aus, steht dort »pomodori« und prangt darauf ein italienisches Fähnchen, kann es sein, dass die Tomaten nicht aus Italien kommen. Das muss dann aber irgendwo im Kleingedruckten stehen.

⇨ Steht auf der Verpackung: »Tomaten 100 Prozent aus Italien«, ist alles fein? Leider nein. Auch in Süditalien sind die Arbeitsbedingungen der Pflückerinnen und Pflücker oft miserabel.

Gibt's das auch in Grün?

Schwierig. Bei frischen Tomaten wäre es noch relativ einfach – wir könnten raten, dass Sie selbst welche anbauen, dass Sie welche im Hofladen kaufen, natürlich regional, saisonal und bio. Bei verarbeiteten Tomatenprodukten stehen wir Verbraucherinnen und Verbraucher häufig vor großen Hürden, was das Erkennen der Herkunft betrifft – und je verarbeiteter die Produkte sind, desto größer die Hürde. Beginnen wir also mit den am wenigsten verarbeiteten, den geschälten Tomaten aus der Dose oder dem Glas. Die gute Nachricht hier ist, dass diese Produkte unseren Tests nach für gewöhnlich nicht aus China kommen. Die allermeisten stammen demnach aus Italien. Nur wissen wir ja nun: Auch dort gibt es Probleme im Anbau – einen hohen Wasserverbrauch in eher trockenen Gebieten und vor allem menschenrechtliche Probleme, was die Arbeiterinnen und Arbeiter auf den Feldern betrifft. Hier gilt: Die Arbeitsbedingungen in Norditalien sind im Vergleich zu denen in Süditalien recht gut. Wer also guten Gewissens Tomaten essen will, kann auf Hinweise wie »100 Prozent Tomaten aus der Toskana« achten. Bei hochverarbeiteten Produkten wie Ketchups oder Soßen sind die Hürden, vor denen wir stehen, allerdings häufig zu hoch. Da haben wir meist überhaupt keine Chance zu erkennen, woher die Tomaten stammen, die in dem Produkt verarbeitet wurden. Frustrierend? Ja, aber leider legal.

– AUTSCH! –

- In vielen verarbeiteten Tomatenprodukten wie Ketchups, Grillsoßen oder Pizzen stecken chinesische Tomaten.

- Auf den Feldern in Xinjiang, der chinesischen Hauptanbauregion für Tomaten, arbeiten geschätzt eine Million Zwangsarbeiterinnen und -arbeiter auf den Feldern – Uigurinnen und Uiguren, die in Lagern festgehalten werden.

- Tomatenabfall, der so vergammelt ist, dass er sich hier nicht mehr verkaufen lässt, landet rot eingefärbt oft in Afrika. Mit den Dumpingpreisen unseres Abfalls können die lokalen Bäuerinnen und Bauern nicht mithalten, ihre Existenzen werden dadurch zerstört.

DAS ZEIGEN UNSERE TESTS

Weil wir bei *ÖKO-TEST* um die Problematiken im chinesischen und im süditalienischen Tomatenanbau wissen, testen wir immer wieder Tomatenprodukte von Soßen über passierte Tomaten und Mark bis hin zu Saft – zuletzt im Jahr 2023 Ketchup[8] und geschälte Tomaten[9]. Und natürlich wollen wir dann auch immer ganz genau wissen, woher die Tomaten stammen, die in der von uns getesteten Charge stecken. Was Dosentomaten angeht, können wir, zumindest was die mögliche Herkunft China angeht, Entwarnung geben. Die kommen unseren Tests nach in aller Regel tatsächlich aus Italien, manchmal, selten, aus Spanien oder Portugal. Was diese reinen Tomatenprodukte betrifft, ist die Sachlage auch recht einfach: Da kann man die Herkunft im Labor mit einer Isotopenanalyse nachweisen. Zusätzlich bitten wir die Hersteller, uns ihre Lieferkette bis zurück aufs Feld offenzulegen und zu belegen, was die allermeisten inzwischen tatsächlich tun.

Bei den verarbeiteten Tomatenprodukten wie Ketchups, wo zusätzlich andere Zutaten ins Spiel kommen, in dem Fall ein Haufen Zucker, wird es im Labor dann leider schwierig bis unmöglich mit dem Herkunftsnachweis. Und, Überraschung, auf einmal sind auch einige der Hersteller plötzlich etwas schweigsamer, wenn es darum geht offenzulegen, woher die Tomaten in dem Ketchup denn nun stammen. Für sieben Ketchups belegten die Hersteller die Lieferkette nur teilweise oder gar nicht. Auffällig besser: die Bio-Hersteller im Test. Bis auf einen legten sie ihre Lieferketten komplett offen und wiesen die Herkunft der Tomaten bis auf die Felder in Italien und Spanien zurück. Hier können wir immerhin sagen: In den von uns getesteten Bio-Ketchups steckten keine chinesischen Tomaten. Bei den konventionellen sah das anders aus – für die Hälfte der Produkte können und wollen wir nicht die Hand ins Feuer legen.

In vielen Tomatenprodukten von den passierten Tomaten über das Mark bis hin zum Ketchup gibt es aber noch ein ganz anderes Problem: Schimmelpilzgifte. Die von uns beauftragten Labore stoßen immer wieder auf die sogenannten Alternariatoxine, speziell auf die beiden Formen Alternariol und Tenuazonsäure. Beide sind bedenklich, Alternariol noch einmal mehr: Es wirkt »in vitro« genotoxisch, hat also in Zellstudien das Erbgut geschädigt. Den höchsten Fund unserer Tests hatten wir im Heinz-Ketchup. Der überschritt den Richtwert der EU gleich mehrfach. Ganz so hoch lagen die Belastungen in anderen Produkten nicht, aber auch fast jede fünfte Passata und sogar jedes zweite Tomatenmark im Test hatte ein Problem mit Schimmelpilzgiften.

Das bedeutet: Bei der Herstellung sind wohl schimmlige Tomaten in die Dosen gewandert. Dass die getesteten Tomatenmarks nochmal höhere Mengen enthalten, überrascht nicht, weil sie ja stärker konzentriert sind und sich so die Belastung mit Schimmelpilzgiften ebenfalls konzentriert. Immer wieder sind jedoch auch Bio-Produkte betroffen, und zwar eher stärker als konventionelle Produkte. Tatsächlich ist es für Bio-Anbieter etwas schwieriger, Belastungen mit Schimmelpilzgiften zu reduzieren, da sie keine Fungizide spritzen dürfen. Heißt aber im Umkehrschluss natürlich, dass konventionelle Hersteller Fungizide spritzen. Ist also beides nicht so richtig ideal. Unsere Tests zeigen aber auch immer wieder, dass es Bio-Hersteller gibt, die die Schimmelpilzgifte ohne Fungizide im Griff haben. Im Grunde ist das eine Frage der Sorgfalt: Die Hersteller müssen verdorbene, alte Tomaten aussortieren.

Erdbeeren aus Spanien, Marokko und Ägypten

Erdbeeren stehen bei uns im Supermarkt das ganze Jahr über. Und besonders im Frühjahr, bevor bei uns die Saison beginnt, füllen sich die

Regale. Die allermeisten dieser Früherdbeeren stammen aus Spanien, genauer aus der andalusischen Provinz Huelva. Einige wenige werden sogar aus Ägypten oder Marokko zu uns eingeflogen.

In Huelva reiht sich kilometerweit ein Erdbeerfeld an das nächste, reine Monokulturen unter Plastikplanen. »Na und?«, könnte man jetzt wieder fragen. Ist doch wunderbar, wenn die Sonne in Spanien so viel früher so viel wärmer ist, dass die Erdbeeren dort schon im März reif sind? Und wenn die Spanier dann noch so viele Erdbeeren produzieren, dass sie sie gar nicht alle essen können, umso besser? Nein. Huelva gehört zu den trockensten Regionen in Europa – und der Anbau von Erdbeeren ist sehr wasserintensiv. Heißt: Mit den Erdbeeren importieren wir auch jede Menge Wasser aus einer der trockensten Regionen Europas in eine der wasserreicheren, zu uns. Rund 300 Liter Wasser verbraucht 1 Kilo Erdbeeren laut WWF im Durchschnitt – und fährt dann noch die rund 2 500 Kilometer per Lastwagen zu uns. Alles andere als ideal also fürs Klima. Um an das Wasser zu kommen, graben die Landwirte immer tiefere Brunnenlöcher, viele davon illegal. Und sie rücken immer näher an den Nationalpark Coto de Doñana – einst Spaniens wichtigstes Feuchtgebiet und Lebensraum für viele seltene Tierarten wie den Iberischen Luchs und Vogelarten wie die Uferschnepfe. Im Jahr 2022 trocknete der Park komplett aus, als Folge von Klimakrise, Tourismus und der intensiven Landwirtschaft. Der Europäische Gerichtshof verurteilte Spanien schon 2021 für die mangelnden Bemühungen, den Park zu schützen. Ohne Erfolg. Die Behörden versiegeln zwar einige der illegalen Brunnen. Sie können aber nicht so viele versiegeln, wie die Landwirte wieder neue bohren.

Also Erdbeeren aus Marokko oder Ägypten kaufen, die es sogar noch früher gibt? Bloß nicht. Deren CO_2-Fußabdruck ist rund 5,5-mal so hoch wie der der spanischen Erdbeeren – einfach, weil sie eingeflogen werden. Und auch diese Regionen sind extrem trocken. Die Landwirte dort bohren so tief, dass sie an fossile Grundwasserspeicher kommen. Und die sind nicht erneuerbar. Wenn das Wasser einmal weg ist, ist es für immer weg. Wasserintensive Früchte wie Erdbeeren in dermaßen trockenen Regionen anzubauen, ist ökologischer Irrsinn.

Den Preis für die Früherdbeeren, den zahlen nicht wir an den deutschen Supermarktkassen. In unserem Test Erdbeeren im Mai 2023 kosteten die günstigsten Erdbeeren 1,94 Euro für 500 Gramm. Die deutschen

Erdbeeren sind meist teurer. Den Preis zahlt die Umwelt in Ägypten und Andalusien – und die Menschen, die die Erdbeeren dort anbauen. Denn auch die Arbeitsbedingungen der Pflückerinnen und Pflücker sind alles andere als ideal. Viele der Wanderarbeiterinnen und -arbeiter haben keine Aufenthaltserlaubnis, bekommen nicht einmal den Mindestlohn und leben in Gettos ohne Zugang zu sauberem Trinkwasser. Alles dafür, dass wir im März günstige Erdbeeren essen können.

– AUTSCH! –

- 1 Kilo Erdbeeren schluckt rund 300 Liter Wasser. Und diese immensen Mengen Wasser transportieren wir von einer der trockensten in eine der wasserreicheren Regionen Europas.

- Die riesigen Monokulturen in Huelva graben dem Nationalpark das Wasser ab – und bedrohen damit seltene Tierarten wie den Iberischen Luchs.

- Deutsche Erdbeeren im Winter sind fürs Klima eine der schlechtesten Alternativen: Sie stammen aus energieintensiven Gewächshäusern. Und verursachen laut Ifeu rund 3,4 Kilo CO_2-Emissionen. Damit sind sie viel schlechter für die Umwelt als die spanischen Erdbeeren aus dem Freiland, die etwa 0,4 Kilo CO_2-Emissionen verursachen.

Gibt's das auch in Grün?

Klar, die ideale Erdbeere ist die, die wir selbst in unserem Garten anbauen – regional, saisonal, bio. Oder die, die wir beim Öko-Hofladen um die Ecke kaufen, zu dem wir natürlich mit dem Fahrrad fahren. Wenn der nächste Hofladen nun aber gerade nicht um die Ecke und der eigene Garten nur ein Wunschtraum ist, können Sie auf ein paar Dinge beim Erdbeerkauf achten. Erst einmal: Die Herkunft der Erdbeeren muss am Regal oder auf der Verpackung gekennzeichnet sein. Und hier gilt, dass das Gewächshaus energetisch immer eine ganz schlechte Option ist. Heißt: Wenn in dem Land, aus dem die Erdbeere stammt, gerade nicht Saison ist, dann belastet diese Erdbeere das Klima wahrscheinlich stärker als die aus einem weiter entfernten Land, in dem die Beeren zu dem Zeitpunkt auf dem Feld wachsen. Klingt kompliziert? Brechen wir es auf ein Beispiel runter: Es ist März, im Supermarktregal liegen deutsche und spanische Erdbeeren. Wir greifen automatisch zu den deutschen? Was die schädlichen Klimagase angeht, ist das im März eine schlechte Idee. Denn deutsche Erdbeeren aus dem Gewächshaus verursachen laut dem Institut für Energie- und Umweltforschung Heidelberg (Ifeu) 3,4 Kilogramm »CO_2-Äquivalente«. Hinter den CO_2-Äquivalenten verbirgt sich eine Berechnung, die neben CO_2 auch etwa die klimaschädlichen Gase Methan und Lachgas mit einbeziehet – um mit einer einzigen Zahl die Klimawirkungen vergleichbar zu machen. Die spanischen Erdbeeren aus dem Freiland kommen demnach nur auf 0,4 Kilo. Trotzdem ist es nicht so einfach, wie es scheint. Denn wie wir wissen, bringen die spanischen Erdbeeren andere Probleme mit sich – menschenrechtliche und ökologische, den Wassermangel. Deswegen sind sie keine wirkliche Option.

Und wenn wir in eine dieser spanischen Früherdbeeren beißen, fragen wir uns auch schnell: »Dafür der Aufwand?« Sie schmecken schließlich nicht einmal. Die Sorten, die dort für den Export angebaut werden, sind hart – gemacht für den langen Transport. Das geht aber auf Kosten des Geschmacks. Und jeder, der in Spanien schon einmal Erdbeeren gegessen hat, weiß: Die Erdbeeren, die die Spanier dort verkaufen, schmecken viel besser. Aber sie sind eben zu weich für den Lkw-Transport. Und trotzdem: Wenn es unbedingt mal, und wir betonen hier das Wort »ausnahmsweise«, Früherdbeeren sein sollen, bitte wenigstens die spanischen. Die ägyptischen und die marokkanischen fliegen wir ein – und damit sind sie um ein Vielfaches schlechter fürs Klima als die spanischen.

Aber eigentlich ist der Fall klar: Erdbeeren gibt es in Deutschland von Ende Mai bis Ende Juni, Anfang Juli, so in etwa, je nach Wetter. Einige Sorten tragen auch etwas später noch. Und dann schmecken sie auch: saftig, aromatisch, frisch. Das Warten auf die Saison lohnt sich also.

DAS ZEIGEN UNSERE TESTS

Wir haben zuletzt für die Mai-Ausgabe 2023 Erdbeeren[10] getestet. Im Februar hatten unsere Einkäuferinnen und Einkäufer in den großen Bio-Märkten, Supermärkten und Discountern Früherdbeeren aus Spanien und Ägypten eingekauft und ins Labor geschickt, um sie dort durch ein sehr umfangreiches Pestizidscreening von rund 500 Wirkstoffen laufen zu lassen. Das Ergebnis, für alle, die jetzt erwarten, dass spanische Erdbeeren vor Pestiziden nur so strotzen: In zwei konventionellen Mischproben von jeweils drei Packungen wies das von uns beauftragte Labor kein einziges Pestizid nach – solche erfreulichen Befunde haben wir selten und für gewöhnlich eher bei Bio-Waren. In diesem Test stellte sich die Lage etwas anders dar. Zwar waren auch drei der vier Bio-Produkte pestizidfrei. Im vierten hingegen, den Bio-Erdbeeren, die wir bei Tegut gekauft hatten, steckte ein bienengiftiges Pestizid. Wie das? Bio ist doch ohne chemisch-synthetische Pestizide? Ja, schon. Aber einige wenige Pestizide natürlichen Ursprungs sind auch im Bio-Anbau erlaubt. Tatsächlich handelte es sich bei der Substanz, die wir gefunden haben, um einen erlaubten Stoff, der durch Fermentation aus einem Bodenbakterium gewonnen wird, also »natürlich« ist. Trotzdem kratzt gerade ein bienengiftiges Pestizid natürlich am guten Ruf der Bio-Branche.

Dass nur zwei konventionelle Proben unbelastet waren, heißt im Umkehrschluss aber auch, dass in allen anderen acht Produkten Pestizide steckten. Trauriger Spitzenreiter im Test waren die Erdbeeren, die wir bei Norma gekauft haben. In ihnen steckten sieben verschiedene Pestizide, wenig appetitlich. Sind Erdbeeren aus Spanien also stärker belastet als deutsche Erdbeeren? Eher nicht. Tests von Untersuchungsämtern zeigen, dass auch deutsche Erdbeeren gespritzt werden. Ob Spanien oder Deutschland, scheint in der Hinsicht viel weniger entscheidend als ob bio oder konventionell. Im Bio-Anbau sind nur sehr wenige Spritzmittel überhaupt zugelassen, die allermeisten Bio-Erdbeeren sind entsprechend auch pestizidfrei.

In aller Kürze: **ERDBEEREN**

⇨ Auf den Erdbeeren, die wir im Supermarkt kaufen, muss die Herkunft deklariert sein.

⇨ Erdbeeren, die im Frühjahr bei uns verkauft werden, stammen entweder aus Ländern mit einer hohen Dürreproblematik oder aus Gewächshäusern. Beides ist schädlich für die Umwelt.

⇨ Rein von der Klimabilanz her gerechnet unterscheiden sich die spanischen von den deutschen Erdbeeren gar nicht so sehr, wenn beide im Freiland angebaut sind. 1 Kilo spanische verursacht laut Ifeu rund 0,4 Kilo CO_2-Emissionen, 1 Kilo deutsche 0,3.

⇨ Schwerer wiegt der extreme Wasserverbrauch der spanischen Erdbeeren in einer sehr trockenen Region.

⇨ Warten lohnt sich auch für den Geschmack: In Spanien werden hauptsächlich festere Sorten angebaut, die beim Transport wenig anfällig sind und länger schön aussehen, dafür aber auch weniger aromatisch schmecken.

Flugrosen aus Kenia

Rosen blühen bei uns im Sommer – wir kaufen sie aber das ganze Jahr über. Woher stammen sie dann? Aus Gewächshäusern in Holland? Eher nicht. Zwar liefern die Niederlande Deutschland die meisten Rosen, aufs Jahr gerechnet. Außerhalb der Saison ist die Wahrscheinlichkeit allerdings hoch, dass die Rosen, die wir kaufen, aus Kenia, Sambia oder Äthiopien stammen. Wenn ein Strauß 1,99 Euro kostet, kann man sich sogar ziemlich sicher sein: Denn für 1,99 Euro lassen sich Blumen in den Niederlanden oder Deutschland schlicht nicht produzieren.

Der Anbau in Kenia bringt gleich fünf große Probleme mit sich. Erst einmal halten sich die Rosen natürlich nicht lang. Deswegen müssen sie so schnell wie möglich nach Deutschland – sie fliegen also, was die Klimawirkung der Blumen drastisch in die Höhe treibt. Zweitens: Der Anbau von Rosen ist wasserintensiv. Eine Studie, die das Schweizer Handelsunternehmen Migros 2019 in Auftrag gab, kam zu dem Schluss, dass eine Rose in Kenia im Durchschnitt 5 Liter Wasser verbraucht. Eine Rose. Bei einem Strauß von zwölf Rosen kommen da also 60 Liter zusammen. Und der Wasserverbrauch von drei Sträußen füllt dann schon bequem eine Badewanne. Mit den Rosen importieren wir also jede Menge Wasser aus extrem trockenen Anbauländern in ein ja (noch) eher wasserreiches Land. Und den Wasserbedarf, den decken die kenianischen Anbauer in erster Linie über den Naivashasee, dessen Wasserspiegel bereits massiv gesunken ist. Hinzu kommt, dass das Abwasser nach Angaben der Umweltschutzorganisation WWF teilweise ungefiltert zurück in den See geleitet wird und ihn mit teils hoch bedenklichen Pestiziden verschmutzt.

Womit wir bei Problem Nummer 3 sind: Pestizide. Der Rosenanbau ist extrem pestizidintensiv. Und in Kenia und Äthiopien sind viele Giftstoffe erlaubt, die in der EU längst verboten sind, weil sie entweder für die Umwelt oder für die Menschen zu gefährlich sind. Das führt uns zu Problem Nummer 4: Die Menschen, die die Rosen in Afrika anbauen, tun das häufig ohne Schutzkleidung, ohne entsprechende Schulungen. Pestizidvergiftungen bis hin zum Tod sind keine Seltenheit. Und wo wir bei den Menschen in Kenia sind, kommt Problem Nummer 5 ins Spiel: Die riesigen Felder, die immensen Mengen Wasser, die könnten in Afrika sicherlich sinnvoller verwendet werden als für den massenhaften Anbau von Blumen für Europäer – für Nahrungsmittel, um die Bevölkerung zu versorgen. Alles in allem also doch ein recht hoher Preis dafür, dass wir im Februar ein paar hübsche Blumen auf dem Tisch stehen haben.

Rosen aus den Niederlanden sind im Winter ökologisch gesehen trotzdem keine Alternative. Dort verbrauchen die Rosen zwar weniger Wasser, wachsen dafür aber in beheizten Gewächshäusern. Die verursachten Emissionen sind dadurch insgesamt sogar deutlich höher als etwa bei den kenianischen Flugrosen.

– AUTSCH! –

- Mit dem teuren Fleurop-Strauß für fast 28 Euro verschickte der Anbieter in unserem Test 2023 gleich 21 verschiedene Spritzgifte.

- Die Arbeiterinnen und Arbeiter auf den Feldern in Kenia und Äthiopien spritzen oft ohne Schutzkleidung Pestizide, die so gefährlich sind, dass sie bei uns längst verboten sind.

- Mit den Rosen importieren wir pro Strauß von zwölf Blumen durchschnittlich 60 Liter Wasser von einem sehr trockenen in ein wasserreiches Land.

Gibt's das auch in Grün?

Regional, saisonal, bio – wir singen das Loblied auf diesen Dreiklang so oft, weil diese Aspekte so wichtig sind. Im Falle von Blumen gilt das Loblied leider mit einer Einschränkung: Bio-Blumen gibt es bisher nur wenige, der Marktanteil ist verschwindend gering. Es kann also gut sein, dass es in Ihrer Stadt überhaupt kein Angebot an Bio-Blumen gibt. Das wirft uns zurück auf regional und saisonal – auch schon eine ziemlich gute Kombination. Denn was, wenn wir nur noch dann Blumen auf unserem Tisch stehen haben, wenn sie draußen auch wachsen? Schnittblumen sind ein Luxusgut, wir brauchen sie nicht. Schön sind sie, ja, aber eben kein Brot, nicht unentbehrlich.

Rund 80 Prozent unserer Schnittblumen importieren wir nach Deutschland – 80 Prozent! Und dann gibt es nicht einmal eine Deklarationspflicht für die Herkunft, sodass wir eigentlich gar nicht erfahren können, woher unsere Blumen stammen. Die allermeisten der importierten Blumen kommen aus den Niederlanden, gefolgt von Kenia. Beide Herkünfte sind ökologisch gesehen problembehaftet. Bei den niederländischen Blumen ist nicht einmal klar, ob sie wirklich aus unserem Nachbarland kommen oder einfach nur dort weitergehandelt werden. Und wenn sie wirklich aus den Niederlanden stammen, verursachen die Blumen in weiten Teilen des Jahres immens viele schädliche Treibhausgase – immer dann, wenn sie außerhalb der Saison im Gewächshaus angebaut werden. Sie sind damit sogar noch schlechter fürs Klima als die aus Kenia mit dem Flugzeug hierher transportierten. Da geht es aber nur um die CO_2-Bilanz – in Kenia gibt es massive menschenrechtliche Probleme, zudem verbrauchen die Blumen in dem sehr trockenen Land immense Mengen an Wasser.

Also keine Rosen zum Valentinstag? Genau. Die ja ohnehin wenig kreativ Beschenkte freut sich gewiss auch über ein paar Pralinen. Und von Mai bis September, wenn bei uns die meisten Blumen blühen, können Sie Ihrer Liebsten, Ihrem Liebsten guten Gewissens Blumen schenken – regional und saisonal, vielleicht sogar bio. Sie können auch auf das Label der Slowflower-Bewegung achten, die sich regionalen, ungespritzten Blumen verschrieben hat.

Wer unbedingt außerhalb der Saison Blumen kaufen möchte, kann zumindest auf das Fairtrade-Siegel achten. Die Zertifizierung steht dafür, dass die Arbeiterinnen und Arbeiter Schutzausrüstungen bekommen und geschult werden, was die Anwendung von Pestiziden betrifft. Außerdem dürfen sie sich gewerkschaftlich organisieren und bekommen den Mindestlohn plus eine Fairtrade-Prämie. Zudem ist eine ganze Reihe an Pestiziden im Fairtrade-Anbau verboten.

DAS ZEIGEN UNSERE TESTS

Pünktlich zum Valentinstag haben wir 2023 für unsere Februar-Ausgabe Rosen[11] getestet. Das erschreckende Ergebnis: Kein einziger Strauß kam ohne Pestizidcocktail daher, jeder dritte Strauß enthielt sogar eine zweistellige Zahl. Erschreckend deshalb, weil wir schon 2017 Rosen getestet hatten – und sich seither nichts Grundlegendes an der Situation verändert hat. Die Probleme – Wasser, Pestizide, Umwelt, Menschenrechte – sind bekannt, nur: Es tut sich nichts.

Unbefriedigend ist das Ergebnis auch deshalb, weil unser Test gezeigt hat, dass es nicht ganz leicht ist, bessere von schlechteren Sträußen zu unterscheiden. Gleich 21 verschiedene Spritzgifte verschickte Fleurop mit seinem teuren Strauß für 28 Euro – und am besten schnitt ein Billigstrauß für 2,99 Euro ab. 2,99 Euro für ganze zehn Rosen. Zehn Rosen, die gepflanzt, gepflegt, gegossen und hierher geflogen werden. Wie ist ein solcher Preis möglich? Indem andere ihn bezahlen. Die Umwelt und die Arbeiterinnen und die Arbeiter auf den Rosenfeldern. Und das ist selbst bei Fairtrade-Rosen nur ein bisschen besser.

Denn was wir kritisieren und was unsere Tests zeigen: Auch Fairtrade-Rosen sind oft stark mit Pestiziden belastet. Weil die Liste der verbotenen Stoffe nicht lang genug ist. Und: Mindestlöhne sind das eine. Die Arbeiterinnen und Arbeiter brauchen aber existenzsichernde Löhne. Also Löhne, mit denen sie ihr Leben finanzieren können. Und das, so traurig es ist, hat auch Fairtrade bisher nicht für sie herausgeschlagen.

In aller Kürze: **ROSEN**

⇨ Rosen stecken in aller Regel voller Pestizide. Gesetzliche Beschränkungen für Pestizide in Schnittblumen gibt es nicht.

⇨ Der Preis sagt unseren Tests nach nichts über die Pestizidbelastung aus. So schnitt einer der teuersten Sträuße mit am schlechtesten ab, einer der günstigsten am besten.

⇨ Fairtrade-Sträuße stehen für bessere Arbeitsbedingungen in den Anbauländern. Außerdem sind viele Pestizide von Fairtrade verboten – leider aus unserer Sicht noch nicht genug.

⇨ Außerhalb der Saison sind Rosen aus den Niederlanden ökologisch gesehen sogar schlechter, weil sie in sehr energieintensiven Gewächshäusern angebaut werden.

Honig: »Mischung aus EU/Nicht-EU«

Es gibt ein Produkt, bei dem es eigentlich recht einfach sein müsste, zu erkennen, aus welchem Land es kommt: Honig. Denn die Honigverordnung sieht vor, dass Hersteller auf das Etikett schreiben, woher der Honig in dem Glas oder der Tube stammt. Oha. Eine echte Herkunftskennzeichnung? Jetzt werden Sie bitte nicht gleich nervös, natürlich nicht. Den Anforderungen der Honigverordnung ist schon damit Genüge getan, wenn die Hersteller frei nach Biene Maja und Karel Gott »in einem unbekannten Land, zu einer unbekannten Zeit …« auf das Etikett schreiben. Spaß, wir meinen die weniger poetische, aber doch ziemlich dasselbe aussagende, Angabe »Mischung von Honig aus EU-Ländern und Nicht-EU-Ländern«.

Honig ist ein Spiegelbild der Natur, aus der er stammt. Und wenn er aus Ländern stammt, in denen Pestizide gespritzt werden, die bei uns verboten sind, dann ist es nicht unwahrscheinlich, dass diese Pestizide auch im Honig landen. Das Gleiche gilt für Gentechnik. In Ländern wie den USA, Kanada, Brasilien, Argentinien und Paraguay ist der Anbau von gentechnisch verändertem Soja Standard. Die GVO-Anteile (GVO: kurz für »Gentechnisch veränderte Organismen«) im Sojaanbau liegen in diesen Ländern bei 95 Prozent – und mehr. Der Anteil ist so hoch, dass es kaum noch möglich ist, GVO-freies Soja anzubauen, weil es an irgendeiner Stelle in der Produktion, sei das Ernte, Transport, Lagerung oder Verarbeitung, immer zu einer Vermischung kommen kann. Eine völlige Abschottung der einen von den anderen Pflanzen kann es nicht geben. Und so ist es für diese Länder immer schwieriger, den von der EU festgelegten Schwellenwert von 0,9 Prozent Gentechnik einzuhalten, den Lebensmittel, die als »GVO-frei« gekennzeichnet sind, enthalten dürfen.

Selbstverständlich ist davon auch Honig betroffen. Wir weisen in importiertem Honig immer wieder Spuren von Gentechnik nach. Spuren heißt: sehr, sehr geringe Mengen. Die aber zeigen, dass in einem Land, in dem Gentechnik Standard im landwirtschaftlichen Anbau ist, kein gesichert gentechnikfreier Honig produzierbar ist.

Honig ist übrigens nicht nur ein Spiegelbild der Natur, aus der er stammt – zumindest nicht immer. Die Europäische Kommission hat vergangenes Jahr 320 Honigproben auf ihre Echtheit überprüfen lassen. In knapp der Hälfte der Proben steckte neben Honig auch billiger Zuckersirup etwa aus Reis, Weizen oder Zuckerrüben. Ganz egal aus welcher Quelle, alles ist verboten. Denn Honig darf in der EU nur Honig enthalten. Konkret gab es bei jedem (!) Honig aus Großbritannien den Verdacht der Fälschung, bei fast jedem aus der Türkei und bei 74 Prozent der chinesischen Honige. Das Geschäft mit den Fälschungen ist riesig – und so hat sich eine Art Wettrennen zwischen den Fälschern und denjenigen, die ihnen auf die Spur kommen wollen, entwickelt. Die Labore entwickeln immer neue Methoden, um die Fälschungen zu entdecken, und die Fälscher versuchen immer neue Wege zu finden, um auch den neuesten Untersuchungsmethoden zu entwischen. Deswegen haben wir in unserem Test Honig 2022 gleich mit drei verschiedenen aufwendigen und neuen Methoden versucht, Fälschungen zu enttarnen. In zwei Gläsern haben die Tester Sirupmarker entdeckt – Verbindungen, die in Sirup vorkommen, nicht aber in Honig.

Von Bio-Bienchen und Bio-Blümchen

Gut. Dann umgehen wir doch all diese Probleme – Gentechnik, Pestizide – und kaufen einen Bio-Honig ein. Oder? Honig »gemäß EG-Öko-Verordnung«. Und dann stutzt man doch. Was soll denn Bio-Honig eigentlich sein? Fliegen Bio-Bienchen etwa nur Bio-Blümchen an? Oder wie kontrollieren die Imkerinnen und Imker, dass das, was da im Honigglas landet, auch das ist, was die Verbraucherinnen und Verbraucher unter »Bio« verstehen – pestizidfrei, gentechnikfrei, »öko« eben?

Die Antwort ist einfach: Sie tun es gar nicht, weil sie es auch gar nicht müssen. Bio-Honig darf dieselben Mengen an Pestiziden enthalten wie konventioneller Honig; es gelten dieselben Grenzwerte. Der Unterschied ist, dass Bio-Imker ihre Bienenstöcke an einem Ort aufstellen müssen, an dem »im Umkreis von 3 Kilometern um den Standort Nektar- und Pollentrachten im Wesentlichen aus ökologischen/biologischen oder Wildpflanzen oder Kulturen bestehen, die nach Methoden mit geringer Umweltauswirkung behandelt werden«[12]. Im Wesentlichen. Geringer.

Jetzt kehren Bienen allerdings nach 3 Kilometern nicht einfach um. Sie machen auch nicht Halt, wenn da ein hübsches, aber nun leider gespritztes Rapsfeld blüht. Sie fliegen bis zu 10 Kilometer weit. Und deswegen können auch Bio-Honige mit Pestizidrückständen verunreinigt sein. Aber, und das zeigen unsere Tests immer wieder: Das ist selten. Die Abstandsregeln zu den konventionellen Feldern, die scheinen zu wirken. Außerdem unterscheidet sich Bio-Honig vor allem in der Haltung der Bienen von konventionellen Produkten. Bio-Bienen bekommen etwa nur Bio-Zucker und das in der konventionellen Haltung durchaus übliche Beschneiden der Flügel der Bienenkönigin ist in der Bio-Haltung verboten. Auch die Mittel gegen Bienenkrankheiten sind streng reglementiert. Wenn man also allein schon an die immensen Pestizidmengen denkt, die im Zuckeranbau gespritzt werden, ist Bio-Zucker an sich schon ein wichtiger Pluspunkt, der für Bio-Honig spricht.

− AUTSCH! −

- In den USA, Kanada, Brasilien, Argentinien und Paraguay liegt der GVO-Anteil am gesamten Sojaanbau bei 95 Prozent, teils höher.

- Mit dem Honig aus diesen Ländern importieren wir immer wieder Spuren von Gentechnik, die dann auf unserem Honigbrötchen landen.

- Laut Untersuchungen der Europäischen Kommission ist etwa jeder zweite Honig in der EU mit Zuckersirup gepanscht – dürfte also eigentlich so nicht verkauft werden.

Gibt's das auch in Grün?

Ja. Und bei Honig ist das recht einfach. Bio ist besser, das wissen Sie schon – und regionale Produkte sind leicht zu erkennen. Achten Sie auf das Label »Echter deutscher Honig« oder, noch besser, kaufen Sie im Hofladen oder auf dem Erzeugermarkt wirklich regionalen Honig.

Ärgerlich, dass regionaler Bio-Honig so viel teurer ist als konventioneller, zusammengemischt aus der ganzen Welt? Jepp, das ist es. Und zeigt einmal mehr den Irrsinn der globalen Transportwege auf. Es ist tatsächlich günstiger, einen Honig in Chile, China und Kroatien herzustellen, nach Deutschland zu verschiffen, hier zusammenzumixen und als Mischung aus EU/Nicht-EU zu verkaufen, als einfach den Honig aus dem Hunsrück zu nehmen.

Falls es doch mal eine globale Mischung ist, die Sie im Schrank stehen haben, achten Sie zumindest darauf, das Glas gründlich heiß auszuwaschen, bevor Sie es in den Altglascontainer werfen. Sonst besteht die Gefahr, dass heimische Bienen Sporen von Krankheitserregern wie der Amerikanischen Faulbrut aufnehmen und sich damit infizieren.

DAS ZEIGEN UNSERE TESTS

EU/Nicht-EU? Die Angabe hat uns für unseren Test Honig 2022 natürlich nicht gereicht. Wir wollten es genau wissen und haben die Herkünfte bei den Herstellern abgefragt. Die Honige, ob bio oder nicht, stammten ganz oder teilweise aus Bulgarien, der Ukraine, Rumänien, Brasilien, Mexiko, Vietnam, China … gerade einmal drei der 19 getesteten Honige kamen aus Deutschland. Und die meisten der Produkte waren zusammengemischt aus bis zu sechs verschiedenen Herkunftsländern.

Die »Flotte Biene Bio« von Langnese, die im Labor mit einer starken Verunreinigung auf- und deswegen mit einem »ungenügend« bei uns durchgefallen war, wurde zusammengemischt mit Honig aus Mexiko, Brasilien, Rumänien, Chile, Nicaragua und Bulgarien. Wo in der Lieferkette da wohl der Dreck in die »Flotte Biene« gelangt ist? Wer will das noch wissen können? Und das zeigt eines der großen Probleme dieser globalen Produktion auf: Wer Pestizide, Zuckersirup oder eben Dreck in seinem Endprodukt hat, kann häufig nicht mehr nachvollziehen, an welcher Stelle in der Produktion die Verunreinigung passiert ist. Und wer das nicht nachvollziehen kann, dem wird es auch schwerfallen, solche Einträge künftig in den Griff zu bekommen. Für die »Flotte Biene« hoffen wir es natürlich – und weil hoffen allein selten reicht, werden wir auch immer wieder testen.

In aller Kürze: **HONIG**

⇨ Die Herkunft von Honig muss auf dem Etikett gekennzeichnet sein, ja. Allerdings reicht die Angabe »EU/Nicht-EU« aus.

⇨ Bio-Honig ist nicht automatisch pestizidfrei. Unsere Tests zeigen aber, dass Belastungen selten sind.

⇨ Leider gilt auch bei Honig: Wer ökologisch handeln will, muss tiefer in die Tasche greifen. Deutscher Bio-Honig ist der teuerste im Regal. Günstig hingegen ist der konventionelle Honig, zusammengemischt aus Ländern der ganzen Welt. Klimabewusster Konsum ist teurer – wie so oft.

Verbotene Pestizide:
Hin- und Rückreise inklusive

Dass weit gereiste Lebensmittel ökologischer Irrsinn sind? Wissen wir, klar. Mit ihnen reisen aber nicht selten auch Pestizide, die bei uns im Anbau längst nicht mehr zugelassen oder verboten sind. Und der Skandal ist: Diese Pestizide kommen ursprünglich teils aus Europa, sogar auch aus Deutschland. Wir verbieten hier also Pestizide, weil sie entweder für uns oder die Umwelt gefährlich sind, erlauben deutschen und europäischen Chemiekonzernen aber, sie weiterhin herzustellen. Und sie weiterhin zu verkaufen – zwar nicht an uns, klar, sind ja schädlich, aber an Länder mit lascheren Vorschriften. Brasilien, China, Kenia, hey, who cares? Unsere Chemiekonzerne verkaufen, was bezahlt wird. Diese Doppelmoral nennt sich »Doppelstandard« und ist bisher völlig legal.

Wem nicht schon bei dem Gedanken unangenehm mulmig wird, dass Menschen in den Anbauländern diese giftigen Pestizide teils ohne Schutzkleidung spritzen, dem wird vielleicht spätestens übel aufstoßen, dass diese Pestizide nicht selten wieder auf unserem Teller landen. Ganz legal. Denn nicht nur der Export dieser Stoffe ist erlaubt, auch der Import der mit den bei uns im Anbau verbotenen Stoffen belasteten Lebensmittel ist teilweise erlaubt. Und das ist leider nicht nur graue Theorie. Unsere Tests, ob Rosen aus Kenia, Weinblätter aus China und der Türkei, Honig aus EU/Nicht-EU, schwarzer Tee aus Indien oder Müsli mit Früchten aus Chile, der Türkei und Südafrika haben ganz klar gezeigt: Die Pestizide kommen zu uns zurück.

Bei den Rosen mag das ein Problem sein, das »nur« die Arbeiterinnen und Arbeiter auf den Feldern in Kenia betrifft, da wir Rosen selten essen. Allerdings, nur um eine Einordnung zu ermöglichen: Das sind keine Einzelfälle. Auf drei Vierteln der Rosensträuße in unserem Test 2023 klebten Spritzmittel, die von der EU im Anbau verboten oder nicht mehr zugelassen sind. Zwei Beispiele? Die Arbeiterinnen und Arbeiter in Kenia spritzen, oft ohne Schutzkleidung, das vermutlich krebserregende Insektizid Thiacloprid. Und das Fungizid Carbendazim, das im Verdacht steht, genetische Defekte zu verursachen. Beide Stoffe können die Fruchtbarkeit beeinträchtigen und das Kind im Mutterleib schädigen. Wie viel dieser bei uns nicht mehr zugelassenen Stoffe gespritzt wird, ist im Grunde egal: Es gibt keine gesetzlichen Grenzwerte für Schnittblumen.

Natürlich schaden die Pestizidrückstände unserer Gesundheit nicht, wenn die Blumen auf unserem Esstisch stehen, sie schaden aber der Gesundheit der Kenianerinnen und Kenianer, die sie anbauen. Und es geht nicht nur um Blumen. Giftstoffe, die bei uns im Anbau verboten sind, stecken etwa in Tee, Weinblättern und Müslis, um nur drei Beispiele zu nennen. In dem »Seitenbacher Müsli glutenfrei«, das wir 2022 untersucht haben, steckten unfassbare 31 (!) verschiedene Pestizide, darunter auch Carbendazim und Permethrin, die beide von der EU im Anbau aus gutem Grund nicht zugelassen sind. Jetzt sollte man meinen, dass importierte Lebensmittel diese Stoffe auch nicht enthalten dürfen. Dem ist aber nicht so. Es gibt für viele von ihnen gesetzliche Grenzwerte, also Höchstwerte, die Lebensmittel von diesen bei uns im Anbau verbotenen Stoffen enthalten dürfen. Vereinfacht gesagt: Ein Apfel aus Deutschland oder eine Erdbeere aus Spanien dürfen mit Stoff X nicht gespritzt werden. Der Apfel aus Neuseeland oder die Erdbeere aus Ägypten, die im Supermarktregal direkt daneben liegt, darf ihn aber enthalten. Absurd? Ja, aber legal.

Gibt's das auch in regional?

Jetzt müssen Sie stark sein, jetzt wird es kompliziert. Leider machen weder Politik noch Industrie es uns einfach zu erkennen, woher unsere Lebensmittel stammen. Aber ganz unbeholfen sind wir am Supermarktregal dann doch nicht.

OBST UND GEMÜSE Relativ einfach ist es noch bei frischem Obst und Gemüse – zumindest meistens. Äpfel, Orangen, Paprika, Tomaten: Entweder auf der Verpackung oder, wenn es keine gibt, auf den Supermarktschildern muss bei den meisten Obst- und Gemüsesorten stehen, woher sie kommen. Jetzt wäre die EU nicht die EU, wenn es da nicht Ausnahmen gäbe. Und – warum auch immer – Kartoffeln, Bananen und Oliven sind drei der Ausnahmen. Hier können die Anbieter freiwillige Angaben zur Herkunft machen, müssen das aber nicht.

FLEISCH Auch bei Fleisch kann man in vielen Fällen die Herkunft der Tiere erfahren. Für Rind-, Schweine-, Schaf-, Ziegenfleisch und Geflügel gibt es eine Deklarationspflicht für die Herkunft – sofern das Fleisch unverarbeitet ist oder es sich um Hackfleisch handelt. Sobald weitere Zutaten hinzugefügt werden, ist allerdings Schluss mit der Transparenz. Das gilt auch, wenn das Fleisch unverpackt ist – also etwa beim Metzger oder in der Bedientheke im Supermarkt liegt, und einfach, weil es sonst zu einfach wäre, gilt das nicht für Rindfleisch. Da muss die Herkunft immer deklariert werden, egal ob verpackt oder unverpackt.

FISCH Bei frischem und gefrorenem oder geräuchertem Fisch müssen die Hersteller auf der Verpackung Angaben zur Herkunft machen. Sie müssen also entweder das (allerdings sehr, sehr große) Fanggebiet angeben, das Land, wenn der Fisch aus Binnenfischerei stammt, oder die Angabe »Aus Aquakultur« oder »gezüchtet« und dazu das Land, aus dem der Fisch stammt. Für verarbeitete Fischprodukte, Sie ahnen es, gibt es keinerlei Vorschriften zur Kennzeichnung der Herkunft.

EIER Aus welcher Haltungsform und aus welchem Land frische Eier stammen, kann man noch relativ einfach an dem Zahlencode auf dem

Ei erkennen. 0 steht für Bio, 1 für Freilandhaltung, 2 für Bodenhaltung und 3, die Käfig- bzw. Kleingruppenhaltung, gibt es bei frischen Eiern in Deutschland kaum noch – wohl auch ein Erfolg der klaren Kennzeichnung. Die klassische Käfighaltung ist in Deutschland ohnehin verboten, erlaubt ist die wenig bessere Kleingruppenhaltung – noch. Im Jahr 2025 läuft diese Übergangsregelung aus. Hinter der Zahl steht das Länderkürzel, also DE für Deutschland, AT für Österreich. Das ist ja schon mal was. Wer dann noch erfahren will, aus welchem Bundesland das Ei stammt, braucht dafür schon ein bisschen mehr detektivische Begabung. Die ersten beiden Ziffern nach dem Ländercode verraten das Bundesland. 05 steht beispielsweise für Nordrhein-Westfalen, 06 für Hessen und 09 für Bayern. Wichtig: Der Code auf dem Ei ist ausschlaggebend, nicht der auf der Verpackung. Wenig überraschend: Für verarbeitete Produkte mit Eiern gibt es keine solche Kennzeichnung. So können also immer noch unerkannt Käfigeier aus anderen Ländern oder eben heimische aus Kleingruppenhaltung in Nudeln, Kuchen und Co. landen, ohne dass Verbraucherinnen und Verbraucher eine Chance haben, das zu erkennen.

HONIG Wenn Honig aus einem bestimmten Land stammt, dann muss das auf der Verpackung stehen. Sobald allerdings der Honig im Glas eine Mischung aus mehreren Herkünften ist, können die Hersteller die Herkunft schon ganz simpel verschleiern. Sie müssen also nicht etwa Honig aus China, Paraguay und Polen auf die Verpackung schreiben, sondern es genügt die alles und nichts sagende Auskunft »Mischung von Honig aus EU-Ländern und Nicht-EU-Ländern«. Wenn Sie also aus ökologischen Gründen deutschen oder zumindest österreichischen oder französischen Honig kaufen wollen, dann kaufen Sie Honig, der in einem einzigen Land produziert wurde. Das muss konkret auf der Verpackung stehen.

VERARBEITETE LEBENSMITTEL Bei konventionellen, verarbeiteten Lebensmitteln müssen Hersteller in aller Regel keine Angaben zur Herkunft der Zutaten machen. Die komplizierte Ausnahme, wie oben beschrieben, bilden Lebensmittel, die mit einer bestimmten Herkunft werben. Hersteller dürfen im Grunde mit jeder fiktiven Herkunft eines Lebensmittels werben – sie dürfen es aber nur, wenn sie irgendwo auf die Verpackung schreiben, dass das Lebensmittel nicht aus dem beworbenen Land stammt.

Das heißt: Wollen Sie Tomatenmark aus italienischen Tomaten? Dann kaufen Sie Verpackungen, die italienisch aussehen, und lesen Sie das Kleingedruckte. Steht dort Italien? Oder gar kein Hinweis? Dann können Sie relativ sicher sein, dass die Tomaten aus Italien stammen. Steht dort »Nicht-EU«, wäre das ein Indiz für China. Ist eine Verpackung hingegen neutral gehalten – also keine italienischen Fähnchen, keine »pomodori« oder so –, dann müssen Hersteller überhaupt keine Angaben zur Herkunft machen. Relativ sicher, dass die Tomaten aus Italien stammen, kann man ebenfalls sein, wenn auf der Verpackung steht: »aus italienischer Landwirtschaft«, »100 Prozent italienische Tomaten« oder Vergleichbares. Aber ja: Das ist alles ziemlich unbefriedigend. Ein echtes Herkunftskennzeichnungsgesetz fehlt. Wenn wir Verbraucherinnen und Verbraucher wissen wollen, wo unsere Lebensmittel herkommen, müssen wir leider allzu häufig echte Detektivarbeit leisten. Und selbst dann tappen wir häufig im Dunkeln.

EU-KENNZEICHNUNGEN Abgesehen davon gibt es freiwillige Kennzeichnungen von der EU. Das ist einmal die geschützte Ursprungsbezeichnung (g. U.), und auf die ist tatsächlich Verlass. Die Produkte, die diese Bezeichnung tragen, müssen innerhalb der EU in einer bestimmten Region erzeugt, verarbeitet und zubereitet worden sein. Ein Olivenöl »Kalamata« (g. U.) muss also mit Oliven aus der griechischen Region Kalamata in Kalamata hergestellt worden sein. Diese Kennzeichnung ist allerdings sehr selten. Etwas häufiger ist die geschützte geografische Angabe (g. g. A.), auf die allerdings leider deutlich weniger Verlass ist. Denn die besagt nur, dass eine Stufe der Produktion, also Erzeugung, Verarbeitung oder Zubereitung, in der genannten Region stattfand. Das Fleisch für einen »Schwarzwälder Schinken« (g. g. A.) muss also nicht aus dem Schwarzwald stammen. Es reicht aus, wenn der Schwarzwälder Schinken im Schwarzwald hergestellt wird. Das ist natürlich schon auch wenig.

In aller Kürze: HERKUNFTSKENNZEICHNUNG

⇨ Bei Obst und Gemüse muss in den allermeisten Fällen die Herkunft gekennzeichnet sein.

⇨ Honig muss zwar eigentlich gekennzeichnet sein, bei Mischungen von Honig aus mehreren Ursprungsländern reichen aber wenig bis nichts sagende Aussagen wie »Mischung aus EU-Ländern«, »Mischung aus Nicht-EU-Ländern« oder sogar »Mischung aus EU-Ländern und Nicht-EU-Ländern« aus.

⇨ Verarbeitete Lebensmittel müssen nur Angaben zur Herkunft machen, wenn sie mit einer bestimmten Herkunft werben, die primären Zutaten aber nicht aus dem beworbenen Land stammen.

⇨ Bei unverarbeitetem, verpacktem Fleisch und Hackfleisch (Rind, Schwein, Geflügel, Schaf, Ziege) muss die Herkunft gekennzeichnet sein, bei unverpacktem nicht. Außer bei unverpacktem Rindfleisch. Klingt schräg? Ist schräg. Sobald nicht nur Fleisch, sondern auch weitere Zutaten in der Verpackung stecken, entfällt jegliche Herkunftskennzeichnung komplett.

⇨ Auf die geschützte geografische Ursprungsbezeichnung (g. U.) ist Verlass, sie bedeutet, dass das Lebensmittel in einer bestimmten Region erzeugt, verarbeitet und zubereitet wurde. Die geschützte geografische Angabe (g. g. A.) hingegen sagt nur aus, dass eine der drei Produktionsstufen in der betreffenden Region stattfand.

Inside ÖKO-TEST

Wenn man Verbraucherschützerinnen wie uns herausfordern will, dann ist so eine »EU/Nicht-EU«-Angabe ja eine herrliche Art der Kampfansage. Je verschleierter eine Herkunft ist, je weniger die Hersteller verraten, desto genauer wollen wir bei ÖKO-TEST wissen, wo die Produkte herkommen, wie sie angebaut wurden, welche Rechte die Arbeiterinnen und Arbeiter haben und welche Pestizide sie mit welcher Schutzausrüstung gespritzt haben. Und je genauer wir nachfragen, desto mehr trennt sich die Spreu vom Weizen. Auffallend laut wirkt da oft das Schweigen vieler Großer. Ein Beispiel? Kraft Heinz.

In unserem Test Ketchup hatten wir 2023 die Hersteller unter anderem gebeten, uns die Lieferkette ihrer Tomaten offenzulegen. Viele der Hersteller taten das, einige davon, die meisten Bios, sogar ziemlich vorbildlich. Das zeigt uns natürlich auch immer eines: Es geht. Kraft Heinz hingegen schwieg. Das von uns beauftragte Labor hatte in dem Produkt Schimmelpilzgifte in einer Höhe nachgewiesen, die den Richtwert der EU gleich mehrfach überschritt. Solche Funde sind selten und ungewöhnlich. Die Laborwerte hatten wir dem Anbieter, wie wir es immer tun, vor der Veröffentlichung mitgeteilt, damit er sich dazu äußern oder im Ernstfall auch Maßnahmen ergreifen kann, wie das Produkt zurückzurufen oder vom Markt zu nehmen. Doch Kraft Heinz schwieg. Woher stammen die Tomaten, wie wurden sie angebaut, von wem? Kraft Heinz schwieg. Der zuckrigste Ketchup im Test wäre ohnehin durchgefallen, allein wegen der ungewöhnlich hohen Schimmelpilzgiftbelastung. Aber stammten die schimmligen Tomaten aus dem Heinz-Ketchup etwa auch noch aus China? Kraft Heinz schwieg. Bis zur Veröffentlichung. Wir titelten auf dem Cover: »Ketchup – Bei Heinz sehen wir rot«.

Als dann ein paar Tage lang ARD, RTL, *BILD*, *Spiegel Online* und die *Süddeutsche*, um nur einige zu nennen, über unseren Test und damit auch über das schlechte Abschneiden des Heinz-Ketchups berichteten, meldete sich Kraft Heinz, oder vielmehr die PR-Agentur von Kraft Heinz, dann doch noch. Zur Herkunft der Tomaten schreibt die Agentur des Ketchup-Marktführers, dass sie besonders enttäuscht gewesen sei, in unserem Artikel zu lesen, dass Kraft Heinz uns nichts über die Herkunft der Tomaten gesagt habe. Denn schließlich seien die Informationen öffentlich auf der Internetseite hjheinz.de zugänglich. Man kommuniziere dort doch sehr transparent, dass die meisten der Tomaten aus Kalifornien und Spanien stammen würden. Klar: Das, was ein Anbieter auf seiner Homepage schreibt, das reicht uns ohnehin nicht. Wir wollen Nachweise, Belege, genau nachvollziehen, welche Tomaten von woher in der von uns getesteten Charge verarbeitet wurden. Wir haben uns natürlich trotzdem angesehen, was Kraft Heinz auf der Website angeblich so transparent kommuniziert. Zur Herkunft der Heinz-Tomaten fanden wir im März 2023, also kurz nach dem Test und dem Schreiben der PR-Agentur, zwei Hinweise. Einmal: »Unsere Tomaten werden an sonnigen Orten wie Kalifornien und Spanien von Landwirten angebaut, [...].«[13] An sonnigen Orten *wie*. Aha. Wissen Sie, wo es noch sonnig ist? In »Orten wie« Xinjiang. Und dann, damals nur einen Slide weiter: »Unsere Tomaten stammen aus der ganzen Welt [...]«. Das wiederum ist in der Tat transparente Kommunikation – und nichts anderes als ein ausformuliertes »EU/Nicht-EU«. Inzwischen hat Kraft Heinz, sicherlich auch als Reaktion auf unseren Test, den Text auf der Homepage geändert. Von »der ganzen Welt« liest man dort jetzt nichts mehr. Ob das auch so ist? Wir hoffen es.

Jean-Baptiste Malet, der Autor, der zwei Jahre lang um die ganze Welt reiste, um in Sachen Tomaten zu recherchieren, schrieb 2018 in seinem Buch *Das Tomatenimperium*, dass Kraft Heinz neben anderen Konzernriesen wie Unilever und Nestlé einer der Kunden von Cofco Tunhe sei, dem größten Unternehmen für die Verarbeitung von Industrietomaten in China. Cofco Tunhe baut seine Tomaten unter anderem auf Tausenden von Feldern in Xinjiang an. Dort, wo auch Zwangsarbeiterinnen, Zwangsarbeiter und Kinder arbeiten. Ist Kraft Heinz auch heute noch, sechs Jahre später, einer der Kunden? Stammten die Tomaten aus dem von uns getesteten Ketchup aus Xinjiang? Wir wissen es nicht. Das ist unbefriedigend – aber wir können die Anbieter natürlich nicht zwingen, ihre Lieferketten offenzulegen. Wir können nur den Finger in die Wunde legen, möglichst viel öffentlichen Druck aufbauen und sagen: »Testergebnis Transparenz/Lieferkette: ungenügend«. Und genau das haben wir getan.

Es gibt allerdings auch Beispiele von Transparenz, die uns ein wenig überraschen, weil sie offenlegen, wie absurd verwirrend und unverschämt die Industrie sich teilweise gegenüber den Verbraucherinnen und Verbrauchern verhält. Etwa wenn Hersteller ganz offen mitteilen, dass ihre Weinblätter nicht nur aus Griechenland stammen, wie die Verpackung eindeutig nahelegt, sondern auch aus China. Nun ist es aber seit April 2020 so, dass die Zutaten besser wirklich aus Griechenland kommen sollten, wenn Hersteller mit einer griechischen Herkunft werben. Und wenn dem nicht so ist, dann müssen sie wenigstens irgendwo auf der Verpackung vermerken, dass dem eben nicht so ist. Die Latte der EU hängt da wirklich nicht hoch, so ein klitzekleiner Hinweis »Herkunft: Nicht-EU« beispielsweise würde gesetzlich gesehen völlig ausreichen. Das ist immer noch dreist, aber wenigstens erlaubt. Und viele der Hersteller in unserem Test Weinblätter 2023 machen das genau so. Blau-weiße Verpackungen, »Dolmadakia«, griechische Fähnchen – dabei stammten die Weinblätter aus China oder der Türkei. Nur: Diese kleine Miniangabe, dieses absolute Minimum in Sachen Transparenz, die erfüllte ein Anbieter im Test nicht.

»Diese authentische Spezialität habe ich für Sie in Griechenland ausgesucht«, steht auf der blau-weißen Verpackung der »Krini handgewickelten Dolmadakia« neben einem Foto des Inhabers der Firma. Daneben: »Seit 1962. Ehrlich gut.« Ehrlich? Auf unsere Nachfrage hin schon: Der Anbieter teilte uns ganz offen mit, dass seine Weinblätter auch aus China stammen, der Reis aus Italien. Nur, obwohl die Verpackung deutlich mit der vermeintlich griechischen Herkunft wirbt, findet sich nirgendwo ein Hinweis auf die nicht griechische Herkunft. Solche Beispiele sind selten – aber es gibt sie, leider. Ein paar Tage nach Veröffentlichung des Tests meldete sich der erboste Inhaber bei uns und beschwerte sich in einer langen E-Mail über die Diskreditierung der Marke ohne sachliche Grundlage. Nun ist »ohne sachliche Grundlage« sicherlich eine interessante Auslegung geltenden EU-Rechts. Unsere Rückfrage, warum er davon ausgehe, dass sein Produkt entgegen EU-Recht so hätte verkauft werden dürfen, beantwortete der Inhaber bis heute nicht.

Den Kampf gegen die Gentechnik in importierten Lebensmitteln haben wir bei ÖKO-TEST übrigens schon sehr früh geführt. 1997 waren wir die erste Institution überhaupt, die genmanipuliertes Soja in Lebensmitteln nachgewiesen hat: im Test Nuss-Nougat-Cremes. Seit diesem Fund kämpfen wir für ein Verbot – mit einem großen Teilerfolg 2004. Seitdem sind GVO-Lebensmittel in Europa kennzeichnungspflichtig. Das heißt: Auf jeder Verpackung, die gentechnisch veränderte Lebensmittel enthält, muss ein Hinweis stehen, dass dem so ist. Und das kommt bei den Verbraucherinnen und Verbrauchern in der EU quasi einem Verbot gleich – denn diese Lebensmittel verkaufen sich hier einfach nicht. Was aus unserer Sicht noch fehlt, ist hingegen eine Kennzeichnungspflicht für tierische Lebensmittel. Denn wenn Tiere GVO-Futter bekommen – und gentechnisch verändertes Futter ist in den Trögen der industrialisierten Massentierhaltung oft Standard –, dann müssen das Fleisch, die Milch oder die Eier am Ende im Regal nicht gekennzeichnet werden. Und »Spuren« von Gentechnik, also geringe Anteile, die unter 0,9 Prozent liegen, die können Hersteller bislang ebenfalls verschweigen. Wir testen verdächtige Lebensmittel regelmäßig darauf und die von uns beauftragten Labore können diese Spuren nachweisen. Auch diese Produkte werten wir konsequent ab.

Den weit gereisten Irrsinn des globalen Handels sehen wir meist aus der Perspektive des Überflusses. Auf unseren Tischen landet alles, immer. In den Herkunftsländern herrscht Mangel. Hierzulande herrscht immer Überversorgung. Immer, mit allem? Wechseln wir die Perspektive. Wie fühlt es sich an, wenn Konzerne uns etwas wegnehmen?

2

ABGEPUMPT:
DER KAMPF UMS WASSER

Es klingt wie ein düsteres Zukunftsszenario: Mitten in Deutschland gibt es eine Gemeinde mit so wenig Wasser, dass es für die Bürgerinnen und Bürger rationiert wird. Während ein riesiger US-amerikanischer Megakonzern Millionen von Litern exakt dieses knappen Wassers verbraucht. An einem anderen Ort fließt kein lokales Wasser mehr aus dem Wasserhahn, weil ein Discounter das örtliche Trinkwasser, ohne auch nur einen Cent dafür zu bezahlen, abpumpt und dann in Plastikflaschen abgefüllt verkauft. Ja, das klingt düster, das ist düster, aber das sind keine Zukunftsszenarien. Für einige Brandenburger ist das erste Szenario, für einige Bayern das zweite bereits Realität.

Der amerikanische Elektroautoriese Tesla verbraucht mit seiner »Gigafactory« in Grünheide in der Nähe Berlins mehr als 1 Million Kubikmeter Wasser im Jahr – das ist in etwa der Verbrauch einer Kleinstadt mit 40 000 Einwohnern. Und das in Brandenburg, einem der regenärmsten Bundesländer Deutschlands, keine 30 Kilometer von Strausberg entfernt. Dass der Straussee dort schon seit Jahrzehnten immer weiter austrocknet? Dass die Strausberger sich in Bürgerinitiativen organisieren und seit Jahren für den Erhalt des Sees kämpfen? Stört Elon Musk wenig – und auch die Politikerinnen und Politiker schienen die Aussicht auf einen Haufen Gewerbesteuer auf ihrer Prioritätenliste weiter oben anzusiedeln.

Wie komplett egal ihm die Anwohner und ihr Wassermangel sind, zeigte Musk 2021 mit seiner Reaktion in einem Interview auf die Frage angesprochen. Er lachte. »Es gibt hier doch überall Wasser! Kommt Ihnen das etwa wie eine Wüste vor? Das ist lächerlich!«, sagte er. Neben ihm stand Armin Laschet, damals CDU-Bundesvorsitzender und Kanzlerkandidat. Und lachte mit.

Nun ist Armin Laschet nicht unbedingt für sein Gespür, am richtigen Ort zur richtigen Zeit zu lachen, bekannt. Wie wenig zum Lachen das Thema aber wirklich ist, also jenseits von unangenehm-peinlichen Pressekonferenzen, zeigte sich allerspätestens ein Jahr danach. Damals forcierte der Wasserverband Strausberg-Erkner erste Rationierungen. Zunächst sollten nur Neuzugezogene in Strausberg nur noch eine bestimmte Menge an Wasser verbrauchen – ab 2025 soll, Stand jetzt, eine solche Obergrenze für alle Menschen in dem Verbandsgebiet gelten. Für alle? Na ja! Nicht für Leute, die es sich leisten können. Denn wer mehr verbraucht, muss eben zahlen. Geldstrafen. Abgedreht werden soll der Hahn nicht. Reiche Menschen aus dem Verbandsgebiet können künftig also im hauseigenen Pool dabei zusehen, wie der Sprinkler den Rasen bewässert – arme eben nicht. Sie würden nicht wollen, dass es zu diesen Rationierungen komme, sagt eine Sprecherin des Verbands. Aber im Moment sehe es so aus, als könne der Verband es nicht verhindern. Wasser sei nun mal eine endliche Ressource und der Verband sei am Limit, was die Entnahmemengen betreffe.

Strausberg bleibt nicht die eine, die große Ausnahme. Im Sommer 2023 folgen weitere Landkreise, beispielsweise gleich mehrere in Sachsen-Anhalt, die Wassersparmaßnahmen ankündigen. Auch etwa die Landkreise Nienburg/Weser und Vechta in Niedersachsen beschränken den Wasserverbrauch: Felder und Gärten dürfen im Sommer zu bestimmten Uhrzeiten nicht mehr bewässert werden. Weitere Wasserverbände in ganz Niedersachsen rufen dazu auf, den Rasen braun werden zu lassen. Auch andere Wasserwerke stoßen an ihre Kapazitätsgrenzen, beispielsweise im nordrhein-westfälischen Emmerich. Dort bleibt es noch bei Appellen an die Bürgerinnen und Bürger, ihre Autos nicht zu waschen und den Garten nicht zu bewässern. Denn klar: Die Appelle zum Sparen, die richten sich immer und zuallererst an uns, die Verbraucherinnen und Verbraucher, an unseren Wasserhahn. Aber wer appelliert an Elon Musk?

Diese Wassersparappelle kannten wir bis vor wenigen Jahren nur aus Ländern wie Kalifornien, Südafrika oder Spanien. Nicht in Kalifornien, Südafrika oder Spanien, sondern in Bayern ist allerdings auch das zweite düstere Szenario Wirklichkeit geworden: Wer in Treuchtlingen Treuchtlinger Wasser kaufen möchte, muss zu Aldi gehen und es kaufen. Aus Flaschen. Denn aus dem Hahn kommt längst kein Treuchtlinger Wasser mehr; aus dem Hahn kommt – per Fernleitung – Wasser aus Genderkingen. In Bayern, Hessen und Thüringen zahlen Unternehmen bisher kein Geld für das Grundwasser, das sie abpumpen (Stand Herbst 2023). Ja, richtig gelesen: nix. Aldi Nord pumpt also das Wasser kostenlos in Treuchtlingen ab und verkauft es dann in Plastikflaschen an die Treuchtlinger. Für Aldi also ein ziemlich lässiges Geschäftsmodell, für die Treuchtlinger eher so na ja. Aldi Nord bezeichnet sich dann sogar noch mit eher nur mittelviel Gespür für gute PR als »Grundversorger«. Grundversorger? Für Wasser? Aldi? Oha. Unser volles Verständnis, dass dem einen oder anderen Treuchtlinger da der Kragen platzt.

Auch in allen anderen Bundesländern ist Wasser für Konzerne vor allem eines: billig. Und in großen Mengen verfügbar. In ganz Deutschland haben die Behörden Konzernen teils auf Jahrzehnte hin großzügig Entnahmerechte gestattet, wie das Recherchenetzwerk Correctiv offenlegte. Damit haben diese Firmen das Recht, über diese langen Zeiträume hinweg Wasser im großen Stil abzupumpen. Doch was, wenn es künftig wegen der fortschreitenden Klimakrise nicht mehr genügend Wasser gibt? Diese Überlegung spielte bei den Vertragsabschlüssen offenbar keine große Rolle. Es gab ja immer genug Wasser. Kaum jemand kam auf die Idee, Wasser zu begrenzen, Wasser als endliche Ressource zu begreifen. Doch genau das steht uns bevor. Unser Wasser wird knapp. Mit jeder Dürre, jedem Hitzesommer etwas mehr.

Die Konzerne wappnen sich für diesen Ernstfall. Aldi Nord, Coca-Cola und Red Bull etwa kaufen Mineralbrunnen auf und pumpen weiter Wasser im großen Stil ab. Ob die Bürgerinnen und Bürger für den Ernstfall genauso gewappnet sind? Eher nicht. Und die Bundesregierung schützt sie bisher nur wenig – auch die 2023 beschlossene nationale Wasserstrategie räumt Bürgerinnen und Bürgern im Fall einer extremen Dürre kein klares Vorrecht ein. Gesetze, die regeln, dass Konzerne uns das Trinkwasser nicht einfach wegpumpen? Fehlanzeige.

Brauchen wir überhaupt Mineralwasser?

Immer wenn wir diese Frage stellen, begleitet uns ein bisschen das Gefühl, dass der Mineralwasserverband sich schon in Stellung bringt, um zurückzu… äh, argumentieren. Doch dazu mehr im Abschnitt Inside *ÖKO-TEST*. Und, Spoiler-Alarm, unsere Antwort auf die Frage gleich vorab: Wir »brauchen« kein in Flaschen abgefülltes Mineralwasser aus dem Supermarkt. Hier, mitten in Europa, ist das eine reine Luxusfrage – wir können uns glücklich schätzen, dass wir sie uns überhaupt stellen dürfen. Denn im Gegensatz zu vielen anderen Regionen der Welt können wir unser Leitungswasser bedenkenlos trinken. Unser Leitungswasser ist in aller Regel sauber, praktisch, günstig und besser für die Umwelt. Und: Leitungswasser verbraucht pro Liter fertiges Getränk weniger Wasser. Klingt jetzt ein bisschen schräg, Wasserverbrauch pro Liter Wasser – aber für einen fertigen Liter Mineralwasser benötigt ein Abfüller in der Regel 1,5 bis 2 Liter Wasser. Das sagen nicht wir, das sagt der Verband Deutscher Mineralbrunnen, der Dachverband von 150 Mineralbrunnenbetrieben. Eigentlich logisch: Die Anlagen, die Flaschen, die Räume – das alles muss ja gereinigt werden. Wer also 1 Liter Mineralwasser aus der Flasche trinkt, verbraucht bis zu 2 Liter Wasser.

Im Grunde ist die ganze Erfindung Mineralwasser ein phänomenal gutes Beispiel für phänomenal gute PR. Man stelle sich vor: Die Menschen in einem Land sind überversorgt mit einem sicheren, guten Lebensmittel, das sie sehr, sehr günstig direkt nach Hause geliefert bekommen. Dennoch entwickeln sie nach und nach immer mehr das Bedürfnis, in einen Supermarkt zu fahren und dieses sichere, gute Lebensmittel in Flaschen abgefüllt für deutlich mehr Geld zu kaufen und nach Hause zu transportieren. Die schweren Kisten werden sogar Treppen hoch- und runtergeschleppt, und wenn man das selbst nicht kann oder will, gibt es ganze Lieferdienste, die man dafür bezahlen kann, dass sie das Schleppen übernehmen. 129,5 Liter Mineralwasser hat – durchschnittlich – jeder Mensch in Deutschland 2022 gekauft, so der Verband Deutscher Mineralbrunnen. 129,5 Liter Wasser in Flaschen abgefüllt, ob Plastik oder Glas. Gekauft, geschleppt, getrunken. Seit 1970 hat sich dieser Verbrauch mehr als verzehnfacht. Damals kauften wir im Durchschnitt gerade einmal 12,5 Liter Mineralwasser – zu einer Zeit, als das Trinkwasser durch damals noch weiter verbreitete Bleileitungen sicherlich insgesamt von schlechterer Qualität war als heute. Was für ein Erfolg für die Mineralwasserindustrie.

Für die Umwelt ist diese Erfolgsgeschichte keine. Laut Umweltbundesamt (UBA) verursacht das Trinken von Leitungswasser weniger als 1 Prozent der Umweltbelastungen von Mineralwasser. Und die Klimabelastung durch Mineralwasser in Einwegflaschen ist laut Berechnungen der Verbraucherzentrale NRW durchschnittlich rund 600-mal höher als bei Leitungswasser. 600-mal! Das liegt auch daran, dass Mineralwasser teils sogar importiert wird. Im Jahr 2022 waren es rund 1,2 Milliarden Liter, die wir aus anderen Ländern nach Deutschland gekarrt haben. Was für ein Irrsinn. Zweiter Punkt, der die Umweltbelastung in die Höhe treibt: die Verpackung. Ob Glas oder PET – Herstellung (und Recycling) sind ressourcenintensiv. Am schlechtesten für die Umwelt sind Einwegflaschen. Die werden nach einmaligem Gebrauch geschreddert. Wer Probleme hat, Einweg- von Mehrwegflaschen zu unterscheiden, dem hilft vielleicht der Blick auf den Kassenzettel: Für Einwegflaschen zahlen wir immer 25 Cent, für Mehrweg 8 oder 15. Besser für die Umwelt sind in jedem Fall Mehrwegflaschen, ob aus PET oder Glas. PET-Flaschen werden bis zu 25-mal neu befüllt, Glasflaschen bis zu 50-mal. Da die schweren Glasflaschen im Transport umweltschädlicher sind als die leichteren aus PET, sollten Glasflaschen im Idealfall aus Ihrer Region stammen.

Auch für die globale soziale Gerechtigkeit ist diese Erfolgsgeschichte keine. Das kritisierten die Vereinten Nationen (UN) 2023. Schon jetzt hat jeder vierte Mensch keinen Zugang zu sauberem Trinkwasser. Und die Klimakrise wird diese Situation verschärfen. Das düstere Szenario, das wir zu Beginn des Abschnitts gezeichnet haben, die Frage, wer wie viel sauberes Wasser bekommt, wenn es knapp wird, ist schließlich in vielen Ländern der Welt längst Realität. Das UN-Institut für Wasser, Umwelt und Gesundheit kritisierte deswegen im März: Die Mineralwasserbranche sei »strategisch nicht auf das Ziel ausgerichtet, universell Wasser bereitzustellen«. Im Gegenteil. Die Mineralwasserindustrie kaufe weltweit immense Mengen an Wasser für wenig

Geld und verkaufe es – 150- bis 1 000-mal so teuer wie Leitungswasser – weiter. Wenn nun das Flaschenwasserangebot weiter ausgebaut würde, und das werde es, die UN rechnet sogar mit einer Verdoppelung des Umsatzes noch innerhalb dieses Jahrzehnts, dann könne das in schlechter entwickelten Ländern dazu führen, dass der Zugang zu sauberem Wasser nicht ausreichend ausgebaut werde. Wasser ist schließlich ein endliches Gut und in den Ländern des globalen Südens noch einmal drastisch knapper als bei uns. Damit werde sauberes Wasser in diesen Ländern immer mehr eine Frage des Geldbeutels. »Dies weist auf einen Fall extremer sozialer Ungerechtigkeit hin, bei dem Milliarden von Menschen weltweit keinen Zugang zu zuverlässigen Wasserdiensten haben, während andere Wasserluxus genießen«, kritisiert die UN. Allein 2021 seien 350 Milliarden Liter Wasser in Flaschen abgefüllt worden – ein Geschäft, das der Industrie 270 Milliarden US-Dollar eingebracht haben soll.

Aber was spricht denn nun für Mineralwasser? Ist es gesünder? Sauberer? In Deutschland ist diese Frage eine reine Luxusfrage. In den Ländern des globalen Südens eine existenzielle. Aber schauen wir uns die Argumente einmal genauer an.

Das Mineralstoff-Argument

Mineralwasser kann mehr wichtige Mineralstoffe wie Kalzium, Magnesium oder Kalium enthalten als Leitungswasser – es kann. Allerdings stecken unterschiedlich hohe Gehalte an diesen Mineralstoffen in den Flaschen, es sind keine Mindestgehalte vorgeschrieben. Und immer wieder zeigt sich, dass einige Mineralwässer sogar mineralstoffarm sind – teils sogar weniger Mineralstoffe enthalten als Leitungswasser (dessen Gehalte natürlich auch von Region zu Region schwanken). Zudem nehmen wir Mineralstoffe hauptsächlich über feste Nahrungsmittel auf – bei gesunder, abwechslungsreicher Ernährung sind wir nicht unterversorgt. Wer aber etwa komplett auf tierische Produkte verzichtet, für den kann ein mineralstoffreiches Mineralwasser tatsächlich eine nennenswerte Mineralstoffquelle etwa für Kalzium sein. Es ist zumindest eine von vielen Möglichkeiten, einem möglichen Mangel vorzubeugen, sicherlich besteht auch hier kein Muss. Mineralstoffreiche Sorten erkennt man an dem Aufdruck »mit hohem Gehalt an Mineralien« auf der Flasche. Diese Werbung darf dort nur stehen, wenn der Mineralstoffgehalt mehr als 1500 Milligramm pro Liter beträgt. Einen Eindruck davon, wie viel Mineralstoffe ein Wasser enthält, bekommt man auch auf dem Etikett, meist bescheinigt vom Institut Fresenius. Zur Einordnung: Ein kalziumreiches Wasser enthält mehr als 150 Milligramm Kalzium. 1 Liter Milch enthält rund 1 200 Milligramm Kalzium.

Das Reinheits-Argument

Leitungswasser stammt überwiegend aus oberflächennahen Gewässern, Mineralwasser aus tiefen Brunnen. Dadurch ist Mineralwasser natürlicherweise schon von den allermeisten »menschengemachten Verunreinigungen« wie Pestizidmetaboliten, Medikamentenrückständen, Nitrat oder Süßstoffen befreit – einfach, weil es auf seiner Reise durch die Gesteinsschichten ganz natürlich gereinigt wird. Leitungswasser wird allerdings aufbereitet und kommt entsprechend auch sauber aus dem Hahn. Trinkwasser gehört zu den am strengsten kontrollierten Lebensmitteln – und laut Umweltbundesamt halten mehr als 99 Prozent aller Probenentnahmen die sehr strenge Trinkwasserverordnung ein oder übertreffen sie deutlich. Hinzu kommt: Auch die tiefen Mineralwasserbrunnen sind längst nicht mehr zu 100 Prozent verschont von diesen »menschengemachten Verunreinigungen«, dazu sind diese mittlerweile viel zu stark, viel zu weit verbreitet. Und unsere Tests zeigen immer wieder: Ja, die meisten Mineralwässer sind frei davon. Aber nein, längst nicht alle. Und: In der Mineralwasserverordnung steht zwar, dass Mineralwasser »vor Verunreinigungen geschützt« und »von ursprünglicher Reinheit« sein soll. Eine konkrete Definition, was das denn nun heißen soll, fehlt aber. Werden in einem Mineralwasser etwa Pestizidmetabolite nachgewiesen, kann es weiter als »natürliches Mineralwasser« verkauft werden – und das ist aus Sicht von Verbraucherinnen und Verbrauchern natürlich vor allem eines: ärgerlich.

Ein Problem kann es allerdings bei Leitungswasser, in seltenen Fällen, noch geben. Und dafür sind nicht die Wasserwerke, sondern die Hausbesitzerinnen und Hausbesitzer verantwortlich: Es geht um mit Blei belastetes Leitungswasser. Wenn in (alten) Häusern noch Bleileitungen liegen sollten, ist das Wasser für gewöhnlich höher mit Blei belastet als erlaubt. Seit 2013 gilt in Deutschland allerdings ein Grenzwert von 0,01 Milligramm pro Liter Wasser, was im Grunde schon einem Verbot von Bleileitungen gleichkam. Denn Wasser, das durch Bleileitungen fließt, kann diesen Grenzwert kaum einhalten. Die 2023 in Kraft getretene Novelle der Trinkwasserverordnung sieht nun allerdings auch ein wirkliches Verbot von Bleileitungen vor – bis 2026 müssen Hausbesitzerinnen und Hausbesitzer die letzten verbleibenden Bleileitungen austauschen.

Wer sich nicht sicher ist, ob sein Vermieter, seine Vermieterin die alten Bleileitungen ausgetauscht hat, kann das laut Umweltbundesamt relativ einfach selbst kontrollieren: Denn Bleirohre sind weicher als Kupfer- oder Stahlleitungen. Die sichtbaren Rohre, beispielsweise am Wasserzähler, lassen sich also sehr leicht einritzen, etwa mit einem Messer. Ein Wassertest aus dem Internet kann zudem einen ersten Aufschluss geben – um die Vermieter zu verpflichten, Bleileitungen auszutauschen, ist allerdings eine fachgerechte Probenentnahme notwendig.

FAZIT Bis auf wenige Ausnahmen sind beide Produkte, Leitungswasser und Mineralwasser, sicher und sauber. Dass Mineralwasser prinzipiell reiner sein soll als Leitungswasser, lässt sich allein deshalb nicht behaupten, weil die Trinkwasserverordnung, die – wir erinnern uns – mehr als 99 Prozent aller Proben einhalten, in Teilen strenger ist als die Mineralwasserverordnung. Nur: Für das eine Produkt zahlen wir pro Liter 0,3 bis 0,5 Cent, für das andere haben wir in unserem Test von 50 Mineralwässern[1] 17 Cent (Nicht-Bio) bis 1,45 Euro (Bio) pro Liter bezahlt. Rechnen wir mit 0,4 Cent für das Hahnwasser, bekommt man für 17 Cent also 42,5 Liter Leitungswasser oder 1 Liter Mineralwasser. Und für 1,45 Euro ganze 362,5 Liter Leitungswasser – oder eben 1 Liter Bio-Mineralwasser. Heißt also: Ich kann für das gleiche Geld fast ein ganzes Jahr lang jeden Tag 1 Liter Wasser aus dem Hahn trinken oder eben an nur einem Tag 1 Liter Bio-Mineralwasser.

Und was genau soll
Bio-Mineralwasser sein?

Mineralwasserabfüller tragen mit stolz geschwellter Brust den Anspruch der »ursprünglichen Reinheit« vor sich her. Denn, wie gesagt: Mineralwasser stammt aus sehr tiefen, geschützten Quellen und soll deswegen ganz besonders rein sein – was oft so ist und manchmal eben nicht, siehe »Das zeigen unsere Tests«. Wenn Mineralwasser also so rein ist, was soll dann bitte Bio-Mineralwasser sein? Noch reiner als »ursprünglich rein«? Verstehen Sie uns nicht falsch. Wir sind, in den allermeisten Fällen, Fans von Bio-Lebensmitteln. Von der strengen EU-Öko-Verordnung und dem staatlich überwachten Kontrollsystem. Das garantiert, dass Bio-Lebensmittel eben meistens besser sind. Ohne chemisch-synthetische Pestizide, ohne künstliche Dünger. Aber Bio-Mineralwasser? Versickertes Regenwasser aus dem natürlichen Wasserkreislauf, das auf dem Weg nach unten, zu den tiefen Quellen, durch die Bodenschichten ganz von allein gereinigt wird? Was soll hier bitte Bio heißen?

Das hat sich auch die Zentrale zur Bekämpfung unlauteren Wettbewerbs gefragt, als die Firma Neumarkter Lammsbräu das Label der Qualitätsgemeinschaft Bio-Mineralwasser auf ihre Flaschen druckte. Und reichte Klage ein. Doch der Bundesgerichtshof entschied 2012: Neumarkter Lammsbräu darf das. Und zwar genau dann, wenn strengere Vorgaben definiert sind. Also Vorgaben, die über die der »normalen« Mineralwässer hinausgehen. Es soll also den Anspruch haben, weniger Schadstoffe und Rückstände zu enthalten, als die Höchstwerte für Mineralwässer vorsehen. Warum wir schreiben »den Anspruch haben«? Weil sie diesen Anspruch eben nicht immer einhalten, wie unsere Tests zeigen.

Auf dem Markt gibt es inzwischen nicht mehr nur das Label der Qualitätsgemeinschaft Bio-Mineralwasser, sondern auch das des Labors SGS Fresenius. Beide Siegel machen strengere Vorgaben für Nitrat, Nitrit, Arsen, Radium und Bor, als es die Mineralwasserverordnung tut. Und regeln darüber hinaus auch Stoffe, für die es gar keine Grenzwerte gibt. Für menschengemachte Verunreinigungen wie Pestizidabbauprodukte, Arzneimittelrückstände und Süßstoffe etwa haben Bio-Mineralwässer sogar fast eine Nulltoleranz – die sind in der Mineralwasserverordnung gar nicht konkret geregelt. Teilweise unterscheiden sich die Vorgaben der beiden Siegel, was es natürlich für die Verbraucherinnen und Verbraucher schwierig macht, am Ende bei den ganzen Siegeln noch durchzublicken. Etwa bei Nitrat und Pestizidabbauprodukten ist das Siegel der Qualitätsgemeinschaft Bio-Mineralwasser noch einmal strenger als das von SGS Fresenius.

Prinzipiell ist der Anspruch von Bio-Wässern also tatsächlich noch einmal etwas höher. Sie sollen wirklich reiner als »ursprünglich rein« sein, was die These der »ursprünglichen Reinheit« natürlich ein Stück weit in Frage stellt. Und ja, die Bio-Siegel geben den Herstellern zudem strengere Vorgaben für ihr Engagement in Sachen Quell- und Umweltschutz. Nur: Auch Bio-Wasser wird in Flaschen abgefüllt. Auch Bio-Wasser wird durch die Gegend gekarrt. Kein Mineralwasser – ob Bio oder nicht – kann ökologisch gesehen mit Leitungswasser mithalten. Und bezahlen lassen sich die Abfüller diesen reiner-als-ursprünglich-reinen Anspruch auch, und zwar ordentlich. Nochmal: Das teuerste Bio-Mineralwasser in unserem Test 2023 kostete 1,45 Euro pro Liter.

Gibt's das auch in Grün?

Ja, ganz einfach: aus der Leitung. Leitungswasser ist die mit Abstand beste Option für die Umwelt. Die zweitbeste, für alle, die nicht auf Mineralwasser verzichten wollen: regionales Mineralwasser aus Mehrwegpfandflaschen. Glas ist okay, solange der Weg nicht allzu weit ist. Je länger der Weg, desto schlechter die CO_2-Bilanz für Glas, weil es schwer wiegt und entsprechend während des Transports mehr schädliche Klimagase freisetzt. Mehrwegflaschen aus der Region sind auch bei anderen Getränken erste Wahl, was die Umweltbelastung betrifft. Einwegflaschen erkennt man am Einweg-Logo – und am Pfand, das immer 25 Cent beträgt. Mehrwegflaschen erkennt man an dem Aufdruck »Mehrweg« oder dem Logo »Für die Umwelt Mehrweg« und dem Pfand, das 8 oder 15 Cent beträgt.

DAS ZEIGEN UNSERE TESTS

Weil wir Deutschen so immens viel Mineralwasser trinken, testen wir bei *ÖKO-TEST* quasi ständig Mineralwasser. Mit Sprudel, ohne, mit ein bisschen Sprudel – etwa einmal im Jahr kaufen wir in ganz Deutschland jede Menge Mineralwasser ein, schicken die Flaschen in verschiedene Labore und lassen sie dort testen. Wir prüfen beispielsweise auf Nitrat, Arsen, Bor, Uran und auf das als krebserregend eingestufte Chrom(VI). Auch Pestizidabbauprodukte und Rückstände von Süßstoffen stehen auf der Checkliste der Labore. Denn die Frage ist ja auch: »Sind diese Wässer wirklich so ›ursprünglich rein‹, wie sie behaupten?« Oft sind sie das. Wie häufig zuvor schnitt 2023 in unserem Test von 50 Medium-Mineralwässern knapp die Hälfte mit »sehr gut« ab. Testschlusslichter waren aber gerade zwei Wässer, die sogar die Auslobungen trugen: »geeignet für die Zubereitung von Säuglingsnahrung«. In einem steckte sogar eine geringe Menge an Chrom(VI) – wir erinnern uns, das ist als krebserregend eingestuft. Und ein Bio-Wasser hielt die Vorgaben für Bio-Wässer nicht ein, dazu mehr im Inside *ÖKO-TEST*.

Schlusslicht im Test von 100 Medium-Mineralwässern[2] 2020 war ausgerechnet die bekannte Marke Apollinaris Medium von Coca-Cola. Das Wasser enthielt mehr Bor, als in Trinkwasser erlaubt ist. Das ist eines der Beispiele, wo für Trinkwasser strengere Grenzwerte gelten als für Mineralwasser. Das Wasser durfte so verkauft werden, weil der erlaubte Wert für das »ursprünglich reine« Mineralwasser höher liegt als der für das angeblich nicht so ursprünglich reine Hahnwasser. Das Element Bor hat allerdings fortpflanzungsschädigende Effekte in Tierstudien gezeigt, weswegen das Wasser, in dem wir auch ein Pestizidabbauprodukt nachwiesen, bei uns als einziges (!) in einem Test von ganzen 100 Wässern mit »ungenügend« abschnitt. Es waren also 99 Wässer besser als das Apollinaris Medium von Coca-Cola.

Was uns außerdem noch ärgert? Dass vor allem Discounter und Supermärkte bei ihren Eigenmarken immer noch auf PET-Einwegflaschen setzen. Ob Edeka, Kaufland, Netto, Lidl, Norma, Tegut, Globus, Penny, Aldi oder Rewe, dm oder Rossmann: Die Mineralwasserflaschen, die wir 2023 bei diesen Ketten gekauft haben, waren allesamt PET-Einwegflaschen. Die nach einmaligem Gebrauch geschreddert werden und die Umwelt stärker belasten als Mehrwegflaschen. Viele dieser Ketten versuchen, uns mit riesigen Kampagnen von ihren Bemühungen, die Umwelt zu schützen, zu überzeugen. Und beginnen nicht einmal mit dem Minimum: Einweg aus dem Eigenmarken-Sortiment zu verbannen.

Inside ÖKO-TEST

Um das Verhältnis zwischen dem Verband Deutscher Mineralbrunnen und *ÖKO-TEST* angemessen zu beschreiben, müssen wir weit ausholen. Wir gehen zurück ins Jahr 2009, in die Talkshow *Markus Lanz* (ja, die gab es damals schon), und sitzen einem Vertreter des Verbands gegenüber. Das war etwas überraschend, zumindest für uns, schließlich hieß es zunächst, es sei außer uns nur ein Vertreter von Foodwatch da – dass der Verband Deutscher Mineralbrunnen kommt, erfuhr unsere Redakteurin erst auf dem Weg zur Talkshow im Zug. Der Verbandsvertreter schoss sich nun gemeinsam mit Markus Lanz auf unsere Kollegin ein. »Willkürlich« und anzeigengeleitet sei unsere Bewertung, wir wollten die Produkte, in denen das von uns beauftragte Labor Arsen und Uran nachgewiesen hatte, gezielt an den Pranger stellen. Dann nahm der Verbandsvertreter eine der von uns kritisierten Flaschen, öffnete sie und trank sie – offenbar, um zu beweisen, dass das darin gefundene Arsen, dessen Gehalt in dem Wasser höher lag als gesetzlich erlaubt, nicht giftig sei. Ganz so, als hätten wir behauptet, dass man gleich mindestens tot umfiele, wenn man eine der Flaschen trinke. Bei allem Respekt – da beeindruckte uns der Chef eines großen Schreibwarenherstellers mehr, der öffentlich seine Tinte trank, um uns zu beweisen, dass sie unbedenklich sei.

Unsere »willkürliche« Bewertung kritisiert der Verband Deutscher Mineralbrunnen seither regelmäßig. Und da haben wir noch Glück. Für andere fahren die Mineralwasservertreter gleich ganz andere Geschütze auf. Die kleinen bayerischen Gemeinden, die ihr Leitungswasser als »gesund« bewarben, hat der mächtige Verband, der unter anderem Gerolsteiner, Hassia und Selters vertritt, gleich verklagt. Die Lobbyarbeit des Mineralwasserverbands ist also recht aktiv, um es mal ein bisschen euphemistisch-nett zu beschreiben.

Nach unseren Tests von Mineralwasser landet regelmäßig ein Schreiben in unserem Postfach, das uns erklärt, was wir aus Sicht der Branchenvertreter alles falsch gemacht haben – ob nun vom Verband Deutscher Mineralbrunnen direkt oder vom »Dialog Natürliches Mineralwasser«, einer »Kommunikationsinitiative der deutschen Mineralbrunnen«. Und manchmal landet der Verband mit seiner Lobbyarbeit auch einen etwas größeren Erfolg, beispielsweise mit einem großen Artikel im *Stern* 2020. Unter dem Titel »›Willkürlich‹ und ›rufschädigend‹: Wie *ÖKO-TEST* die Mineralwasserindustrie gegen sich aufbringt«[3] berichtete das Magazin über unseren Test – und bezeichnete den Interviewpartner, auf dessen Aussagen sich die Kritik im Wesentlichen beruft, als »unabhängigen Experten«. Unabhängig? Der Mann arbeitet für das Prüfinstitut SGS Fresenius – ja, exakt das Prüfinstitut, das eines der beiden Bio-Labels für Mineralwasser vergibt. Und etliche Mineralwässer regelmäßig überprüft – erkennbar an dem SGS-Label auf den Flaschen. Und dieses Label prangt auch auf exakt dem Volvic-Wasser, zu dem sich der »unabhängige Experte« des »neutralen Prüfinstituts« äußerte. Eine Einordnung, ein paar Worte zu der finanziellen Verbindung zwischen SGS Fresenius und Volvic? Leider nein. Auch auf etlichen der anderen Flaschen steht »Regelmäßige Qualitätskontrolle: Institut Fresenius«. Mal wieder ein großer Erfolg für die hoch effektive Lobbyarbeit der Mineralwasserindustrie und eben keiner für die

Verbraucherinnen und Verbraucher, die zumindest aus unserer Sicht ein Recht auf transparente Informationen haben. Dabei reicht es schon, den »unabhängigen Experten« einfach mal zu googeln: Auf seiner LinkedIn-Seite beschreibt er sich selbst als »supporting beverage companies all over the world«. Treffende Selbstbeschreibung, okay. Aber eben nicht die klassische Duden-Definition von unabhängig.

Gleiches Jahr, gleicher Vorwurf, anderer Testanbieter. Der Verband Deutscher Mineralbrunnen kritisierte 2020 auch den Test stilles Mineralwasser der Stiftung Warentest als »Irreführung und Desinformation«, die Kritik-Plattformen waren *Stern* und *Welt* – und involviert war auch das »renommierte Fresenius-Institut«. Wir ziehen unseren Hut vor derart erfolgreicher Lobbyarbeit, die beim *Stern* gleich zweimal hintereinander funktioniert hat.

Ein weiterer Vorwurf der Verbandsvertreter, den wir gern auch an anderer Stelle von anderen Herstellern hören: *ÖKO-TEST* legt seine Abwertungsgrenzen selbst fest. Oha! Wie sollen wir diesen knallharten Vorwurf bloß knallhart parieren? Wir versuchen es mal mit einem vorsichtigen: »Äh, ja, wer denn sonst?« Das ist ein Test von *ÖKO-TEST*, die Produkte hat *ÖKO-TEST* am Markt anonym eingekauft, das Testdesign hat *ÖKO-TEST* entwickelt, die Untersuchungen hat *ÖKO-TEST* bezahlt, und natürlich legt *ÖKO-TEST* auch die Abwertungsgrenzen fest. Und nochmal: Wer denn sonst? Die Industrie? Soll sie sich selbst testen? Der Staat? Nun, das Szenario, dass ein Staat einem freien Medium vorschreibt, was es wie schreibt (und testet), das ist nun mal mit einer Demokratie nur so mittelgut zu vereinbaren – aber lassen wir das, wir wollen hier nicht in die Lehre staatlicher Systeme abgleiten.

Fast ein wenig beunruhigend für uns war 2023 deswegen der, ja, man kann schon sagen, Paradigmenwechsel: In einer Pressemitteilung kommentierte der Verband Deutscher Mineralbrunnen unseren Test nahezu wohlwollend – obwohl wir an den Kriterien, die 2009 noch als »willkürlich« bezeichnet wurden, im Laufe der vielen Jahre wenig geändert haben. Wenn überhaupt, sind wir heute insgesamt strenger geworden. Dementsprechend schnitten auch nicht mehr Wässer gut ab als 2006, im Gegenteil. Aber unser Postfach blieb leer, kein Kritikschreiben, nicht einmal eine klitzekleine Meldung – ein bisschen hat uns das gewohnte Feedback fast gefehlt.

– AUTSCH! –

- Wasserrationierungen sind kein düsteres Zukunftsszenario mehr, es gibt sie bereits und sie werden mit jedem Dürresommer in weiteren Regionen wahrscheinlicher.

- Im Falle einer andauernden Dürre und akuten Wassermangels haben die Bürgerinnen und Bürger in Deutschland kein klares Vorrecht auf Versorgung gegenüber den Konzernen.

- Wer 1 Liter Mineralwasser aus der Flasche trinkt, verbraucht bis zu 2 Liter Wasser.

- Mineralwasserbrunnen der Konzerne pumpen in Bayern, Hessen und Thüringen unser Wasser kostenlos ab und verkaufen es uns in Flaschen verpackt.

- Im bayerischen Treuchtlingen fließt bereits kein Treuchtlinger Wasser mehr aus der Leitung. Aldi Nord pumpt das örtliche Wasser ab und verkauft es in Flaschen.

In aller Kürze: **WASSER**

⇨ Leitungswasser ist in aller Regel sauber, sicher, günstig und viel besser für die Umwelt als Mineralwasser.

⇨ Wer auf gar keinen Fall auf Mineralwasser aus Flaschen verzichten will, kann zumindest regionales Wasser aus Mehrwegpfandflaschen kaufen.

⇨ Bio-Mineralwasser soll tatsächlich noch strengere Vorgaben erfüllen als »normales« Mineralwasser, also reiner sein als »ursprünglich rein«. Aber auch Bio-Mineralwasser belastet die Umwelt natürlich deutlich mehr als Leitungswasser.

3

DAS TIERISCH SCHLECHTE GEWISSEN

B eim Kauf von tierischen Lebensmitteln nagt im Supermarkt das schlechte Gewissen immer an uns. Eine leise Stimme im Hinterkopf flüstert: »Oha, das kann nicht gut sein. Nicht fürs Klima. Nicht für mich. Und am allerwenigsten für die Tiere. Oder?«

Die Lebensmittelindustrie, die weiß das. Und hat jede Menge Labels und Claims auf den Markt geworfen, um diese Stimme ruhigzustellen. Um uns ein besseres Gefühl zu vermitteln, beim Griff zu den Eiern, zum Fleisch und zum Käse. »QS-geprüft«, steht da, »Initiative Tierwohl«, »klimaneutral« und »regional« – Bilder von glücklichen, grasenden Kühen und fröhlichen Bruderhähnen tun ihr Übriges.

Eines haben all diese Bemühungen gemeinsam: Sie wollen, dass wir nicht so genau hinschauen. Nicht in die Ställe der industrialisierten Massentierhaltung, in denen Hochleistungskühe nach vier, fünf Jahren ausgemergelt geschlachtet werden, weil sie mit ihren entzündeten Eutern die immens hohen Milchmengen nicht mehr liefern können. Nicht in die Brütereien, wo die männlichen Küken zwar nicht mehr sofort getötet werden dürfen – es aber doch ziemlich im Dunkeln bleibt, wo und wie (und ob) die Tiere aufwachsen. Und ja, bitte auch nicht zu den Ferkeln, deren Schwänze in den ersten Lebenstagen weiterhin standardmäßig abgeschnitten werden, obwohl die EU das seit 1991 verbietet. Oder zu ihren Müttern, die monatelang in Kastenständen fixiert werden und sich nicht bewegen können. Wenn da so ein Label prangt, »Haltungsform 2 (Stallhaltung Plus)«, also Plus, bitte, das gibt doch sofort ein besseres Gefühl. Oder wenn da steht: »Weidemilch«, dann sind doch die

Bilder der idyllischen Almromantik aus dem letzten Österreichurlaub gleich wieder präsent.

Aber leider hat die Realität der modernen Tierhaltung nichts mit Romantik zu tun. Diese Dinge, ganz egal ob legal wie die Qualzucht oder verboten wie das standardmäßige Abschneiden von Schweineschwänzen, passieren im Stall – in großen wie in kleinen Betrieben. Ausgeführt von den Menschen, die diese Tiere halten und für sie verantwortlich sind. Doch auch die Menschen sind Teil des Systems. Ganz klare Ansage: Wir betreiben hier kein Landwirte-Bashing. Denn die Landwirtinnen und Landwirte, die sind selbst Opfer. Opfer eines enormen Preisdumpings. Für unseren Test Quark[1] hatten wir vor ein paar Jahren Fragebögen an alle Landwirte geschickt – der Fokus lag auf den Haltungsbedingungen der Kühe, die Milch für die Charge Quark in unserem Test gegeben hatten. Wir wollten aber auch wissen: »Wie viel Geld bekommt ihr für eure Milch?« – »Immer zu wenig«, antwortete einer der Landwirte genauso lapidar wie treffend.

Der Wettbewerb der Supermärkte und Discounter ist ein Preiswettbewerb – kein Qualitätswettbewerb und schon gar kein Umwelt- oder Tierschutzwettbewerb. Es geht nicht darum, die beste Milch anzubieten, eine, die den Tieren in irgendeiner Form gerecht werden kann oder die der Umwelt weniger schadet als andere. Es geht darum, die billigste Milch anzubieten. Dieser Preiswettbewerb wirkt sich aus, bis in die Ställe der industrialisierten Massentierhaltung, ja, aber auch bis in die der kleinen, familiengeführten landwirtschaftlichen Betriebe, die ihre Produkte seit Jahrzehnten unter Wert verramschen müssen. Und sich nur mit Subventionen über Wasser halten können, wenn überhaupt. Im Jahr 1980 gab es noch knapp 800 000 landwirtschaftliche Betriebe in Deutschland, inzwischen, gut 40 Jahre später, sind es noch 256 000. Mehr als zwei Drittel der Betriebe haben aufgegeben. Was für ein frustrierendes System.

Und jetzt? Wie verhalten wir uns an der Kühltheke? Lassen wir das schlechte Gewissen weiternagen? Können wir auch reinen Gewissens tierische Lebensmittel kaufen? Wir schauen uns drei Beispiele an – Milch, Schweinefleisch und Chicken Nuggets.

Klimakiller Kuh –
die Lüge von der »guten« Milch

Da steht sie, die Milch, im Supermarktregal. Eine dunkle Glasflasche, auf dem Etikett eine idyllische Wiesenlandschaft und eine »glückliche«, grasende Kuh – mit Hörnern natürlich. »Weidemilch«, steht darüber, daneben noch kleine Schriftzüge: »klimaneutral« und »regional«. »Haltungsform 3 (Außenklima)«. Wunderbar, oder? Das muss doch diese eine Milch sein, die wir mit gutem Gewissen kaufen können?

Die Milch landet im Einkaufswagen. Ob die Kuh hingegen jemals auf einer Weide war und ob ihr die Hornanlagen schon als Kalb ausgebrannt wurden, das wissen wir nicht, denn die schönen, idyllischen Bildchen auf der Verpackung, die sind nicht mehr als das: schöne, idyllische Bildchen. Und der Name »Weidemilch« ist auch nicht mehr als das: ein Name. »Weidemilch« ist keine geschützte Bezeichnung. Es wäre aus rechtlicher Sicht völlig in Ordnung, eine Milch »Weidemilch« zu nennen, obwohl die Kühe, die diese Milch gegeben haben, nicht ein einziges Mal auch nur Tageslicht gesehen haben.

Klimaneutrale Milch –
Fakt oder Greenwashing?

Okay. Aber der Schriftzug »klimaneutral«, der muss doch etwas bedeuten? Na ja! … Zunächst einmal bedeuten diese Labels nur, dass die Firmen eine Art Ablasshandel betreiben. Denn Milch klimaneutral herzustellen, geht nicht. Neben der energieintensiven Haltung und den oft weit gereisten Futtermitteln ist eines der Hauptprobleme, dass Kühe klimaschädliches Methan ausstoßen. Und Landwirtinnen und Landwirte können Kühe nun kaum daran hindern zu rülpsen. Fun Fact am Rande: Das britische Start-up Zelp (Zero emission livestock project) entwickelt tatsächlich eine Art Kuhmaske, die das gerülpste Methan neutralisieren soll. Ihr Einsatz in der Praxis ist aber Zukunftsmusik. In der heutigen Realität gilt: Tierische Lebensmittel, besonders die von Kühen, sind Klimakiller. Die Viehhaltung verursacht laut der

UN-Agrarorganisation (FAO) rund 15 Prozent der von Menschen verursachten Treibhausgasemissionen. Damit sind Fleisch und Milch zwei der größten Klimakiller überhaupt – weit mehr als der gesamte weltweite Flugverkehr. Die Produktion von 1 Liter konventioneller Vollmilch verursacht einen Ausstoß von etwa 1,4 Kilo CO_2-Äquivalenten – so eine Untersuchung des Instituts für Energie- und Umweltforschung Heidelberg (Ifeu). So eine Hafermilch kommt da im Vergleich mit ihren 0,3 Kilo CO_2-Äquivalenten deutlich besser weg.

Milch oder Fleisch als »klimaneutral« zu bezeichnen, grenzt also hart an Verbrauchertäuschung. Denn selbst wenn die Landwirtinnen und Landwirte alles täten, um so wenig Treibhausgase wie möglich auszustoßen – tierische Lebensmittel können nicht klimaneutral sein. Das Zauberwort, mit dem die Industrie hier grün färbt, heißt: »Klimakompensation«. Die Unternehmen kaufen Klimazertifikate, sie gleichen den Ausstoß ihrer Produkte aus – mit Geld. Sie spenden etwa für Wiederaufforstungsprojekte im globalen Süden. Das ist natürlich schön. Und klar, besser als nichts – zumindest, wenn es tatsächlich spendenwürdige Projekte sind. Nur: Das reduziert ja die entstandenen Treibhausgase nicht. Für viele der Klimalabels auf dem Markt müssen die Hersteller sich nicht einmal bemühen, ihren CO_2-Ausstoß zu reduzieren – häufig reicht das alleinige Freikaufen. Wenn dann ausgerechnet tierische Lebensmittel durch den Schriftzug »klimapositiv«, »klimaneutral«, »CO_2-positiv« oder »CO_2-neutral« einen grünen Anstrich bekommen und Kundinnen und Kunden guten Gewissens zur Kuh- statt zur Hafermilch greifen, dann ist das sehr gelungenes Greenwashing – oder eben einfach dreiste Verbrauchertäuschung.

Immerhin: Hier tut sich was. Die Europäische Union bringt zurzeit eine Gesetzgebung gegen Greenwashing auf den Weg, die Unternehmen dazu verpflichtet, ihre Umweltaussagen durch unabhängige akkreditierte Zertifizierungsstellen belegen zu lassen. Außerdem müssen die Unternehmen Verbraucherinnen und Verbraucher künftig umfassend darüber informieren, was die Aussagen bedeuten. »Klimaneutral«, »bio« oder »öko« – umweltbezogene Aussagen ohne staatliche oder etablierte unabhängige Zertifizierung wird es dann nicht mehr geben. Allerdings kann es noch Jahre dauern, bis die Pläne in geltendes Recht umgesetzt sind. Bis dahin dürften die Slogans, mit denen die

Industrie ihre Produkte grün wäscht, weiter auf den Produkten stehen. Und wahrscheinlich finden sich auch bei neuer Rechtslage Grauzonen und Hintertürchen für unklare Werbung. So ein Beispiel für Unklarheit ist auch der Begriff »regional«.

Denn »regional« ist die Milch doch, wenn »regional« draufsteht? Nicht unbedingt. »Regional«, »aus der Region«, »von hier«, »Gutes aus der Heimat«, »von unseren Bauern« – das sind alles komplett ungeschützte Begriffe, die zunächst nicht mehr sagen, als dass jemand in der Marketingabteilung der jeweiligen Firma glaubt, dass Regionalität ein Verkaufsargument sein könnte. Vorgaben, unter welchen Bedingungen ein Produkt als »regional« ausgelobt werden darf, gibt es nicht. Auch die Markennamen, in die gern ein regionaler Bezug eingebaut wird, bedeuten erst einmal nicht mehr. Alpenmilch, Landmilch, Heimatmilch – das sind alles nette Namen, aber sie bedeuten nichts. Selbst wenn Markennamen einen konkreten regionalen Bezug haben, wie etwa Schwarzwaldmilch, Upländer Milch oder Berchtesgadener Land, müssen die Molkereien nicht ausschließlich Milch aus der entsprechenden Region verwenden. Viele tun das zwar, wie unsere Tests immer wieder zeigen. Eine sichere Orientierung bieten regional klingende Markennamen aber in aller Regel nicht. Es gibt zwar einige wenige von der EU geschützte Ursprungsbezeichnungen – davon aber keine für Milch. Das blau-weiße »Regionalfenster« bietet hier etwas mehr Sicherheit. Lebensmittel, die mit diesem Label gekennzeichnet sind, stammen zumindest zum Großteil aus einer konkret benannten Region. Und, immer das Wichtigste bei Siegeln: Die Vorgaben werden regelmäßig unabhängig kontrolliert.

Haltungsform – oder: Die Latte hängt tief

Was stand da noch auf unserer dunkelbraunen Flasche? »Haltungsform 3 (Außenklima)«. Aber das muss doch jetzt etwas bedeuten. Die Milch kostet ja auch ein bisschen mehr, das heißt, den Tieren geht es gut? Na ja! Die Haltungsform-Kennzeichnung ist eine Kennzeichnung von Industrie und Handel. Das heißt: Industrie und Handel haben die

Regeln für diese Kennzeichnung selbst festgelegt. Und naturgemäß liegt die Latte da nicht so richtig hoch. »Haltungsform 3« heißt, dass die Milchkühe 5 Quadratmeter Platz haben und dass sie nicht fixiert werden dürfen – Weidegang ist hier noch keine Pflicht. »Haltungsform 4 (Premium)« würde dann schon eher etwas bedeuten. Stufe 4 heißt, dass die Höfe entweder biozertifiziert sind oder dass den Milchkühen 6 Quadratmeter Platz zusteht – zumindest, wenn sie schwerer als 350 Kilo sind – und dass sie, und das ist das wohl Wichtigste, auf die Weide dürfen.

Keine der Stufen hingegen bedeutet, dass die Tiere gesund sind. Dass ihre Hörner nicht ausgebrannt wurden, dass ihre Euter nicht entzündet sind, dass sie nicht dauerträchtig gehalten werden und ihre Kälber nicht bereits am Tag der Geburt von ihnen getrennt werden, damit die Industrie ihre Milch verkaufen kann. Denn die Haltungskennzeichnung geht an der Tiergesundheit und damit am Tierwohl komplett vorbei. Es sind kleine Veränderungen, gute Veränderungen, aber eben nicht die dringend notwendigen Veränderungen. Und hier reden wir nur von den Stufen 3 und 4. Die Stufen darunter tun noch viel weniger für die Tiere in den Ställen. Allen voran Stufe 1, die gerade einmal bedeutet, dass die Höfe bei der Haltung die geltenden Gesetze einhalten – falls es überhaupt welche gibt. Denn gerade für die Milchkuhhaltung fehlen gesetzliche Vorgaben, zum Beispiel bezüglich des Platzbedarfs. Die Landwirte halten die geltenden Gesetze ein? – Glückwunsch! Dass es legal ist, sollte man als Verbraucherin, als Verbraucher von jedem einzelnen Produkt im Supermarktregal erwarten dürfen. Ein Label suggeriert aber, dass da etwas besser läuft als bei anderen Produkten. Und das ist hier einfach nicht der Fall – gelungenes Greenwashing auch hier.

Heißt das also für unsere Milch – die in der dunklen Glasflasche, die Weidemilch mit all den Labels –, es könnte sein, dass die Kühe gar keine Hörner hatten, obwohl das auf den Bildchen so aussieht? Und könnte es sein, dass die Kuh nie auf einer Weide war, obwohl die Milch »Weidemilch« heißt und die Kuh, also die behornte, doch auf dem Bild auf der Weide steht? Und aus meinem Bundesland kommt die Milch auch nicht unbedingt, obwohl groß »regional« auf der Verpackung prangt? Ja, leider alles möglich. Und »klimaneutral« ist sie ganz sicher nicht, weil es im Supermarkt keine klimaneutralen Lebensmittel gibt.

Gute Milch – nur eine Illusion?

Aber wie erkennen wir denn nun eine gute Milch? Kann es die überhaupt geben? Schauen wir uns die Produktion einmal genauer an. Die Moral des Konzepts der Milch, die wir im Supermarkt kaufen können, hängt erst einmal an drei Bedingungen, die man für sich akzeptieren muss – oder eben auch nicht. Aber klar ist: Ohne diese drei Punkte gibt es keine Milch.

- **1. PUNKT** Kühe können nur Milch geben, wenn sie Kälber gebären. Deswegen werden sie dauerträchtig gehalten, meist mittels künstlicher Befruchtung.

- **2. PUNKT** So bekommen sie Jahr für Jahr neue Kälber, die meist noch am Tag ihrer Geburt von der Mutterkuh getrennt werden, weil sie sonst die Milch trinken würden, die für den Verkauf bestimmt ist.

- **3. PUNKT** und der vielleicht am schwersten zu akzeptierende: Männliche Kälber sind, hart gesagt, ein Abfallprodukt der Milch. Die Milchindustrie hat für sie keine Verwendung, weil die Kühe, die auf eine hohe Milchleistung gezüchtet sind, kaum Fleisch ansetzen. Deswegen verkaufen die Landwirte männliche Kälber früh, falls sie die ersten Wochen überleben. Der Deutsche Tierschutzbund geht von einer Kälbersterblichkeit von mindestens 10 Prozent aus. Die Aufzucht lohnt sich wirtschaftlich nicht und deshalb lohnt es auch nicht, sich um die Gesundheit der Tiere zu kümmern. Die überlebenden Tiere werden meist ins Ausland transportiert und dort teils unter Bedingungen gehalten, die bei uns nicht erlaubt wären. Sie werden dort in wenigen Monaten hochgemästet, um dann als aufgepumptes Kalbfleisch auf dem Teller zu landen. Milch ist also, streng genommen, nicht so richtig weiße-Westen-vegetarisch. Es gibt nur Milch, weil männliche Kälber dafür sterben.

Diese drei Punkte sind in der industriellen Milchproduktion gesetzt – wer Milch trinken will, muss sie also für sich akzeptieren. Abgesehen davon gibt es einen großen Spielraum, wie fair oder unfair Landwirtinnen und Landwirte Milchkühe halten können. Gesetzlich ist in der konventionellen Milchkuhhaltung kaum etwas geregelt – nicht einmal

Platzvorgaben für Kühe gibt es. Wer die Tierschutz-Nutztierhaltungs-verordnung durchblättert, liest, dass ein 50 bis 110 Kilogramm schweres Schwein 0,75 Quadratmeter Platz haben muss, neun Legehennen sich 1 Quadratmeter Platz teilen und selbst ein Mastkaninchen mindestens 300 Quadratzentimeter Platz bekommt. Klar, das klingt auch nicht nach artgerechter Haltung – aber immerhin existiert ein Mindestmaß, das gesetzlich verpflichtend ist. Und was ist mit den Milchkühen? Nichts. Es ist nicht so, dass man in der Verordnung weiterblättert und dann Vorgaben für Milchkühe findet. Milchkühe sind komplett ausgeblendet in dem Regelwerk, das sogar den Platz von Kaninchen vorschreibt.

Neben ausreichend Platz im Stall ist sicherlich der Weidegang mitentscheidend für das Tierwohl. Auch hier gilt: gesetzliche Regelungen? Fehlanzeige. Zwar kommt jedes dritte Rind in Deutschland im Sommer regelmäßig auf die Weide. Das heißt aber auch: zwei von drei Rindern nicht. Und selbst bei diesen Zahlen dürften Zweifel angebracht sein – weil laut Wissenschaftlichem Beirat für Agrarpolitik beim Bundesministerium für Ernährung und Landwirtschaft schon Laufhöfe teils mitgezählt werden, wenn es um Weidegang geht. Ein Laufhof ist aber nichts anderes als eine meist betonierte, eingezäunte Fläche – von Weideidyll also weit entfernt. Doch woher wissen Verbraucherinnen und Verbraucher, dass die Kühe ihrer Milch auf die Weide durften?

»Weidemilch« ist ungeschützt

Das ist gar nicht mal so einfach, denn nur weil eine Milch »Weidemilch« oder »Heumilch« heißt, gibt es noch keine Garantie für regelmäßigen Weidegang, und auch »Bio« garantiert das nicht. Fangen wir mit der »Heumilch« an: Der Begriff ist mittlerweile von der EU als »garantiert traditionelle Spezialität« (g. t. S.) geschützt, erkennbar an einem kleinen blau-gelben Logo mit den Sternen der EU. Ebenfalls verlässlich ist das Siegel des Heumilchregulativs, das Vorgaben macht und deren Einhaltung überprüft. Diese Vorgaben beziehen sich allerdings in erster Linie auf das Futter. Das bedeutet: Im Sommer bekommen die Kühe überwiegend frisches Gras und im Winter Heu. Silage ist nicht erlaubt. »Heumilch nach EU g. t. S.« heißt: mindestens 75 Prozent Raufutter, also Heu oder Gras. Im Umkehrschluss: Kühe, die diese Heumilch geben, fressen zu rund einem Viertel etwas anderes als Heu oder Gras. Und nur weil die Kühe frisches Gras und Heu bekommen, müssen sie ja noch nicht auf die Weide. Das können sie schließlich auch im Stall fressen. Da wäre eine »Weidemilch« schon konkreter, weil sie sich tatsächlich auf die »Weide« und nicht nur auf das Futter bezieht. Aber der Begriff »Weidemilch« ist gesetzlich nicht geregelt. Das Oberlandesgericht Nürnberg hat 2017 zumindest entschieden, dass der Begriff dann nicht irreführend sei, wenn die Kühe an mindestens 120 Tagen im Jahr für mindestens sechs Stunden auf der Weide stehen. Daran halten sich viele Weidemilch-Produzenten – Kontrollen finden aber in aller Regel nicht statt. Und das heißt natürlich auch, dass die Kühe an bis zu 245 Tagen im Jahr nicht auf der Weide stehen müssen – die Milch aber während dieser Zeit trotzdem als Weidemilch verkauft werden darf. Verbraucherinnen und Verbraucher können sich hier an den Labels »Pro Weideland« und dem des Tierschutzbunds orientieren – die bieten mehr Sicherheit als der bloße Name, da die Vorgaben regelmäßig kontrolliert werden.

Ein Kennzeichen für Heumilch ist der Gehalt an Omega-3-Fettsäuren. Vereinfacht gesagt gilt: Je mehr Grünfutter, desto höher der Gehalt. Das Max-Rubner-Institut hat festgestellt, dass Bio-Milch für gewöhnlich höhere Omega-3-Gehalte aufweist als konventionelle Weidemilch. Wer also auf Frischfutter Wert legt, kauft am besten Bio-Milch – auch wenn Weidegang hier nur wahrscheinlicher ist als bei konventioneller Milch. Garantiert ist er nicht, denn verpflichtend ist bei Bio-Kühen nur Auslauf – eine Vorgabe, die ein Laufhof mit Betonplatten ebenso erfüllt. Die Bio-Verbände haben das Problem zumindest erkannt: So schreiben etwa Bioland und Naturland Weidehaltung für Kühe vor – allerdings mit sehr langen Übergangsfristen von mehreren Jahren.

Ausreichend Platz und Weidegang – das könnten die großen, möglichen Pluspunkte in der Milchkuhhaltung sein. Kommen wir zu den großen, wahrscheinlichen Minuspunkten: Enthornung und Anbindehaltung. Enthornung trifft fast alle Kühe. Die allermeisten Betriebe setzen sie ein. In den ersten Lebenswochen brennen Landwirte den Kälbern meist mit einem heißen Brennstab die mit Nerven durchzogenen Hornanlagen aus – eine schmerzhafte Prozedur, für die laut Tierschutzgesetz keine Betäubung vorgeschrieben ist, wenn der »Eingriff«

in den ersten sechs Wochen stattfindet. Die Hörner wachsen dann nicht mehr. Der Grund für diese Prozedur ist wie so oft, dass die Tiere den Haltungsbedingungen angepasst werden, nicht die Haltungsbedingungen den Tieren. Denn in den engen Ställen könnten die Kühe mit ihren Hörnern andere Kühe oder Menschen verletzen. Die Antwort darauf könnte heißen, den Tieren mehr Platz und vor allem Weidegang zuzugestehen. Aber die Antwort lautet: Hornanlagen ausbrennen. Auch für viele Bio-Kühe. EU-Bio heißt nämlich nicht, dass die Kühe die Hörner behalten dürfen – es sind aber zumindest schmerzlindernde Maßnahmen vorgeschrieben. Demeter-Kühe sind hingegen die einzigen Kühe, die ihre Hörner garantiert behalten dürfen.

Was die Anbindehaltung betrifft: Glaubt man den Molkereien, die regelmäßig auf unsere Fragen zur Haltung der Kühe antworten, handelt es sich dabei um ein »Auslaufmodell«, das nur noch auf den ganz alten, ganz kleinen Höfen in Süddeutschland praktiziert wird. Tatsächlich sinkt die Zahl der Höfe, die ihre Kühe jahrein, jahraus an Ketten oder Gurten angebunden in Ställen halten, die so eng sind, dass die Kühe sich nicht einmal umdrehen können. In diesem »Auslaufmodell« lebt laut Bundesministerium für Ernährung und Landwirtschaft aber immer noch etwa jede zehnte der rund vier Millionen Milchkühe in Deutschland. Jetzt sollte man meinen, dass eine solche Art der Haltung wenigstens auf Bio-Höfen verboten ist. Das ist aber nur eingeschränkt so. Nicht einmal die Bio-Verbände garantieren eine komplett anbindefreie Haltung. Allerdings müssen die Kühe zum Ausgleich Zugang zu einer Weide oder einem Laufhof haben. In der konventionellen Haltung stehen Kühe teilweise ihr ganzes Leben lang jahrein, jahraus angekettet im Stall. Sie können nur aufstehen und sich hinlegen.

Normalerweise haben Kühe eine Lebenserwartung von 20 Jahren und mehr. Die Hochleistungsmilchkühe heute landen oft nach vier oder fünf Jahren auf der Schlachtbank, weil sie bis dahin so krank, so ausgelaugt und ausgesaugt sind, dass sie nicht mehr die Milchleistung bringen, die die Industrie von ihnen erwartet. Die Zahl der Milchkühe in Deutschland sinkt beständig, zuletzt auf etwas weniger als vier Millionen Tiere. 1970 waren es noch 5,5 Millionen. Noch krasser geht die Zahl der Höfe mit Milchkuhhaltung zurück: im selben Zeitraum von rund 760 000 auf gerade einmal rund 55 000. Was nicht sinkt, sondern kontinuierlich steigt, ist hingegen die Milchmenge, die in Deutschland produziert wird. Wie das sein kann? Ganz einfach: Die einzelnen Höfe halten deutlich mehr Kühe – und die einzelnen Kühe geben viel mehr Milch. Sie sind so dermaßen auf Hochleistung, auf extrem hohe Milchmengen, gezüchtet, dass sie heute mit knapp 8 500 Litern jährlich fast doppelt so viel Milch geben wie eine durchschnittliche Kuh noch 1990 (rund 4 500 Liter). 8 500 Liter pro Jahr, das sind gut 23 Liter pro Tag pro Kuh. Im Durchschnitt. Das geht hoch bis zu 12 000 Liter jährlich. Und diese Hochleistungszucht fordert eben ihren Tribut: Abmagerung, Klauenerkrankungen, Euterentzündungen – und eine sehr kurze Lebenserwartung.

– AUTSCH! –

- Milch ist streng genommen nicht so richtig vegetarisch. Wer Milch trinkt, akzeptiert, dass dafür männliche Kälber sterben.

- Milchkühe landen oft nach vier oder fünf Jahren auf der Schlachtbank. Eigentlich können sie 20 Jahre und älter werden.

- Jede zehnte Milchkuh in Deutschland lebt fest am Hals angebunden – kann sich also nicht einmal umdrehen.

- Den allermeisten Kälbern werden die Hornanlagen ausgebrannt. Gesichert behalten dürfen nur Demeter-Kühe ihre Hörner.

Gibt's das auch in Grün?

Was Tierwohl und Klima betrifft, ist ein harter Cut sicherlich die Konsequenz, die am besten mit dem Gewissen zu vereinbaren ist. Der Umstieg etwa auf Hafermilch ist für das Klima deutlich besser: Sie verbraucht pro Liter gerade einmal 0,3 Kilo CO_2-Äquivalente, die Kuhmilch fast fünfmal so viel. Und man unterstützt die teils schwer zu ertragenden Bedingungen nicht, die in der konventionellen Massentierhaltung und eingeschränkt auch in der Bio-Haltung herrschen.

Wer bei seiner Kuhmilch bleiben möchte, kann zumindest auf ein paar Dinge achten. Klimaneutrale Milch kann es nicht geben – allein schon deswegen, weil die Kühe im Stall munter weiter rülpsen werden, egal wie sehr wir ihre Haltungsbedingungen ändern. Aber etwas besser fürs Klima ist Heumilch. Die meisten Kühe in den Ställen sind Hochleistungstiere, die extrem hohe Milchmengen liefern müssen und dafür Kraftfutter brauchen. Und das besteht eben oft auch aus Sojaschrot. In Schweine- und Hühnerställen gibt es zwar noch mehr Soja, aber auch Milchkühe bekommen teils Soja zum Fressen. Und für diesen massiven Sojabedarf in unseren Ställen wird etwa in Brasilien Regenwald gerodet. Außerdem belastet der Transport das Klima. Wenn die Milchkühe Heu und frisches Gras fressen, bessert sich die Klimabilanz ihrer Milch. Bio-Milch ist per se nicht klimafreundlicher als konventionelle – zumindest, was die schädlichen Klimagase betrifft. Insgesamt besser für die Umwelt ist sie aber natürlich, allein schon deswegen, weil die Tiere anderes Futter bekommen und die Böden nachhaltiger bearbeitet werden. Mit regionaler Bio-Heumilch punktet man also in Sachen Klima, Pestizide und Biodiversität.

Molkereien, Landwirtschaft und Wissenschaft forschen daran, Milch klimafreundlicher zu produzieren. Das ist natürlich auch ein Ergebnis von Druck – durch Verbraucherschützerinnen und Umweltschützer, Kundinnen und Kunden. Wichtige Stellschrauben sind das Futter, die Lebensdauer der Kühe und die Haltung von Zweinutzungsrassen – also Kühen, die Milch geben und gut Fleisch ansetzen. Um solche sinnvollen Ansätze auch am Supermarktregal sichtbar zu machen, bräuchte es ein verlässliches Label für klimafreundlichere Milch, das es bisher nicht gibt.

Was das Tierwohl betrifft: Hübsche Bildchen von Bergen und Wiesen auf der Verpackung, Namen wie »Alpenmilch« oder Werbung mit »artgerechter Tierhaltung« auf Milch blenden nur. Bio-Tiere haben es etwas besser – sie haben etwa mehr Platz und gentechnisch verändertes Futter ist verboten – aber auch ihnen ist Weidegang nicht garantiert. Wem wichtig ist, dass die Tiere ihre Hörner behalten, der kauft Demeter-Milch. Ein einfaches »Bio« reicht hier nicht. Wer die tierquälerische Anbindehaltung nicht unterstützen möchte, kann in Norddeutschland regionale Milch kaufen. Süddeutsche hingegen haben es da schwerer. Sie können dann nur Milch auf Höfen kaufen, die sie kennen.

DAS ZEIGEN UNSERE TESTS

Wir haben zuletzt im Februar 2021 Bio-Milch[2] getestet. Im Fokus stand die Frage, ob Bio-Milch ihr Geld wert ist. Schließlich kostet der Liter oft doppelt so viel wie das konventionelle Pendant. Ja, die Milch ist ihr Geld in den allermeisten Fällen wert, zeigte unser Test. Was die Inhaltsstoffe betrifft, in jedem Fall: Alle Produkte waren sauber, nur zwei überzeugten mikrobiologisch nicht zu 100 Prozent – auch die schnitten aber noch mit einem »gut« in Sachen Inhaltsstoffe ab. Gleiches gilt für den Geschmack: Alle Produkte im Test schmeckten den Sensorikexperten »gut« oder »sehr gut«. Wo sich die Produkte, die okay sind, von den wirklich guten aber trennen, ist das Tierwohl. Wir haben allen Herstellern im Test umfangreiche Fragebögen geschickt, die sie beantworten und belegen sollten – detaillierte Fragen zu den Haltungsbedingungen der Tiere, die Milch für exakt die von uns getestete Charge gegeben haben.

Und da gibt es eben Anbieter, die können (und wollen) bis zu jedem einzelnen Hof zurückverfolgen, woher ihre Milch stammt, und tun das auch transparent nachvollziehbar. Die Anbieter Alnatura, Dennree und die Gläserne Molkerei haben unsere Fragen von allen Höfen beantworten lassen und konnten nachweisen, dass keines der Tiere angebunden im Stall lebte, dass sie ausreichend Fress- und Liegeplätze angeboten haben und dass die Kühe auf die Weide durften. Kurzum: dass die Tiere ein Leben hatten, das, gemessen am Standard, ein besseres ist.

Andere hielten sich da bedeckter: Die Molkerei Weihenstephan etwa mauerte komplett und beantwortete keine unserer Fragen. Das lässt tief blicken. Denn leider ist auch in der Bio-Haltung nicht alles rosarot. Das Schweigen von Weihenstephan war übrigens keine Ausnahme. Auch in unserem Test Butter[3] im Jahr 2022 mauerte die Molkerei, als es darum ging, unsere Fragen zu den Haltungsbedingungen der Kühe zu beantworten. Schade. Auch da hieß es von unserer Seite ganz klar: Testergebnis Tierwohl und Transparenz »ungenügend«.

In aller Kürze: **MILCH**

⇨ Idyllische Bildchen von glücklichen Kühen täuschen nur.

⇨ Der Begriff »Weidemilch« ist nicht geschützt.

⇨ »Heumilch« bedeutet, dass die Tiere überwiegend Heu fressen – nicht automatisch, dass sie auf die Weide kommen.

⇨ Regionale Bio-Heumilch ist fürs Klima und die Umwelt die beste Wahl, wenn es Kuhmilch sein soll.

⇨ Pflanzliche Milch ist besser fürs Klima – insbesondere regionale Hafermilch.

⇨ Bio-Kühe haben es besser, Anbindehaltung ist aber eingeschränkt auch in der Bio-Haltung erlaubt.

⇨ »Klimaneutrale« Milch gibt es nicht.

Das Schweinefleisch: Unter aller Sau

Beim Biss in die Frikadelle, die Grillwurst oder das Schweinenackensteak ist ein Gedanke ganz weit weg: der an das Schwein. Denn das Produkt Fleisch, das wir kaufen, ist komplett entfremdet von seinem Ursprung, dem Tier. Wer die Augen vor dem Leid in den Ställen verschließen will, hat es leicht: Die riesigen Schlachtfabriken und die Megaställe, in denen auf engstem Raum teils Tausende von Schweinen »produziert« werden, haben sich auf der grünen Wiese angesiedelt, gut geschützt vor den Blicken der Verbraucherinnen und Verbraucher.

Und das Hackfleisch im Kühlregal? Erinnert nur wenig an das Tier, kaum an seine Haltungsbedingungen. Kaum? Ja, in Sachen Kennzeichnung von Schweinefleisch hat sich etwas getan. Auf den Verpackungen von frischem Schweinefleisch muss inzwischen, gesetzlich vorgeschrieben, ein Hinweis zu den Haltungsbedingungen der Schweine stehen. Sie finden keinen? Das Gesetz gilt mit einer Übergangspflicht von zwei Jahren, wird also voraussichtlich erst Ende 2025 so richtig verpflichtend. Die staatliche Tierhaltungskennzeichnung – ein jahrzehntelanges Ringen – endet (vorerst) mit einem System, das dem der Haltungskennzeichnung von Industrie und Handel doch auffällig ähnlich ist. Na ja!, sagt eine Sprecherin des Landwirtschaftsministeriums uns auf Nachfrage, ein bedeutender Unterschied sei ja, dass es nun gesetzlich verpflichtend sei, die Angabe auf die Verpackung zu drucken. Ja, das sei dem System zugutegehalten: Es ist gesetzlich verpflichtend. Das ist gut. Darüber hinaus hingegen hat der Staat hier eine historische Chance gehabt, wirklich etwas gegen die miesen Haltungsbedingungen der Schweine in den Ställen zu tun – und diese Chance historisch vergeigt.

Totalversagen der Politik

Denn die staatliche Tierhaltungskennzeichnung ist das Ergebnis eines jahrelangen Totalversagens der Politik. In Sachen Siegel ist die Industrie vorgeprescht und die Politik hat nachgezogen – viel zu langsam, viel zu zögerlich und viel zu spät. Eigene Akzente? So gut wie keine. Das staatliche Siegel ist bis auf ein paar kleine Abweichungen wenig anders als das, was Industrie und Handel längst mit ihrer Haltungsform-Kennzeichnung praktiziert haben. Und die fünf beschlossenen Stufen sind ein Versuch, das komplexe Thema Tierwohl in ein paar sehr einfache Schubladen zu pressen. Die erste Stufe bedeutet, wie bei der Haltungsform-Kennzeichnung des Handels, gar nichts – es werden lediglich (hoffentlich) die geltenden Gesetze eingehalten. Die

Schweine bekommen ein bisschen mehr Platz? Wunderbar, zweite Stufe. Frischluft? Super, dritte Stufe. Und dann: Das Tier darf raus? Zack, vierte Stufe. Bio? Stufe 5 – und fertig. Schön, wenn es so einfach wäre.

Verstehen Sie uns nicht falsch. Die vierte Stufe bedeutet wirklich eine eklatante Verbesserung der Haltungsbedingungen für die Schweine, sie dürfen raus. Und die fünfte Stufe, Bio, klar – auch die ist deutlich besser, aber die gibt es ja längst und bewährt – als Bio-Zertifizierung. Das Problem: Die staatliche Tierhaltungskennzeichnung blendet den entscheidenden Faktor für das Tierwohl – die Gesundheit der Schweine – komplett aus. Wie hoch ist die Verlustrate der Tiere? Werden die Säue fixiert, den männlichen Ferkeln die Hoden herausgerissen, die Schwänze abgeschnitten? Sind sie krank? Wie werden sie behandelt, wenn sie krank sind? Welches Futter bekommen sie? Für die staatliche Tierhaltungskennzeichnung sind diese Tierwohl-Aspekte völlig irrelevant. Aus unserer Sicht führt das Siegel in die Irre, weil Verbraucherinnen und Verbraucher nur das Gefühl bekommen, das Tierwohl entscheidend zu beeinflussen, wenn sie mehr Geld für Fleisch aus einer höheren Stufe bezahlen. Und das stimmt, ein Stück weit, besonders, was Stufe 4 betrifft. Aber »guten Gewissens« kann man deswegen noch kein Schweinefleisch kaufen.

Ein Grund dafür, dass es so viele verschiedene Labels auf tierischen Produkten gibt, ist, dass sie die Kaufentscheidung vieler Kundinnen und Kunden beeinflussen. 92 Prozent der Befragten gaben für den Ernährungsreport 2021 des Bundesministeriums für Ernährung und Landwirtschaft (BMEL) an, dass ihnen beim Kauf von unverarbeitetem Fleisch die Tierhaltung wichtig sei. 55 Prozent der Befragten achten demnach beim Kauf auf Labels zum Thema Tierwohl. Mehr als die Hälfte! Was für eine Verantwortung. Und was für eine vertane Chance der Regierung, in diesem Siegeldschungel der Industrie mit einer staatlichen Kennzeichnung echte Klarheit zu schaffen.

Auch hinter den eigenen Plänen bleibt die Regierung damit zurück. Denn die Ampelkoalition hatte sich im Koalitionsvertrag darauf geeinigt, eine »verbindliche Tierhaltungskennzeichnung« einzuführen, die auch Transport und Schlachtung umfasst. Von Transport und Schlachtung war allerdings bald keine Rede mehr. Die Aspekte fließen – ebenso wie die Gesundheit der Tiere – nicht in die Vergabe des Siegels ein. Die staatliche Tierhaltungskennzeichnung ist letzten Endes nicht mehr als eine vertane Chance.

In unseren Tests wollen wir es trotzdem – oder im Grunde gerade deswegen – immer wieder genau wissen: Wie werden die Schweine denn gehalten, die wir da essen? Nach den Ergebnissen unserer Tests zeichnen wir nun das Leben eines völlig durchschnittlichen Schweins in der konventionellen Haltung auf – kein Schreckensszenario, keine unrühmliche Ausnahme. Sondern das Leben oder der »Produktionszyklus« eines von rund 47 Millionen Schweinen, die jedes Jahr in Deutschland geschlachtet werden.

Das kurze Schweineleben oder: Sechs Monate im Stall

Wenn unserem Ferkel, nennen wir es Manni, der Ringelschwanz ohne Betäubung und ohne Schmerzmittel abgeschnitten wird, ist es zwei, vielleicht drei Tage alt. Der Grund dafür: In den engen Ställen entwickeln viele Tiere Verhaltensstörungen, werden schnell aggressiv und kauen sich gegenseitig die Schwänze ab. Das ist schmerzhaft und kann zu Entzündungen führen. Jetzt könnte man natürlich sagen: Vielleicht sind die Ställe zu eng, vielleicht brauchen die Tiere Auslauf, vielleicht mehr Beschäftigungsmaterial. Sagt man aber nicht, man schneidet die Schwänze ab – passt also mal wieder die Tiere den Haltungsbedingungen an, nicht die Haltungsbedingungen den Tieren. Denn: Eine artgerechte Haltung wäre teurer als ein Messer.

Eigentlich ist das verboten. Tieren dürfen nur im Einzelfall und, wenn überhaupt, nur nach tierärztlicher Indikation Körperteile amputiert werden. Aber wie so oft in den Ställen ist das Wort »eigentlich« entscheidend – denn so richtig genau schaut eben niemand hin, ob die geltenden Gesetze eingehalten werden. Das sogenannte Kupieren, also das Schwanzabschneiden, ist gängige Praxis im Schweinestall. Und wie gängig, wie akzeptiert und normalisiert diese Verstöße gegen das Tierschutzgesetz sind, wird beim Blick auf die offizielle Homepage des Bundesministeriums für Ernährung und Landwirtschaft deutlich: »In der konventionellen Schweinehaltung in Deutschland und in vielen anderen Staaten – abgesehen von Finnland, Norwegen, Schweden und der Schweiz – werden überwiegend kupierte Schweine gehalten.«[4] Ein paar Sätze später folgt: »Laut dem europäischen und deutschen Tierschutzrecht ist aber dieses routinemäßige Kupieren der Schwänze verboten und nur in Ausnahmefällen erlaubt.«[5] Oha. Was für eine Bankrotterklärung. Die eigenen Gesetze werden gebrochen – und das zuständige Ministerium stellt das einfach so nonchalant fest: Ja, wir haben Gesetze, aber es hält sich halt niemand daran. Aber es wird noch unangenehmer. Denn die EU hatte Deutschland 2018 verpflichtet, einen »Aktionsplan« vorzulegen, der sicherstellen sollte, dass das seit 1991 geltende Gesetz doch noch eingehalten wird. Die Agrarministerkonferenz hat einen solchen Plan inzwischen erstellt. »Zentrale Vorgabe des Plans ist«, so das Bayerische Landesamt für Gesundheit und Lebensmittelsicherheit auf seiner Website, »die sogenannte Tierhaltererklärung, mit der der Tierhalter nachweisen kann, dass er aufgrund der Rahmenbedingungen in seinem Betrieb derzeit nicht auf das Kupieren verzichten kann.«[6] Das steht da wirklich. Zentrale Vorgabe des Plans ist also nicht, das verbotene Schwanzkupieren zu beenden. Zentrale Vorgabe ist ein Dokument, mit dem die Landwirtinnen und Landwirte nachweisen können, dass sie die Schwänze doch weiter abschneiden müssen, obwohl, klar, es verboten ist. In der Schule wäre der Fall klar: Aufgabe verfehlt! Setzen, sechs!

Straftaten im Stall kaum verfolgt

Die Leipziger Juraprofessorin Elisa Hoven hat die Verfolgung von Straftaten in deutschen Ställen untersucht und kam zu dem Ergebnis, dass in 150 Verfahren lediglich zehn Geldstrafen verhängt wurden und nur in einem Fall der Täter zu einer Freiheitsstrafe verurteilt wurde – auf Bewährung. Hier sprechen wir allerdings nicht vom Schwanzkupieren. Hier sprechen wir von extremen Beispielen, von brutaler Gewalt. Von kranken Tieren, die in massiv überbelegten Ställen dahinsiechen, bewusst gequält und getötet werden. Aber selbst das wird nur in den seltensten Fällen verfolgt. Eigentlich – und da ist es wieder, das Wort –, eigentlich stellt das Tierschutzgesetz Täter unter Strafe, die ein Tier »ohne vernünftigen Grund töten«, ihm »aus Rohheit erhebliche Schmerzen oder Leiden« oder ihm »länger anhaltende oder sich wiederholende Schmerzen oder Leiden zufügen«[7]. Doch der entsprechende Paragraf 17 gilt laut Juraprofessorin Hoven als »tote Norm«.

Aber zurück zu Manni. Sein Ringelschwänzchen ist ab. Jetzt sind die Eckzähne dran, sie werden abgeschliffen – auch, damit sich die Tiere in den engen Ställen nicht gegenseitig verletzen. Und weil sie die Zitzen der Sauen beim Saugen verletzen könnten. Das tun sie vor allem, wenn die Sau zu wenig Milch gibt, was wiederum eine Folge der Überzüchtung ist. Denn eine Sau, die pro Jahr mehr als 30 Ferkel bekommt, stößt eben an ihre Grenzen. Manni muss aber gleich nochmal unters Messer: Er wird kastriert. Dafür schneidet ein Landwirt ihm den Hodensack auf, durchtrennt den Samenstrang und entfernt die Hoden. Denn: Einige Eber entwickeln einen unangenehmen »Ebergeruch«, weil im Hoden das Pheromon Androstenon gebildet wird. Und Fleisch, das so riecht, lässt sich nicht gut verkaufen. Im Jahr 2021 hat die Bundesregierung die betäubungslose Kastration von Ferkeln verboten. Das heißt, dass die allermeisten Ferkel zwar immer noch kastriert werden, nun aber zumindest eine Schmerzausschaltung vorgeschrieben ist.

Die meisten Ferkel überleben diese ersten Tage und Eingriffe, aber längst nicht alle. Das gehört aber offenbar gar nicht unbedingt zum Plan. Denn die Sauen sind auf Hochleistung gezüchtet, was bedeutet, dass sie möglichst große Würfe haben sollen. Oft sind die Würfe so groß, dass die Muttersauen mehr Ferkel bekommen, als sie Zitzen haben. Und dann wird es eng mit der Versorgung. Die Ferkel, die so schwach oder klein sind, dass sie sich gegen ihre Geschwister nicht durchsetzen können und zu selten an die Zitze kommen, die nennt man »Kümmerlinge«. Sie sterben, weil sie kaum Nahrung bekommen – oder weil sie im Stall totgeschlagen werden.

Manni bleibt für drei bis vier Wochen bei seiner Mutter, die für diese Zeit in einem Kastenstand fixiert wird. Der ist so eng, dass sie gerade einmal aufstehen und sich hinlegen kann. Diese wochen- bis monatelange Sauenfixierung ist erst ab 2036 verboten beziehungsweise auf einen Zeitraum von höchstens fünf Tagen begrenzt.

Die Mast: Schnell zunehmen, viel zunehmen

Danach heißt es für Manni nur noch: zunehmen. Schnell zunehmen, viel zunehmen. Je nach Futter, Rasse und Bewegungsmöglichkeit ist bis zu 1 Kilo am Tag drin. Deswegen bekommt Manni Kraftfutter, das zu großen Teilen aus Mais und gentechnisch verändertem Soja besteht. Gensoja ist Standard im Futtertrog von Schweinen. Der Grund? Die Alternativen sind teurer.

Viel Platz, viel Bewegung, ein Auslauf – legt man das Ziel »schnell zunehmen, viel zunehmen« zugrunde, wäre all das kontraproduktiv. Deswegen – und weil es billiger und einfacher ist – bekommt nur 1 Prozent der Schweine in Deutschland überhaupt Zugang zu einem Auslauf. Der Platz im Stall ist auch überschaubar: Gesetzlich vorgeschrieben sind gerade einmal 0,75 Quadratmeter Platz pro 50- bis 110-Kilo-Schwein. Nur ist der Organismus der Schweine darauf nicht ausgelegt. Er verkraftet die extremen Zunahmen oft nicht. Die Folgen sind krankhafte Gelenkveränderungen, Muskeldegenerationen und Störungen des Herz-Kreislauf-Systems.

Manni wird jetzt in einer Gruppe gehalten, in einer Bucht – auf einem Vollspaltenboden. Der besteht abwechselnd aus Auftrittsflächen aus Beton und Spalten, durch die Kot fallen und Harn fließen kann – eine günstige Alternative zum Ausmisten. Für die Schweine sind diese Böden nicht ganz so günstig, sie verletzen ihre Gelenke und Klauen häufig daran. Hinzu kommen die aus der Gülle aufsteigen Ammoniakdämpfe, die zu Atemwegserkrankungen führen können. Mit anderen Haltungsbedingungen ließen sich diese Erkrankungen vermeiden. Stattdessen werden den Tieren Antibiotika verabreicht. Fast drei Viertel aller weltweit produzierten Antibiotika bekommen Tiere, nicht Menschen. Doch dazu später mehr, wenn es um die Hühner geht.

Mit 110, 120 Kilo hat Manni die »Schlachtreife« erreicht; er ist jetzt etwa ein halbes Jahr alt. Nun wartet der Transport zum Schlachthof. Eng an eng gepfercht geht es stundenlang quer durch Deutschland, für manche Schweine sogar durch Europa. Schließlich werden die Tiere vor den meist riesigen Schlachtfabriken wie Tönnies, VION oder Westcrown abgeladen. Und dort heißt es dann Schlachten im Akkord.

Ein Beispiel? Im westfälischen Rheda-Wiedenbrück schlachtet Tönnies mehr als 20 000 Schweine. Jeden Tag.

Auf den Schlachthöfen gibt es zwei gängige Betäubungsmethoden: Strom und Kohlendioxid. Beide funktionieren nicht zu 100 Prozent. Einige der Schweine erleben bewusst, wie sie aufgehängt werden und ihnen ein Arbeiter ein Messer in die Blutgefäße am Herz rammt. Sie bluten aus, landen im Brühbad und danach beginnt die Zerlegung. Mannis »Produktionszyklus«, sein Leben, geht hier nach sechs Monaten zu Ende. Eigentlich könnte er locker 15 Jahre alt werden.

Klimasau Sau?

Und was ist mit der Umwelt? Schweine sind Allesfresser – und vor allem fressen sie viel. Auch viel Soja. Fast 90 Prozent der weltweiten Sojaproduktion landet laut dem *Fleischatlas 2021* der Heinrich-Böll-Stiftung in den Futtertrögen von Tieren. Und allein in Brasilien, einem der Hauptanbauländer, hat sich die Anbaufläche seit 1990 von 10 auf mehr als 35 Millionen Hektar verdreieinhalbfacht. Nun ist der Platz dafür in Brasilien nicht einfach da, dafür wird Regenwald gerodet. Wertvolle Ökosysteme werden zerstört, die Artenvielfalt bedroht, indigene Völker aus ihrer Heimat vertrieben. Über ein Drittel aller Feldfrüchte weltweit wird laut dem *Fleischatlas* an Nutztiere verfüttert – ein Drittel! Jährlich mehr als 1 Milliarde Tonnen allein Soja und Mais. Das sind alles Feldfrüchte, die – wenn wir sie direkt essen würden – viel mehr Menschen satt machen würden, als wenn wir sie den Umweg über den Futtertrog gehen lassen. Und der Anbau, gerade in Ländern wie den USA, Brasilien und Argentinien, ist extrem pestizidintensiv. Laut *Fleischatlas* verbrauchen diese drei Länder allein rund 70 Prozent der weltweit eingesetzten Herbizide. In den Futtertrögen unserer Schweine und Hühner hier landen so auch immer wieder Pestizide, die in der EU im Anbau längst verboten sind, weil sie entweder für die Menschen oder für die Umwelt als zu gefährlich eingestuft wurden. Der Import von Lebens- und Futtermitteln mit Rückständen dieser Giftstoffe ist aber teilweise weiterhin erlaubt.

Hinzu kommt: Die »Produktion« von Schweinefleisch verbraucht viel Wasser – für 1 Kilo Fleisch sind es laut FAO durchschnittlich knapp 6 000 Liter. Jetzt könnte man sagen, na ja, für Rindfleisch ist es ja noch viel mehr, da sind es sogar rund 15 400 Liter. Das stimmt. Aber für Getreide sind es eben nur rund 1 600 und für Gemüse sogar gerade einmal 322 Liter. Und da wir gerade bei Zahlen sind: Insgesamt kommt Schweinefleisch laut Berechnungen des Ifeu durchschnittlich auf 4,6 Kilogramm CO_2-Äquivalente, bei Rindfleisch sind es demnach 13,6 – bei Tofu 1,0 und bei frischem Brokkoli 0,3.

– AUTSCH! –

- Die Schwänze von konventionellen Schweinen werden in aller Regel abgeschnitten – auch wenn das eigentlich verboten ist.

- Keine der gängigen Betäubungsmethoden in den Schlachthöfen funktioniert zu 100 Prozent – einige Schweine erleben bewusst, wie ihnen ein Arbeiter ein Messer in die Blutgefäße am Herz rammt.

- Die meisten Schweine leben auf Vollspaltenböden über ihrem eigenen Mist. Dadurch atmen sie tagein, tagaus die Ausgasungen ihrer Exkremente ein. Das macht sie krank.

Gibt's das auch in Grün?

Wenn unsere Tests eines immer wieder zeigen, dann ist es das: Bio-Schweine haben ein besseres Leben als konventionelle. Das heißt jetzt nicht, dass es in der Bio-Tierhaltung keine Probleme gibt. Aber Bio-Schweine haben Auslauf und mehr Platz, sie bekommen gentechnikfreies Öko-Futter, zumindest weniger Antibiotika als konventionelle Schweine und dürfen ihre Ringelschwänze in aller Regel behalten.

Bio-Verbände wie Naturland, Demeter und Bioland gehen teils noch über die EU-Bio-Vorschriften hinaus. Wer also nicht gleich komplett auf seine Frikadelle oder sein Schweinenackensteak verzichten möchte, tut gut daran, Bio-Fleisch zu kaufen. Derzeit liegt der Anteil von Öko-Schweinen bei gerade einmal 1 Prozent – da ist noch viel Luft nach oben.

Was das Klima betrifft, kann die Antwort nicht sein, von Rinder- auf Schweinefleisch umzusteigen, weil das eben ein bisschen besser ist fürs Klima. Die Antwort muss sein, insgesamt deutlich weniger Fleisch zu essen – und dafür eben »besseres«. Derzeit liegt unser jährlicher Schweinefleischkonsum in Deutschland bei rund 30 Kilo pro Kopf. Wenn wir alle Fleischarten mit einrechnen, sind es etwa 52 Kilo – also 1 Kilogramm pro Woche. Die Deutsche Gesellschaft für Ernährung (DGE), die bisher nicht gerade als glühender Verfechter pflanzlicher Ernährung bekannt ist, empfahl (Stand Oktober 2023) je nach Kalorienbedarf noch 300 bis 600 Gramm Fleisch pro Woche. Demnach müssten wir unseren Fleischkonsum also allein aus gesundheitlichen Gründen um etwa die Hälfte reduzieren. »Rotes« Fleisch – also Rind oder Schwein – ist auch deswegen vorsichtig gesagt ungünstig, weil die Weltgesundheitsorganisation WHO es als »wahrscheinlich krebserregend« einstuft, wenn es unverarbeitet ist. Verarbeitet, also etwa als Schinken oder Wurst, fällt es sogar in die Kategorie »krebserregend«.

Wenn wir Fleisch bewusster essen, seltener essen und uns wieder klarmachen, dass so ein Schwein eben nicht nur aus Filet besteht, wir es also wieder als Ganzes begreifen, dann tun wir der Umwelt und uns selbst etwas Gutes. Also: bewusster essen, weniger essen, das ganze Schwein essen, Bio essen.

Eine weitere Alternative kann Wildfleisch sein: Die Tiere fressen kein Futter von weither, leben artgerecht und bekommen keine Medikamente. Wer Wild mag, sollte allerdings darauf achten, dass es sich tatsächlich um echtes Wild handelt und nicht um Zuchtwild. Da nämlich die Nachfrage das Angebot von Wildfleisch übersteigt, gibt es mittlerweile auch viel gezüchtetes Wild, bei dem die Klimabilanz natürlich gleich wieder viel schlechter ausfällt.

DAS ZEIGEN UNSERE TESTS

Schweinefleisch haben wir zuletzt im Sommer 2022 untersucht: im Test Grillwürste[8]. Dafür sind 19 Marken gebrühte Würstchen aus Schweinefleisch in unserem Einkaufswagen gelandet. Eine der Fragen, die wir uns stellten, war natürlich: »Ist die Bio-Wurst ihr Geld wert?« Schließlich kosten die Produkte leicht doppelt so viel, teils sind die Unterschiede noch viel größer. Die teuerste Bio-Wurst im Test kostete fast 11 Euro pro 500 Gramm, die günstigste konventionelle 2,49 Euro. Gehen Tierwohl und Qualität für 2,49 Euro pro halbes Kilo?

Wir haben die Würstchen umfangreich auf mögliche Schadstoffe und Verunreinigungen wie Mineralöl untersuchen lassen, haben ihren Geschmack testen lassen und wollten natürlich wieder ganz genau wissen, wie die Schweine gelebt haben, deren Fleisch in exakt der von uns getesteten Charge Würstchen steckt. Und da zeigte sich: Sechs Würstchen konnten wir empfehlen – allesamt Bio-Produkte. Die günstigen Produkte waren durch die Bank schlechter.

Die Bio-Schweine hatten mehr Platz, durften ihre Schwänze behalten und bekamen kein Genfutter. Und auch bezüglich der Inhaltsstoffe unterscheiden sich die Bios von den »Normalos«: In Öko-Würstchen sind keine Phosphate erlaubt. Der Zusatz soll das Wurstbrät als Stabilisator geschmeidiger machen. Phosphate können aber vor allem für Menschen, deren Nierenfunktion beeinträchtigt ist, problematisch sein. Besser ist es also, diese Zusätze zu meiden – in unserem Test steckten sie mit einer Ausnahme allerdings in allen konventionellen Würstchen.

In aller Kürze: **SCHWEINEFLEISCH**

⇨ Bio-Schweine haben mehr Platz, Auslauf und bekommen gentechnikfreies Futter.

⇨ Bio-Schweine dürfen in aller Regel ihre Schwänze behalten, konventionelle Schweine meist nicht.

⇨ Die staatliche Tierhaltungskennzeichnung wird für Schweinefleisch ab 2025 gesetzlich verpflichtend.

⇨ Nur die vierte und fünfte Stufe der Haltungsformen garantieren Auslauf.

⇨ In allen anderen Stufen stehen die Chancen sehr, sehr schlecht, dass die Tiere Tageslicht sehen – nur 1 Prozent der Schweine bekommt derzeit Auslauf. Da überrascht es wenig, dass nur 1 Prozent des in Deutschland verkauften Schweinefleischs aus Bio-Haltung stammt.

⇨ In Bio-Wurst sind Phosphate, die als Zusatz in vielen Würstchen stecken, nicht erlaubt.

⇨ Schweinefleisch ist nicht gut fürs Klima – aber besser als Rindfleisch.

Chicken Nuggets: Fette Farce

Zurück in den Supermarkt, dieses Mal geht es ans Tiefkühlregal. Chicken Nuggets liegen da, »aus reinem Hähnchenbrustfleisch«. Mit einer »Portion*«, steht da, nehmen wir gerade einmal 10 Prozent der Menge an Fett auf, die wir pro Tag bedenkenlos konsumieren können. Super, oder? Bestimmt, weil es nur das fettarme Hähnchenbrustfleisch ist, das in den Nuggets steckt. Angesichts der fetten Panade, die das Fleisch umgibt und nach unseren Tests teils mehr als 50 Prozent des Produkts ausmacht, ist das natürlich eine Farce, aber hey, who cares? Hinter dem Sternchen verbirgt sich im Kleingedruckten die Angabe, dass der Hersteller als »Portion« drei Nuggets zugrunde gelegt. Drei Nuggets kommen also auf 10 Prozent des Tagesbedarfs an Fett – wer nach diesem Appetizer dann noch satt werden will und die realistische Portion Nuggets – 150 Gramm schafft man locker – aufisst, kommt schnell auf 50 Prozent und mehr.

Dafür, dass dieses Produkt den vermeintlich gesunden, aber falschen, fettarmen Anstrich bekommt, verwendet der Hersteller nur Brustfleisch. Stellt sich die Frage: »Wo, wenn nicht in solch hochverarbeiteten Produkten, sollten wir den ›Rest‹ des Huhns verwerten?« Denn so ein Huhn besteht nun einmal nicht nur aus Brust, auch wenn es fast den Anschein hat, wenn man durch einen deutschen Supermarkt geht. Unsere Reste – Flügel, Hälse, Schenkel, Innereien – verarbeiten wir hier kaum, weil wir sie selten essen. Dieser »Fleischmüll« wird oft als Billigfleisch in die ärmsten Länder der Welt verschifft und zerstört dort die heimischen Märkte, weil die Kleinbauern dort mit den extremen Dumpingpreisen unserer Abfälle nicht mithalten können. Eine nachhaltigere Alternative? Nuggets, die aus dem ganzen Huhn bestehen. Und auch wenn es für viele unappetitlich klingt: Formfleisch. Das ist sehr stark zerkleinertes, vermischtes und dann in Form gepresstes Fleisch. Nichts Schlimmes, aber eben von der Fleischqualität her kein Filet. Ein Vorteil von Formfleisch: Darin werden auch Fleischreste verarbeitet, die sonst nicht mehr verkauft würden. Hip könnte man das auch »from nose to tail« nennen – klingt ein bisschen netter. Wenn Hersteller Formfleisch verwenden, müssen sie diese Information aber auf die Verpackung schreiben. Und davor schrecken viele Hersteller auch deswegen zurück, weil viele Verbraucherinnen und Verbraucher dann zurückschrecken. Doch seien wir ehrlich: Wer schmeckt aus einem Chicken Nugget, das bis zur Hälfte aus fetter, gesalzener Panade besteht, noch das »frische Hähnchenbrustfleisch« heraus?

Qual global: Fleisch aus Brasilien, Thailand, Polen

Aber schauen wir uns das »frische Hähnchenbrustfleisch« doch einmal an. Wo kommt es her? In den meisten Fällen erfahren die Verbraucherinnen und Verbraucher das nicht, denn es gibt keine Herkunftskennzeichnungspflicht für verarbeitete Fleischprodukte wie Chicken Nuggets. Auf unverarbeitetem Hähnchen- und Schweinefleisch etwa muss stehen, wo die Tiere aufgewachsen sind und geschlachtet wurden, auf verarbeitetem nicht. Heißt: Wenn die Hühner aus Deutschland stammen, schreiben die

Hersteller es oft drauf, weil sie sich davon einen Werbeeffekt versprechen. Wenn die Hühner hingegen aus Brasilien, Thailand oder Polen stammen, dann wird das kaum auf der Verpackung stehen.

Das Fleisch in unseren Chicken Nuggets stammt aus Brasilien, Thailand, Polen? Es ist zumindest nicht lange her, da war das gang und gäbe. Und nicht selten stammte sogar das Fleisch einer Charge aus mehreren verschiedenen Ländern, wie unser Test Chicken Nuggets[9] im Jahr 2017 zeigte. Warum, wenn doch unsere Tierschutzvorschriften hier schon so lasch sind? Weil sie in diesen Ländern noch lascher sind. Und die Arbeitskosten, die Umweltvorschriften noch niedriger. Kurzum: Die »Produktion« des Fleischs ist dort noch billiger. Und es ist immer noch billiger, das Fleisch einmal um die ganze Welt zu schicken und hier zusammenzumischen, als deutsches Hühnerfleisch zu verarbeiten. Unser aktueller Test von Chicken Nuggets[10] hat allerdings gezeigt, dass die Unternehmen umdenken (siehe »Das zeigen unsere Tests«). Viele Hersteller werben inzwischen damit, dass sie nur deutsche Hühner verarbeiten. Kann man die Chicken Nuggets deswegen guten Gewissens essen?

40 Tage »Leben«

Und damit kommen wir zu den Hühnern und Hähnchen, die in den Chicken Nuggets stecken. Einfach, weil es eindrucksvoll genug ist, beschreiben wir das Leben eines deutschen Huhns, das in 30 bis 40 Tagen von einem rund 40-Gramm-Küken auf ein mehr als 2 Kilogramm schweres Tier hochgemästet wird. Danach ist das kurze Leben des Masthuhns vorbei. Und in diesen 30 bis 40 Tagen sieht das Huhn aus konventioneller Haltung nur eines: seinen Stall. Tageslicht erblickt es erst auf dem Weg zum Schlachthof, Auslauf hat es keinen.

Von 40 Gramm auf 2 Kilo? Das ist eine Verfünfzigfachung des Geburtsgewichts in einem Monat. Das passiert nicht natürlich. Das klappt nur, weil es sich bei den Hühnern um extrem schnellwachsende Rassen handelt, die wenig nach verzärtelter Bauernhofromantik klingen: »Ross 308« und »Cobb 500« etwa. Das schnelle Wachstum und die Züchtung auf möglichst viel teures Brustfleisch haben ihren Preis: Die Gelenke schmerzen, Verletzungen und Lahmheiten folgen, die Hühner bewegen sich kaum noch.

Mit einer großen Portion Sarkasmus kann man feststellen, dass die Halter der eingeschränkten Bewegungsaktivität der Hühner entgegenkommen: Sie bekommen ohnehin keinen Platz. 39 Kilo »Lebendgewicht« pro Quadratmeter sind in Deutschland in der konventionellen Hähnchenmast erlaubt. Klingt erst einmal abstrakt, lässt sich aber leicht verdeutlichen: Je nach Gewicht teilen sich am Ende der Mast etwa 20 Hühner einen einzigen Quadratmeter Stallboden. Das ist weniger als eine DIN-A4-Seite pro Huhn – und damit deutlich weniger, als den Legehennen inzwischen zugestanden wird.

Zusammengepfercht stehen die Hühner in den engen Ställen auf ihrem eigenen Mist. Diese Haltungsbedingungen machen die Hühner krank, logisch. Und weil es billiger ist, sie mit Medikamenten zu behandeln, als die Haltungsbedingungen zu verbessern, bekommen sie Antibiotika und Kokzidiostatika. Letztere sind Mittel gegen die Kokzidiose, eine häufige parasitäre Erkrankung von Hühnern, mit der sie sich über die Aufnahme von kotverschmutztem Futter infizieren.

Antibiotikaresistenzen: Globale Bedrohung

73 Prozent aller weltweit verabreichten Antibiotika werden für Tiere eingesetzt, nicht für Menschen – ein Großteil in der Hühnerhaltung. Im Fleisch sind diese Medikamente nur selten nachweisbar, weil die Hühner sie schnell abbauen und es gesetzliche Wartefristen bis zur Schlachtung gibt. Was aber nachweisbar ist, sind antibiotikaresistente Keime – eine Folge der massenhaften Antibiotikagabe. Der Zusammenhang, vereinfacht dargestellt: Je mehr Antibiotika eingesetzt werden, desto mehr antibiotikaresistente Keime bilden sich und desto mehr Antibiotika verlieren ihre Wirksamkeit. In unseren Tests stoßen wir immer wieder auf antibiotikaresistente Keime in Fleischprodukten, auch in Chicken Nuggets. Im Jahr 2017 waren drei Proben mit Methicillin-resistenten Staphylococcus aureus (MRSA), ESBL-bildende E.-coli-Bakterien und ESBL-positiven Serratia fonticola belastet. In unserem aktuellen Test Chicken Nuggets 2023 war eine Probe mit ESBL-bildenden E.-coli-Bakterien verunreinigt. Alle diese Keime haben gemeinsam, dass gegen sie einige Antibiotika nicht mehr wirken.

SO VIEL PLATZ ...

...STEHT EINEM MASTHUHN
IN DEUTSCHLAND GESETZLICH ZU.

Das stellt die Medizin vor große Probleme. Denn Keime können bei Menschen Krankheiten auslösen und Krankheiten, die durch resistente Erreger entstehen, sind viel schwieriger, teils gar nicht zu behandeln.

Im Jahr 2022 hat Greenpeace im Umfeld von vier Schlachtbetrieben 44 Abwasserproben entnommen. In 35 davon fanden sich multiresistente Keime. Und in acht Proben steckten sogar Keime, die gegen das so wichtige Reserveantibiotikum Colistin resistent sind. Warum der Stoff so wichtig ist? Reserveantibiotika werden erst dann eingesetzt, wenn Standardantibiotika nicht mehr wirken. Sie sind also tatsächlich als Reserve gedacht, für besonders harte Fälle. Wenn sie nicht mehr wirken, gibt es nichts, was den Patienten noch helfen kann. Reserveantibiotika haben deswegen in Ställen nichts zu suchen. Wenn Tiere sogar diese für Menschen extrem wichtigen Medikamente erhalten, steigt die Gefahr von Resistenzbildungen. Je häufiger Medikamente eingesetzt werden, desto größer diese Gefahr.

Laut Robert-Koch-Institut erkranken schon heute allein in der EU jährlich rund 670 000 Menschen an Infektionen durch antibiotikaresistente Erreger – etwa 33 000 sterben daran. Weltweit waren es 2022 mehr als 1,3 Millionen Menschen, die unmittelbar an einer Infektion mit einem antibiotikaresistenten Keim gestorben sind. Und bisher gingen Schätzungen davon aus, dass sich die Zahl der Toten weltweit bis 2050 verzehnfachen könnte. Eine Expertengruppe kam in einer Veröffentlichung im medizinischen Fachjournal *The Lancet* 2022 jedoch zu dem Schluss, dass das schon deutlich früher der Fall sein könnte. Schon jetzt gehören Antibiotikaresistenzen zu den häufigsten Todesursachen überhaupt. Eine Einordnung der 1,3 Millionen? An Aids etwa starben 2019 geschätzt 680 000 Menschen, an Malaria 627 000. Die WHO hat Antibiotikaresistenzen deswegen als eine der zehn größten globalen Gesundheitsbedrohungen der Menschheit eingestuft.

Doch zurück zum Huhn. Sein Leben ist nach rund 40 Tagen vorbei. Die Tiere werden mit Gas oder im Elektrobad betäubt, dann maschinell per Halsschnitt getötet und danach zerlegt. In einer Charge Chicken Nuggets landet das Brustfleisch von bis zu Hunderttausenden Hühnern, oft aus verschiedenen Ländern. Das Fleisch wird zusammengemischt und in Form gepresst, zu unserem Chicken Nugget aus »reinem Brustfleisch«.

Der Rest des Huhns

Was passiert also mit dem Rest des Huhns? Ein kleiner Teil findet Abnehmer in Europa – etwa als Chicken Wings oder Schenkel. Da wir aber viel mehr Brustfleisch als Schenkel und Flügel essen, landet der Rest, also Flügel, Schenkel sowie Innereien, in Afrika. Das gefrorene Fleisch bieten die Händler etwa in Benin, Ghana, Liberia oder im Kongo zu Dumpingpreisen an, mit denen die lokalen Bauern nicht mithalten können. Die lokale Landwirtschaft geht daran kaputt, die Bauern geben auf.

Und unser Chicken Nugget aus dem Tiefkühlregal im Supermarkt? Das landet auf unserem Teller, goldbraun gebacken, aus reinem Hähnchenbrustfleisch. An die Hühner und ihre Qualen erinnert nichts.

Exkurs: Legehennen und ihre Brüder

Unser Chicken Nugget war mal ein Masthähnchen oder ein Masthuhn. Bei den hochgezüchteten Fleischrassen spielt das Geschlecht für die Leistung keine Rolle. Wohl aber bei Verwandten, die in einer anderen Branche ihr Dasein fristen: der Eierproduktion. Eier legen können nur Hühner, die Hähnchen wurden bislang millionenfach als Küken getötet. Seit 2022 ist das Kükentöten verboten. Zuvor starben allein in Deutschland 45 Millionen Küken jährlich, weil sie das falsche Geschlecht hatten. Für die Industrie sind die Brüder der Legehennen wertlos, weil die Rassen auf Hochleistung in Sachen Eierlegen gezüchtet sind, nicht auf Hochleistung in Sachen Fleisch ansetzen. Sie zu mästen ist hoch unwirtschaftlich, da sie einfach zu langsam zu wenig zunehmen. Das millionenfache Töten beruhte also auf gnadenlosem Effizienzdenken.

Es entbehrt nicht einer gewissen Ironie, dass der Bundestag sich bei seiner Entscheidung, das Kükentöten zu beenden, auf das Tierschutzgesetz berief. Denn das gilt seit 1933 – zumindest die seitdem nur sprachlich leicht angepasste Passage, dass einem Tier nicht ohne »vernünftigen Grund« Schmerz, Leid oder Schaden zugefügt werden darf. Wenn gnadenlose Effizienz also nicht als »vernünftiger Grund«

zählt, dann sind seit den 30er-Jahren des vergangenen Jahrhunderts eben schon ein paar Milliarden Küken ohne »vernünftigen Grund« gestorben.

Einer der viel gelobten Auswege aus dem Kükentöten: die Geschlechtserkennung im Ei. Die Bundesregierung unterstützt die Entwicklung dieser Methode mit viel Geld. Am Ende unterstützt sie damit aber ein System, das auf gnadenlose Effizienz und Hochleistung statt auf Tierwohl setzt. Für die Hennen ist Hochleistungszucht eine Qual – angefangen bei leicht brüchigen Knochen bis hin zu Eileiterentzündungen. Konsequenter Tierschutz wäre also, wenn die Bundesregierung dem System, das auf Qualzucht setzt, die Fördergelder entzieht. Und stattdessen die Landwirtinnen und Landwirte unterstützt, die Zweinutzungshühner aufziehen – nicht einfach die »Bruderhähne« der Hochleistungslegehennen, sondern Tiere, die Eier legen und Fleisch ansetzen, aber eben beides nicht auf Hochleistungsniveau. Denn mit der jetzigen Regelung hört zwar das Kükentöten auf – vielleicht, hoffentlich, will man sagen, weil die Kontrollen einfach fehlen –, das Leiden der Hennen geht aber sicher weiter.

Und was ist mit den Hähnchen, die jetzt angeblich weiterleben dürfen? Wo sind die ganzen Bruderhähne? Wer zieht sie auf? Wie? Wo? So genau weiß das niemand. Die Verbraucherschutzorganisation Foodwatch hat nachgeforscht und schreibt dazu: »Der Lobbyverband der Geflügelindustrie? Kann über den Verbleib der ›Bruderhähne‹ nur spekulieren. Die zuständigen Behörden? Wissen es nicht. Entsprechende Kontrollen? Finden bisher offenbar nicht statt. Foodwatch-Recherchen zeigen stattdessen: Hühnerbetriebe haben mehr als 300 000 Tiere ins Ausland transportiert. Mindestens im Fall einer Brüterei wurden die männlichen Küken dann nicht etwa im Ausland aufgezogen – sondern schlicht dort getötet.«[11] Mehr Tierschutz geht anders. Und: Wer weiß, wie die wirtschaftlichen Legehennen leben und unter welchen Bedingungen lukrative Masthähnchen ihr Dasein fristen, bekommt ein mulmiges Gefühl im Bauch, wenn er sich vorstellt, wie die unwirtschaftlichen Bruderhähne aufgezogen werden.

Wenn Labels auf Eiern also damit werben, dass sie »ohne Kükentöten« produziert werden, dann ist das Augenwischerei. Es ist gar nicht mehr erlaubt, sie zu töten. Ebenso sind Aussagen wie »Bruderhahnaufzucht« mit Vorsicht zu genießen. Zunächst ist auch das fast selbstverständlich, denn das Töten ist verboten und die Geschlechtserkennung im Ei hat sich bisher so gut wie nicht durchgesetzt. Noch wichtiger aber: Über die Bedingungen, unter denen die Bruderhähne aufwachsen, also ein paar Wochen leben, verliert die Werbung kein Wort. Eine Tierärztin, die uns bei einigen Tests beratend zur Seite stand, sagte einmal hinter vorgehaltener Hand zu uns, dass es wohl besser für die Küken wäre, gleich zu sterben – als unter diesen Bedingungen ein paar Wochen lang zu leben.

– AUTSCH! –

- Ein Masthuhn wird in der Regel nicht älter als 30 bis 40 Tage.

- Unseren Hunger auf »reines Brustfleisch« bezahlen Landwirte in Afrika, die mit den Dumpingpreisen von unserem »Abfall« – also Flügeln, Hälsen, Schenkeln, Innereien – nicht mithalten können.

- Für eine Charge der Chicken Nuggets von Rewe in unserem Test 2023 wurden fast eine Million Hühner getötet. Auch in vielen anderen Produkten steckten Hunderttausende Tiere.

- 73 Prozent aller Antibiotika weltweit werden für Tiere eingesetzt, nicht für Menschen. Die auch dadurch entstehenden Antibiotikaresistenzen sind eine der größten gesundheitlichen Bedrohungen der Menschheit.

Gibt's das auch in Grün?

Tatsächlich ist Hühnerfleisch fürs Klima eine der besseren Alternativen – wenn es denn Fleisch sein muss: Hähnchenfleisch verursacht pro Kilogramm laut Ifeu in etwa 5,5 Kilo CO_2-Äquivalente – wir erinnern uns, bei Rindfleisch sind es etwa 14,6. Noch etwas besser als Hähnchenfleisch schneidet nur Schwein ab – wobei die Unterschiede nicht riesig sind. Das gilt natürlich nur für Fleisch aus Deutschland. Wenn das Hühnerfleisch aus Brasilien, Thailand oder Ungarn zu uns kommt, dann verschlechtert sich die Klimabilanz deutlich.

Wer Hühnerfleisch also etwas besseren Gewissens essen möchte, kann auf drei Dinge achten: Bio-Fleisch, deutsche Herkunft, ganzes Huhn. Das heißt, Produkte mit Hinweisen wie »nur Brustfleisch« links liegen lassen. Bio-Hühner bekommen etwas mehr Platz und seltener Antibiotika. Die Haltung in Deutschland ist zwar mies – die in den meisten anderen Ländern der Welt allerdings noch katastrophaler. Apropos Bedingungen in anderen Ländern: Die verschlechtern wir, wenn unser »Hähnchenmüll« dort die lokalen Märkte zerstört. Nachhaltig Fleisch zu essen bedeutet daher, das ganze Tier zu essen – so, wie es früher selbstverständlich war.

Und: Wenn es um ohnehin hochverarbeitetes Fleisch wie Chicken Nuggets geht – was genau spricht eigentlich gegen Formfleisch? Prinzipiell ist es doch wünschenswert, dass nahezu alles vom Tier, also auch Fleischreste, verarbeitet werden – natürlich nur, wenn die Hersteller damit transparent umgehen und nicht versuchen, es zu verstecken. So unpopulär es klingen mag: Wer etwas für die Umwelt tun will, greift bei Chicken Nuggets besser zu Formfleisch als zu Produkten, die damit werben, »aus reinem Brustfleisch« zu bestehen.

Auch was Eier betrifft, stehen wir als Verbraucherinnen, als Verbraucher nicht ganz hilflos am Supermarktregal. Es gibt Initiativen und Labels, die tatsächlich etwas über die Haltungsbedingungen der Bruderhähne aussagen. Dazu gehören allgemein Bio-Eier, Bioland-, Naturland- und Demeter-zertifizierte Eier, die Alnatura Bruderküken-Initiative, die Brudertier Initiative Deutschland und Eier mit ÖTZ-Siegel (Ökologische Tierzucht).

DAS ZEIGEN UNSERE TESTS

»Wenn Chicken Nuggets goldgelb gebräunt auf dem Teller landen, erinnert nichts an die Hühner, die dafür in Brasilien, Thailand oder Europa in engen Ställen gelitten haben. Unser Test zeigt: Antibiotikaresistenzen, Fettschadstoffe und Mineralöl sind weitere Gründe, die Finger von den Nuggets zu lassen.« Das schrieben wir 2017 unter der Überschrift »Qual Global« über unseren Test Chicken Nuggets, in dem kein einziges Produkt mit »gut« oder »sehr gut« abschnitt.

Brasilien, Thailand, irgendwo in Europa? Die Hühner, die in unseren Chicken Nuggets verarbeitet werden? Ja. 2017 war das noch genau so. Die Hühner vegetierten irgendwo auf der Welt in engen Megaställen dahin, bis sie geschlachtet und nach Deutschland geschickt wurden. Ihr Fleisch wurde hier mit etlichen Tonnen anderen Fleischs aus anderen Ländern vermischt. Die wenigsten Hersteller in unserem Test setzten damals allein auf deutsches Fleisch, auch die Bios nicht.

Diese irren globalen Wege von Hähnchenfleisch scheinen zumindest weitgehend Vergangenheit zu sein. Vielleicht auch deshalb, weil unser Test 2017 extrem viel Aufmerksamkeit erregt hat und wochenlang durch die Medien ging. Und obwohl es immer noch keine Kennzeichnungspflicht für verarbeitete Fleischprodukte gibt, hat sich in Sachen Herkunft in den sechs Jahren zwischen 2017 und 2023 einiges getan. In unserem aktuellen Test Chicken Nuggets stammte das Fleisch fast immer aus Deutschland, zweimal auch aus den Niederlanden und nur das Produkt von Iglo war noch wild durcheinandergemischtes Fleisch aus der EU, Großbritannien, Brasilien und Thailand. Der einzige Konzern, der uns die Herkunft der Hühner überhaupt nicht (oder nur sehr vage à la »Europa«) offengelegt hat, war Burger King. Und genau diese beiden Produkte, die von Iglo und Burger King, haben als einzige im Test mit »ungenügend« abgeschnitten. Die meisten anderen Marken im Test kamen, was allein die Inhaltsstoffe (nicht das Tierwohl) angeht, noch relativ gut weg. In den Chicken Nuggets von Iglo und Burger King hingegen hatte das beauftragte Labor etwa Gehalte an 3-MCPD-Fettsäureestern gemessen, die wir als »erhöht« kritisieren. Diese Fettschadstoffe hat die internationale Agentur für Krebsforschung (IARC) als »möglicherweise krebserregend« für den Menschen eingestuft. Bei Burger King kam hinzu: Das Produkt enthielt satte 56 Prozent Panade – also tatsächlich mehr Panade als Fleisch. Auch Iglo lag mit 47 Prozent Panade über unserer Abwertungsgrenze. Geschmacklich landeten die beiden zwar noch auf einem »befriedigend« – auch hier waren sie aber, gemeinsam mit den Chicken McNuggets von McDonald's, die Schlusslichter im Test. Und was das Tierwohl angeht, hagelte es wieder ein »ungenügend« für Iglo und Burger King – Iglo antwortete auf unsere Fragen zu den Haltungsbedingungen der Hühner nur teilweise, belegte die Lieferkette aber gar nicht und erfüllte mit der Haltungsstufe 1 zudem gerade einmal das gesetzliche Minimum. Burger King bemühte sich nicht einmal, uns Interesse an unseren Fragen vorzutäuschen, und mauerte als einziger Anbieter im Test komplett.

Aber, sozusagen on the bright side: Immerhin bekamen im Test 2023 drei Chicken Nuggets von uns das Gesamturteil »gut« – allesamt Bio-Produkte. Das Fleisch, das darin verarbeitet war, stammt jeweils von nur einem Mäster aus Deutschland und war deswegen leicht rückverfolgbar. Unsere umfangreichen Fragen zur Haltung haben die Hersteller konkret und nachvollziehbar beantwortet und die Antworten belegt.

Allerdings gilt auch bei den Bios: Die Dimensionen der Fleischproduktion bleiben immens. Mehr als 14 000 Hühner steckten in allein einer Charge Chicken Nuggets der drei »guten« Bio-

Produkte. Klingt viel? Dann dürften Sie erstaunt sein, wie viele Tiere für eine Charge der konventionellen Produkte in unserem Test getötet wurden. Für die Chicken Nuggets der Rewe-Eigenmarke Ja! waren es 972 438 Hühner. Und hier ist uns nicht aus Versehen eine Ziffer dazugerutscht. Es sind tatsächlich fast eine Million Tiere in einer einzelnen Charge.

In aller Kürze: **HÜHNER**

⇨ Gerade in verarbeiteten Fleischprodukten ist »Formfleisch« eine ökologische Alternative, auch wenn es nicht sonderlich lecker klingt.

⇨ Wenn auf einem verarbeiteten Fleischprodukt wie Chicken Nuggets kein Hinweis zur Herkunft steht, ist die Wahrscheinlichkeit hoch, dass das Fleisch nicht aus Deutschland stammt.

⇨ Antibiotikaresistente Keime sind in konventionellem Hühnerfleisch wahrscheinlicher als in Bio-Fleisch. In der Bio-Haltung gelten deutlich strengere Vorschriften zur Antibiotikagabe.

⇨ Hähnchenfleisch belastet das Klima mit nur etwa einem Drittel der schädlichen Klimagase, die Rindfleisch produziert.

⇨ Eier, die mit dem Slogan »ohne Kükentöten« werben, werben mit einer reinen Selbstverständlichkeit: Kükentöten ist verboten.

⇨ Die Werbung »Bruderhahnaufzucht« sagt noch nichts darüber aus, wie und wo die Bruderhähne aufgezogen werden – die Siegel von Bio-Verbänden etwa sind da verlässlicher.

Inside *ÖKO-TEST*

Ob wir das wirklich wollten? Da säße er ein halbes Jahr dran, vielleicht länger, klagte einer der damaligen Geschäftsführer der Megaschlachtfabrik Tönnies, als er vor ein paar Jahren unseren Fragebogen zu den

Haltungsbedingungen der Schweine bekam, die in der von uns getesteten Charge Grillwürste steckten. Und zu etwas anderem käme er in dieser Zeit sicher nicht, meinte der Mann.

Wenn wir tierische Lebensmittel testen, dann wollen wir es immer genau wissen. Wie haben die Tiere gelebt? Wie viel Platz hatten sie? Durften sie ihre Schwänze behalten, welches Futter haben sie bekommen und hatten sie Auslauf? Falls sie kastriert wurden, geschah das unter Schmerzausschaltung und wenn ja, welcher? Die Hersteller bekommen einen Fragebogen – zugegeben, meist ist der ganz schön lang, im Fall der Schweine waren es 40 Fragen – und sollen jede einzelne ihrer Angaben belegen. Klar, das ist Arbeit. Aber sechs Monate? Was war da los?

Unfassbare Dimension der Fleischproduktion

Der Grund dafür war nicht etwa, dass der Mann es sich bequem machen wollte und Ausflüchte suchte, nein. Der Grund lag in der unfassbaren Dimension der Fleischproduktion. Denn: Tönnies konnte die Herkunft der Schweine zwar ganz einfach für jedes einzelne Produkt mit wenigen Klicks zurückverfolgen – und der größte Schweineschlachter Deutschlands hatte natürlich gleich mehrere Produkte im Test. Aber Lieferanten waren nicht zehn oder 15 Höfe, sondern 100 bis 1 000 Höfe, wohlgemerkt – nicht Schweine. Spitzenreiter im Test Grillwurst[12] 2016 war Kaufland. Der Anbieter antwortete uns, dass allein in der von uns getesteten Charge des Produkts 39 799 Schweine von 484 Höfen steckten.

Und wenn er uns da nun beantworten solle, ob den Ferkeln innerhalb der ersten drei Lebenstage die Schwänze abgeschnitten wurden und ob sie dabei betäubt wurden oder nicht, wie viel Platz sie im Stall hatten und ob die männlichen Tiere mit oder ohne Schmerzbetäubung kastriert wurden, dann wäre er halt ein halbes Jahr beschäftigt, so der damalige Tönnies-Geschäftsführer.

Ein Schwein, eine Wurst? Konkrete Rückverfolgbarkeit ist in der Fleisch- und Milchindustrie verklärtes Wunschdenken. Die riesigen Produktionsmengen verschleiern die Herkunft bis zur Unkenntlichkeit. Wer fragt da am Ende noch, wie die Tiere gelebt haben? Wir. Und als ihm klar wurde, dass wir nicht lockerlassen, hat auch der damalige Geschäftsführer von Tönnies unseren Fragebogen beantworten lassen. Es hat am Ende kein halbes Jahr gedauert, aber an den Unterlagen, die vier Leitz-Ordner füllten, haben dann auch ziemlich viele Menschen gearbeitet.

Wer sich jetzt die hübschen Kuhbilder auf den Verpackungen von Quark, Joghurt und Milch anschaut, glaubt vielleicht, dass es in der Milchindustrie anders zugeht. Dass solche immensen Produktionsmengen in der Rinderhaltung nicht realistisch sind. Weit gefehlt. In unserem Test Quark steckte Rohmilch von fast 400 verschiedenen Höfen in einer einzigen Charge. Dass wir trotzdem von jedem einzelnen Hof wissen wollten, wie die Kühe gelebt haben, ging vielen Molkereien und auch dem Milchindustrieverband ziemlich gegen den Strich. Der meldete sich prompt nach unserer Abfrage und konstatierte in mittelfreundlichem Ton, dass die Molkereien die von uns gewünschten Informationen sicherlich nicht bereitstellen könnten – wahrscheinlich würden auch wir einsehen, dass das schon aus technischen Gründen nicht möglich sei, hieß es von Seiten des Verbands.

War unsere Idee also absurd? Vielleicht ein bisschen, ja. Aber nicht absurder als eine Milch- und eine Fleischindustrie, die eben genau so funktioniert. Denn das Problem ist ja exakt das: Die immensen Massen, die enormen Produktionsmengen – sie verschleiern die Herkunft der Milch, des Fleischs bis ins Unkenntliche. Wie viel Milch mussten die Kühe pro Tag geben? Wie lang haben sie gelebt, durften sie auf die Weide, bekamen sie Antibiotika? Und wie viel Geld wurde den Landwirten eigentlich für ihre Milch gezahlt? Die Fragen erscheinen plötzlich viel weniger relevant, wenn die Antworten ohnehin kaum nachzuvollziehen sind. Wenn dann am Ende noch mit dem Produkt etwas nicht stimmt – etwa Antibiotikareste oder Salmonellen im Fleisch stecken –, wer soll da noch rückverfolgen können, auf welchem Hof etwas schiefgelaufen ist? Die Antwort ist so einfach wie unbefriedigend: niemand. Im Bio-Bereich sind die Lieferketten etwas überschaubarer, ja. Aber auch im Test Bio-Milch gab es Produkte, in denen Milch von mehreren Hundert Höfen steckte. Genauso wie im Test Butter 2022.

Das Butterbeben 2022

Der Test hatte zum Jahresende ein »Butterbeben« ausgelöst, wie die *BILD*-Zeitung damals titelte. Denn genau zu dem Zeitpunkt, als die Lebensmittelpreise explodierten und Butter immer teurer und teurer wurde, haben wir 20 Butter-Marken getestet und herausgefunden, dass die meisten ihr Geld tatsächlich nicht wert sind. Es rasselten 17 komplett durch, nur eine, die Bio-Fassbutter von der Gläsernen Molkerei, schnitt insgesamt mit einem »gut« ab. Der Grund für das schlechte Abschneiden der anderen war neben den teils miesen Ergebnissen in Sachen Tierwohl und Transparenz die Verunreinigung der Butter mit Mineralöl. Diese Verunreinigungen können immer dann geschehen, wenn Lebensmittel mit Schmierölen in Berührung kommen. Aufgabe der Hersteller ist also, den Kontakt entlang der Produktionskette so niedrig wie möglich zu halten. Dieser Aufgabe wurden die Hersteller allerdings nicht gerecht. In 19 der 20 Produkte hatte das Labor gesättigte Mineralölkohlenwasserstoffe (MOSH) nachgewiesen, und das überwiegend in Gehalten, die wir als »stark erhöht« einordnen. MOSH reichern sich im menschlichen Körper an, im Fettgewebe, in den Lymphknoten und auch in Organen wie Leber, Milz und Lunge. Was sie dort anrichten, weiß bisher niemand so genau, weil die Datenlage dazu nach wie vor viel zu dünn ist – obwohl die Verunreinigungen vieler Lebensmittel seit mehr als 30 Jahren bekannt sind. Noch bedenklicher als MOSH sind allerdings die aromatischen Mineralölkohlenwasserstoffe MOAH, eine große Gruppe von Stoffen, von denen einige krebserregend sind. Eines der Produkte war damit so stark verunreinigt, dass wir es selbst nicht glauben konnten. Das Labor hatte in der Butter einen Wert von fast 20 Milligramm pro Kilogramm MOAH gemessen – ein in unserer gesamten Testgeschichte noch nie gemessener Gehalt. Den vorgeschlagenen Richtwert der EU von 2 Milligramm pro Kilogramm für Fette und Öle riss die Butter bequem – und übertraf ihn fast um das Zehnfache. Das »Butterbeben« war tatsächlich eines, auch für uns: Das Dezember-Heft war innerhalb kürzester Zeit ausverkauft, kaum ein Fernsehsender, eine Zeitung, die nicht über unseren Test berichteten. Und der Sturm der Anfragen von Leserinnen und Lesern war selten größer als bei diesem Test.

Tierische Lebensmittel:
Diese Orientierung gibt es

Selbstkontrolle Teil 1: Die Haltungskennzeichnung

Haltungskennzeichnung, Initiative Tierwohl und das QS-Prüfzeichen haben ziemlich viel gemeinsam: Industrie und Handel haben die Regeln für diese Kennzeichnungen selbst festgelegt und kontrollieren diese selbst festgelegten Regeln auch selbst. Wenig überraschend liegt die Latte da nicht sehr hoch. Die Haltungskennzeichnung des Handels fungiert zudem als eine Art Einordnungssystem – soll heißen, dass die anderen, bereits existierenden Labels den Stufen zugeordnet werden. Fleisch aus der Initiative Tierwohl etwa wird der Stufe 2 zugeordnet, Produkte, die mit der Einstiegsstufe des Deutschen Tierschutzbundes (ein Stern) gekennzeichnet sind, der Stufe 3 und jene mit der Premiumstufe des Tierschutzbundes (zwei Sterne) Stufe 4.

STUFE 1 STALLHALTUNG bedeutet lediglich, dass die gesetzlichen Vorgaben eingehalten werden – mehr nicht. Wo gesetzliche Vorgaben fehlen, also etwa bei Rindern oder Puten, gelten die »branchenüblichen Standards«. Stufe 1 bedeutet also im Grunde **nichts**.

STUFE 2 STALLHALTUNG PLUS heißt, dass die Tiere ein bisschen mehr Platz bekommen. Bei Schweinen sind das gerade einmal 10 Prozent mehr Platz als in Stufe 1. Wenn man bedenkt, dass so ein 110 Kilo schweres Mastschwein gesetzlich vorgeschrieben 0,75 Quadratmeter Platz bekommt, sind das in Stufe 2 dann 0,825. Das Tier bekommt also nicht einmal 1 Quadratmeter Platz. Stufe 2 bedeutet also im Grunde **sehr, sehr wenig**.

STUFE 3 AUSSENKLIMA bedeutet, dass die Tiere Stroh als Einstreu im Stall bekommen und gentechnikfreies Futter. Zudem haben sie 40 Prozent mehr Platz als mindestens vorgeschrieben, bei Schweinen also etwas mehr als 1 Quadratmeter. »Außenklima« bezieht sich nicht darauf, dass da irgendjemand rausdarf, sondern darauf, dass eine Front des Stalls offen sein muss – die Tiere so also ein bisschen Frischluft bekommen. Stufe 3 bedeutet also schon etwas mehr, aber immer noch **wenig**.

STUFE 4 PREMIUM heißt nun tatsächlich, dass die Tiere einen Auslauf im Freien und doppelt so viel Platz haben wie gesetzlich vorgeschrieben. Beispiel Schwein: 1,5 Quadratmeter. Auch Bio-Fleisch wird in dieser Stufe einsortiert. Gesundheitliche Aspekte des Tierwohls spielen allerdings auch hier keine Rolle. Stufe 4 bedeutet also schon **deutlich mehr**, aber noch nicht so richtig viel.

Selbstkontrolle Teil 2: Das QS-Siegel

Wo wir schon dabei sind, was passiert, wenn sich eine Branche selbst Regeln setzt und die Einhaltung der Regeln selbst kontrolliert: Diesem Prinzip folgt auch das QS-Prüfzeichen, das allein deswegen schon wenig Aussagekraft hat. »Lückenlose Qualitätssicherung vom Landwirt bis zur Ladentheke« verspricht das Prüfzeichen, na ja! Getragen wird es von Verbänden aus Landwirtschaft, Fleischverarbeitung und Handel. Schon das wirft die Frage auf: »Ist hier das Interesse am Tierwohl in den Ställen ausschlaggebend oder eher das an möglichst vielen Labels, die möglichst viel Tierwohl suggerieren?« Die QS-Prüfung ist Voraussetzung für die Erzeuger, die Lieferanten der großen Handelsketten mit Fleisch beliefern zu dürfen. Das Prüfzeichen hat keine Aussagekraft hinsichtlich des Tierwohls. Es garantiert im Grunde nicht viel mehr, als dass die gesetzlichen Regeln wohl hoffentlich eingehalten werden – wobei in der Vergangenheit schon dioxinverseuchte Futtermittel und Verstöße gegen das Tierschutzgesetz auch bei QS-Betrieben aufgedeckt wurden.

Selbstkontrolle Teil 3: Die Initiative Tierwohl

Verbände und Unternehmen der Land- und Fleischwirtschaft sowie des Lebensmittelhandels agieren unter dem so nett klingenden Namen »Initiative Tierwohl«. Die Anforderungen für Produkte, die das Label tragen, sind kaum höher als das gesetzliche Minimum und entsprechen denen der »Haltungsform 2 (Stallhaltung Plus)‹«. Es sagt also wenig aus. Trotzdem dürfen die Produkte mit dem gelben Label werben, auf dem »Initiative Tierwohl« steht – wie konkret wenig das für das Tierwohl tatsächlich bedeutet, erfahren die Verbraucherinnen und Verbraucher beim Blick auf die Verpackung nicht.

Die Siegel des Deutschen Tierschutzbundes

Auch der Deutsche Tierschutzbund vermarktet zwei Labels. In der Einstiegsstufe, die mit einem Stern gekennzeichnet ist, sind die Vorgaben noch relativ leicht zu erreichen. Die Tiere bekommen etwa 45 Prozent mehr Platz und Beschäftigungsmaterial. Schweine dürfen ihre Schwänze behalten, Kühe nicht angebunden werden. Bei den Hühnern gibt es Vorgaben für die maximale Gewichtszunahme pro Tag, womit extrem schnellwachsende Rassen vermieden werden sollen. Fleisch aus dieser Stufe wird in der »Haltungsform 3« einsortiert. In der zweiten Stufe mit zwei Sternen liegt die Messlatte schon höher: Die Tiere müssen Zugang zu Frischluft und Auslauf bekommen, noch mehr Platz und noch mehr Beschäftigungsmaterial. Fleisch aus dieser Stufe wird in der »Haltungsform 4« einsortiert.

Die staatliche Tierhaltungskennzeichnung

Die Ampelkoalition hat sich auf eine gesetzlich verpflichtende Tierhaltungskennzeichnung geeinigt. In einem ersten Schritt soll spätestens ab 2025 Schweinefleisch damit gekennzeichnet werden, weitere Tierarten sollen folgen. Das Modell ist dem der bereits praktizierten Haltungskennzeichnung des Handels ziemlich ähnlich. Statt vier gibt es aber fünf Stufen.

STUFE STALL bedeutet, genau wie in der Haltungskennzeichnung des Handels, dass die gesetzlichen Regeln eingehalten werden – es gibt also keinerlei darüberhinausgehende Anforderungen an die Haltung.

STUFE STALL + PLATZ bedeutet, dass die Schweine 12,5 Prozent mehr Platz bekommen als gesetzlich vorgeschrieben. Heißt: Einem 110-Kilo-Schwein stehen 0,84 statt 0,75 Quadratmeter zu. Außerdem muss der Stall strukturiert sein – also etwa Trennwände oder unterschiedliche Ebenen bieten.

STUFE FRISCHLUFTSTALL bedeutet, wie der Name schon sagt, dass die Schweine Frischluft bekommen – also, dass eine Seite des Stalls offen ist.

STUFE AUSLAUF/WEIDE bedeutet, dass die Tiere rausdürfen. Diese Stufe könnte ziemlich schwer zu finden sein, da aktuell nur 1 Prozent der in Deutschland gehaltenen Schweine Zugang zu einem Auslauf haben, die allermeisten davon Bio-Schweine – und die landen ohnehin in der fünften Stufe.

STUFE BIO bedeutet, dass die Schweine in Öko-Haltung gemästet wurden, und ist damit die aussagekräftigste Stufe – aber ja auch irgendwie die am wenigsten innovative, weil es die Bio-Kennzeichnung ja nun schon eine ganze Weile gibt.

Die Bio-Siegel

Bio-Siegel sagen tatsächlich etwas mehr über das Tierwohl aus. Aber erst einmal zu den Grundlagen der Bio-Zertifizierung: Grundvoraussetzung für jedes verpackte Bio-Produkt ist die Einhaltung der Vorschriften der EG-Öko-Verordnung. Dafür wird es zertifiziert und erhält das kleine grüne Logo »Bio nach EG-Öko-Verordnung«. Dazu muss auf dem Produkt die Nummer der Öko-Kontrollstelle stehen – und die Herkunft der Zutaten, wobei es sich Hersteller bei Letzterem tatsächlich sehr einfach machen können, weil Angaben wie »EU«, »Nicht-EU« oder gar »EU/Nicht-EU« ausreichend sind. Im besten Fall erfährt man durch diese verpflichtende Angabe also, ob die Zutat aus der EU stammt oder eben nicht. Im schlechtesten (EU/Nicht-EU) erfährt man nur, dass sie irgendwo auf der Welt hergestellt wurde, und da unsere Milchkühe bisher noch nicht auf dem Mars weiden, dürfte das jetzt die wenigsten von Ihnen überraschen.

Zusätzlich zu diesem EU-Bio-Logo können Hersteller ihre Bio-Produkte etwa von Bio-Verbänden (Bioland, Naturland, Demeter) zertifizieren lassen, die in einigen Punkten noch einmal strengere Vorschriften haben. In Sachen Tierwohl der vielleicht wichtigste Unterschied: Naturland, Bioland und Demeter führen einmal im Jahr Tierwohl-Kontrollen bei ihren Betrieben durch.

EU-Bio ist also eine Art Minimalstandard in Sachen Bio-Zertifizierung. Das alles nur vorab, nun kommen wir zur Tierhaltung. Bio-Tiere haben in aller Regel mehr Platz, dürfen häufiger auf die Weide und bekommen Bio-Futter – mit einem festgelegten Prozentsatz an eigenen, selbst hergestellten Futtermitteln und ohne gentechnisch veränderte Bestandteile. Bio-Schweine etwa haben 1,3 Quadratmeter Platz statt 0,75 Quadratmetern (50–110 Kilo schwer). Außerdem bekommen sie eingestreute Ruhe- und Liegeflächen.

Es gibt allerdings ein paar No-Gos in Sachen Tierschutz, die auch in der Bio-Haltung erlaubt sind. Eines der unrühmlichsten Beispiele: die Anbindehaltung von Kühen. Dass Kühe fest angebunden im Stall stehen, ohne sich wirklich bewegen zu können, ist auch in der Bio-Haltung erlaubt – mit der Besonderheit, dass sie nicht wie viele konventionelle Tiere das ganze Jahr über tagein, tagaus so stehen dürfen, sondern zum Ausgleich Auslauf bekommen müssen.

4
KLIMAKÄMPFER SOJA UND CO.

Klar ist also: Tierische Lebensmittel schaden der Umwelt, dem Klima, den Tieren – und oft auch uns. Pflanzliche Ernährung hat hingegen immens viele Vorteile. Deswegen sollte man meinen, dass die Hersteller pflanzlicher Lebensmittel hofiert werden, dass sie es einfach haben in Deutschland. Nur ist das nicht so, im Gegenteil. Ihnen liegen sogar jede Menge Steine im Weg.

Denn wenn Sie als Hersteller in Deutschland eine regionale Bio-Hafermilch auf den Markt bringen wollen, dann applaudiert Ihnen der Gesetzgeber nicht allzu begeistert, um es vorsichtig zu formulieren. Dabei ist der Sachverhalt nicht so megakomplex: Regionale, pflanzliche und ökologische Lebensmittel sind eher gut fürs Klima – yeah –, tierische Lebensmittel sind eher schlecht fürs Klima – buh. So ganz bis in die letzten deutschen und europäischen Amtsstuben ist dieser Zusammenhang allerdings noch nicht vorgedrungen. Deswegen (und weil Milch- und Fleischlobby ziemlich gute Arbeit leisten) haben pflanzliche Lebensmittel es in Deutschland nicht immer leicht. Sie müssen kämpfen.

Das geht beim Namen los: Hafer- oder Sojamilch darf ganz offiziell nicht Hafer- oder Sojamilch heißen, sondern muss sich Hafer- oder Sojadrink nennen – damit es hier ja zu keinerlei Verwechslungen mit dem »Original«, der »normalen« Milch, also dem Eutersekret von Wiederkäuern kommt. Dabei ist die Verwechslungsgefahr gar nicht so riesig groß: Spätestens an der Kasse erkennen wir schließlich für gewöhnlich sehr genau, ob es sich um »Original« oder »Fälschung« handelt. Denn Hafermilch, Sojamilch, Mandelmilch, ganz egal, Pflanzenmilch ist durchschnittlich teurer als Kuhmilch. Weil es günstiger ist, einer Kuh kiloweise pflanzliche Futtermittel zu geben, sie energieintensiv zu halten und zu versorgen, als diese pflanzlichen Futtermittel zu nehmen und mit ein bisschen Wasser aufzugießen? Wohl kaum. Schauen wir uns die Kämpfe der Hersteller pflanzlicher Lebensmittel in Deutschland genauer an.

Der Kampf um die Kosten

Natürlich: Ein Grund für die hohen Preise von Sojamilch und Co. ist, dass die Verbraucherinnen und Verbraucher sie zahlen. Angebot und Nachfrage, klar. Die Margen dürften hoch sein, ohne Frage. Denn Wasser, ein bisschen Hafer oder Soja und ein paar Zusätze rechtfertigen kaum einen Preis von oft mehr als 2 Euro pro Liter. Aber es gibt auch Gründe dafür, warum tierische Milch im Vergleich so günstig ist. Das liegt einerseits daran, dass in der Milch- und Fleischindustrie ein Preisdumping herrscht, dass Landwirtinnen und Landwirten schon lange die Lust vergeht – andererseits auch daran, dass Kuhmilch staatlich ordentlich subventioniert wird. Und zwar direkt und indirekt. Direkt über tatsächliche Subventionen der Milchindustrie und indirekt über die Reduzierung der Mehrwertsteuer und die Externalisierung der Folgekosten – also der Kosten, die die Milch- und Fleischindustrie zwar durch ihr umweltschädliches Verhalten verursacht, aber nicht selbst zahlt, sondern von der Allgemeinheit oder von künftigen Generationen zahlen lässt.

Zunächst zur Mehrwertsteuer: Für unsere regionale, klimafreundliche Hafermilch zahlen wir derzeit noch (Stand Herbst 2023) an jeder Supermarktkasse in Deutschland 19 Prozent Mehrwertsteuer. Für die klimaschädliche Kuhmilch wird nur der ermäßigte Steuersatz von 7 Prozent fällig. Warum? Weil Kuhmilch bei uns zu den Grundnahrungsmitteln zählt, die in den Genuss dieser ermäßigten Steuersätze kommen – und Hafermilch eben nicht. Das ist aus der Zeit gefallen, natürlich. Aber alle Bemühungen und Anstrengungen von Tier-, Umwelt- und Verbraucherschützern, die Liste der »Grundnahrungsmittel«, auf der selbst Geflügelmägen und rohe Knochen stehen, um klimafreundliche, zeitgemäße Lebensmittel zu erweitern, sind bisher gescheitert. Immerhin haben SPD und Grüne das Thema auf dem Schirm, möglicherweise soll zumindest für Milchersatz 2024 der Steuersatz reduziert werden. Das ist gut – aber längst überfällig.

Schließlich ist es nicht hochkomplex, Umweltwirkungen und auch gesundheitliche Aspekte mit in die Mehrwertsteuerberechnungen einfließen zu lassen. Das Umweltbundesamt macht einen sehr simplen, sehr nachvollziehbaren Vorschlag dazu. Demnach soll für pflanzliche Grundnahrungsmittel, die gesund sind und die Umwelt wenig belasten, gar keine Mehrwertsteuer anfallen – sie sollen also günstiger werden als bisher. Das soll für Obst, Gemüse, Hülsenfrüchte, Getreideerzeugnisse, pflanzliche Öle und Fette, Brot und Nudeln gelten. Für etwas stärker verarbeitete pflanzliche Lebensmittel wie eben Milch- und Fleischersatzprodukte, also auch Hafermilch, sollen 7 Prozent fällig werden. Und tierische Lebensmittel sollen im Gegenzug mit 19 Prozent besteuert werden – weil sie der Umwelt schaden und somit hohe Folgekosten nach sich ziehen.

»Folgekosten«, das Stichwort für die zweite Form indirekter Subventionen. Die Produktion tierischer Lebensmittel hat einen extrem hohen Preis. Keinen, den wir an der Supermarktkasse bezahlen, sondern einen versteckten Preis, den wir zwar zahlen – aber wir alle und nicht nur diejenigen, die Fleisch essen und Milch trinken. Diese »externalisierten« Kosten, das sind beispielsweise die Treibhausgase, die unser Klima anheizen, und alle finanziellen Folgen, die das mit sich bringt. Das ist die Verseuchung unseres Trinkwassers durch die Gülle (Stichwort »Nitratbelastung«) und die Pestizide auf unseren Feldern. Das sind die antibiotikaresistenten Keime, die immer mehr Antibiotika unwirksam werden lassen. Diese Folgen, die zu einem erheblichen Teil direkt auf die Produktion tierischer Lebensmittel zurückzuführen sind, die bezahlen die Hersteller tierischer Lebensmittel nicht. Die zahlen wir, die Allgemeinheit, die Steuerzahler – und spätere Generationen.

Es gibt mittlerweile einige Berechnungen dazu, wie hoch »wahre« oder »echte« Preise von tierischen Lebensmitteln sein müssten. Und klar, die variieren – weil kein Konsens darüber herrscht, welche Folgen in welcher Form mit einbezogen werden müssten. Aber sie haben alle eine Schlussfolgerung gemein: Tierische Lebensmittel sind viel zu billig. Die Technische Universität Nürnberg und die Uni Greifswald beispielsweise haben diese Kosten gemeinsam berechnet. Konventionelles Hackfleisch sollte demnach doppelt so teuer sein.

Konventionelle Lebensmittel, also Nicht-Bio-Lebensmittel, verursachen in der Regel deutlich höhere Folgekosten als Bio-Lebensmittel. Die weniger umweltschädlichen Bio-Lebensmittel werden durch die Übernahme dieser Kosten benachteiligt – weil ihnen für den Bio-Anbau zwar höhere Kosten entstehen, sie aber für diesen weniger umweltschädlichen Anbau nicht finanziell begünstigt werden. Raubbau an der Umwelt lohnt sich finanziell also für die Konzerne. Und Menschen, die sich klimafreundlicher ernähren wollen, werden bestraft – durch höhere Preise.

Und noch einmal für alle, die jetzt aufschreien, dass Lebensmittel doch ohnehin schon so teuer sind: Ja, das sind sie. Aber es sind die falschen Lebensmittel, die teuer sind. Und die falschen, die immer noch sehr günstig sind. Gesunde, klimafreundliche, ökologische Lebensmittel müssen viel günstiger werden. Und ungesunde, klimaschädliche teurer – wobei die Frage sicherlich nicht ist, wie wir Fleisch und andere tierische Lebensmittel künstlich teurer machen können. Wir müssen nur aufhören, es künstlich billig zu halten.

Der Kampf ums Kalzium

Doch zurück zu der regionalen Bio-Hafermilch, die ein Hersteller verkaufen will. Er bekommt also keine Mehrwertsteuerreduzierung, muss das Produkt demnach teurer verkaufen. Er darf es nicht Hafermilch nennen, sondern nur Haferdrink. Und weil er eine Bio-Hafermilch verkaufen möchte, die also aufgrund des ökologischen Anbaus des Hafers noch besser für die Umwelt ist als die konventionelle Hafermilch, darf er keine Zutaten »nicht biologischen Ursprungs« und nur in seltenen Ausnahmen Mineralstoffzusätze hinzufügen. Doch wer ist die klassische Zielgruppe von Hafermilch? Richtig, Veganerinnen und Veganer. Die gern mit ihrem Milchersatz Milch auch wirklich ersetzen wollen – also etwa eine Kalziumquelle suchen.

Hersteller Natumi und viele andere fügten ihren »Haferdrinks« deswegen kalziumhaltige Algen hinzu – damit die Kundinnen und Kunden zumindest eine kalziumhaltige Alternative zu konventioneller Hafermilch haben. Aber nix da. Nicht in europäischer Bio-Hafermilch! Das Land Nordrhein-Westfalen stritt (warum, NRW, hast du keine anderen Sorgen?) mit Natumi jahrelang über jenen Algenzusatz und bekam schließlich sogar Rückendeckung vom Europäischen Gerichtshof (EuGH). Der Kampf gegen klimafreundliche Lebensmittel ist in Europa Sache höchstrichterlicher Entscheidungen, klar. Natumi gibt aber nicht auf. Der Hersteller bewirbt seinen Bio-Haferdrink nun einfach nicht mehr mit dem Zusatz »Kalzium«, sondern eben mit dem Zusatz »Alge«. Kein klassischer Verkaufsbringer, würden wir sagen, aber der Zielgruppe dürfte die Bedeutung von Algen als Kalziumquelle bewusst sein. Ob das reicht? Wenn sich wieder ein deutscher Bürokrat in einer deutschen Amtsstube findet, der den Kampf gegen klimafreundliche Lebensmittel mitten in der Klimakrise für eine ausgesprochen gute Idee hält, dann wird vielleicht auch diese Frage einmal der EuGH klären. Wir hoffen aber, dass die deutsche Bürokratie und die europäische Jurisprudenz ihre Energie nun in andere Bahnen lenken.

Der Kampf um den Namen

Das mit dem Namen, dass also nur das Eutersekret eines Wiederkäuers »Milch« heißen darf, das gilt natürlich auch für alle Lebensmittel, die aus ebendiesem Eutersekret gewonnen werden: also etwa Butter, Sahne, Quark, Kefir, Joghurt oder Schmand. Vegane Butter darf nicht vegane Butter heißen, vegane Sahne nicht vegane Sahne. Zu diesem unfassbaren Erfolg der Milchindustrie dürften sich viele, viele Lobbyisten gegenseitig auf die Schulter geklopft haben. Denn für all diese Lebensmittel müssen Hersteller sich andere Namen ausdenken – die ja nicht allzu nah am »Original« sein sollten. Denken Sie an die verheerende Verwechslungsgefahr. Die Gefahr, dass jemand, der das Wort »vegan« oder »pflanzlich« nicht zuordnen kann, plötzlich kein tierisches Lebensmittel kauft, sondern, Gott bewahre, ein pflanzliches. Auch hier »schützt« der EuGH die Verbraucherinnen und Verbraucher, der diese gesetzliche Regelung noch einmal bekräftigt hat, als das Unternehmen Tofutown plötzlich illegale Tofubutter und Veggie-Cheese auf den Markt brachte. Klar, europäische Gesetzgebung wäre keine europäische Gesetzgebung, wenn es nicht Ausnahmen gäbe. Die sind alle namentlich aufgeführt, für jedes Mitgliedsland unterschiedliche. In Deutschland gehören Leberkäse, Kakaobutter und Erdnussbutter dazu, in Italien die berühmte latte di mandorle (ja, Mandelmilch – aber kommen Sie jetzt nicht auf falsche Gedanken, in Deutschland dürfen Sie Ihr Produkt natürlich nicht Mandelmilch nennen, das gilt nur für Italien). Auch Kokosmilch darf in Deutschland als Kokosmilch verkauft werden – vielleicht einfach, weil sie aufgrund ihrer weiten Anreise ohnehin nicht im Verdacht stand, allzu klimafreundlich zu sein.

Jetzt sollte man meinen: Wenn der EuGH in Sachen Verbraucherschutz schon durchgreift, dann richtig. Aber es geht hier nur um Milch, entschuldigen Sie, konkreter: das Eutersekret von Wiederkäuern. Fleischersatz ist von dieser Regelung komplett ausgeschlossen. Heißt: Der EuGH fürchtet zwar offenbar, dass Verbraucherinnen und Verbraucher aus Versehen zur pflanzlichen Sahne greifen. Dass ihnen das Gleiche bei einem Tofuschnitzel oder einer Sojawurst passieren könnte, vor dieser Gefahr schützen die Richter uns allerdings nicht. Das Tofuschnitzel darf fröhlich weiter Tofuschnitzel heißen, die Hafermilch aber nur Haferdrink und die Sojasahne eben Soja Cuisine oder Soja Whipping.

Das kritisierte nach dem EuGH-Urteil 2017 natürlich auch der Bauernverband und hoffte auf eine zügige einheitliche Regelung, die der damalige Landwirtschaftsminister Christian Schmidt (CSU) auch gleich zusicherte. Geschehen ist seither allerdings in dieser Richtung nichts. Und auf der To-do-Liste des aktuellen Landwirtschaftsministers Cem Özdemir (Grüne) scheint das Vorhaben nicht allzu weit oben zu stehen. Schade. Auch wir würden uns eine einheitliche Regelung wünschen – im Sinne der Verbraucherinnen und Verbraucher und im Sinne des Klima- und Umweltschutzes. Und die kann nur lauten: Räumt klimafreundlichen Lebensmitteln endlich diese Steine aus dem Weg. Lasst sie Sojakäse und Hafermilch heißen, reduziert die Mehrwertsteuer und lasst die Hersteller um Himmels willen in Bio-Milchersatz Algen als Kalziumquelle hinzufügen, wenn das mehr Menschen dazu bewegt, pflanzliche statt klimaschädliche Lebensmittel zu kaufen.

Und: Unterstützt den Bio-Anbau finanziell und lasst die externalisierten Kosten nicht mehr von der Allgemeinheit tragen.

Der Kampf ums Image

Die Hersteller pflanzlicher Lebensmittel, ganz besonders derer, die auf Soja basieren, haben zwei große Imageprobleme. Einmal hält sich die Vorstellung hartnäckig, dass Sojalebensmittel schlecht für die Umwelt sind, da sie immer von weither kommen, für ihren (natürlich gentechnischen) Anbau Regenwald gerodet und jede Menge Glyphosat gespritzt wird. Zum anderen schafft es kaum eine Talkshow, kein Zeitungsbericht, über pflanzliche Milch- und Fleischalternativen zu berichten, ohne mehrfach von »diesen hochverarbeiteten Lebensmitteln« zu sprechen – ganz so, als seien ihre tierischen Pendants genau das nicht: hochverarbeitet.

Hersteller wie Oatly arbeiten mit aufwendigen kreativen Werbekampagnen dagegen an, teils mit Erfolg. Dass zumindest Hafermilch besser fürs Klima ist als Kuhmilch, das hat sich mittlerweile herumgesprochen. Aber was ist mit Sojamilch oder Fleischersatz aus Soja? Tatsächlich, und das zeigen unsere Tests immer wieder, kommt das Soja, das direkt in Lebensmitteln verarbeitet wird, also nicht den Umweg über die Futtertröge der Nutztiere nimmt, immer häufiger aus Europa, oft sogar aus Deutschland. In unserem Test von 22 Tofus[1] 2022 stammte das Soja aller Produkte aus Europa, in den allermeisten Fällen lautete die Herkunft Deutschland oder Österreich. Und in unserem Test von 18 Pflanzendrinks[2] 2019 stammten nur die Rohstoffe zweier Produkte nicht aus Europa: Einmal kamen die Mandeln aus Kalifornien, einmal das Soja aus Kanada. Regenwaldrodungen? Wohl kaum.

Aber natürlich wird für Sojaanbau Regenwald gerodet, jede Menge sogar. In Brasilien, dem größten Sojaexporteur der Welt, werden riesige Waldflächen einfach abgeholzt und indigene Völker vertrieben. Seltene Tierarten verlieren ihren Lebensraum und die grüne Lunge unseres Planeten schrumpft und schrumpft. Doch das passiert nicht für Ihren Soja-Latte oder Ihr Tofuwürstchen, zumindest nur in den allerseltensten Fällen. Rund 90 Prozent des weltweiten Sojaanbaus landet in den Futtertrögen von Tieren, vor allem in denen von Schweinen und Geflügel. Und genau dort landet auch das gentechnisch veränderte Soja. Und hier kommt noch ein anderer Aspekt mit ins Spiel: Für 1 Kilogramm Fleisch werden durchschnittlich 3 bis 9 Kilogramm Pflanzen, also etwa Soja, verfüttert. Pflanzen, die wir Menschen direkt essen könnten. Wenn wir die Pflanzen also nicht den Umweg über den Futtertrog gehen lassen würden, könnten viel mehr Menschen von der gleichen Menge Pflanzen satt werden. Angesichts fast 800 Millionen hungernder Menschen auf der Welt ist es also auch eine moralische Frage, wie viel Fleisch wir essen wollen.

Mit dem Kauf tierischer Lebensmittel unterstützt man also häufig den ökologisch hoch bedenklichen Anbau von Soja in riesigen Monokulturen in Südamerika und verschärft alle ökologischen Folgen dessen. Mit dem Kauf pflanzlicher Lebensmittel aus Soja dürfte das nur extrem selten so sein. Das liegt auch daran, dass in Nord- und Südamerika hauptsächlich GVO-Soja, also gentechnisch verändertes Soja angebaut wird. Das dürfte hier – wenn es direkt als Lebensmittel und nicht als Futtermittel verkauft würde – nur angeboten werden, wenn auf der Verpackung steht, dass hier ein gentechnisch verarbeitetes Lebensmittel enthalten ist. Das kommt bei den europäischen Verbraucherinnen und Verbrauchern, die Gentechnik sehr kritisch gegenüberstehen, allerdings nur semigut an. Sie kaufen GVO-Produkte einfach nicht. Und auch hier gewinnt das Prinzip von Angebot und Nachfrage: In der EU gibt es schlicht kein Angebot von GVO-Lebensmitteln – zumindest kein direktes. Fleisch und andere tierische Produkte, die mit gentechnisch verändertem Futter hergestellt wurden, gibt es jede Menge.

Kommen wir aber zum zweiten Imageproblem pflanzlicher Lebensmittel – der Tatsache, dass sie als »hochverarbeitet« gelten. Das ist natürlich nicht komplett von der Hand zu weisen. Viele vegane und vegetarische Lebensmittel sind hochverarbeitet. Und es gibt immer noch Hersteller, die den Lebensmitteln künstliche Aromen und Geschmacksverstärker zufügen. Denn klar, ein Grundproblem haben Weizen, Soja und Co. als Basis von Lebensmitteln: Sie schmecken von Natur aus erst einmal nach wenig. Man muss da also Geschmack drankriegen und das geht natürlich am einfachsten und billigsten mit Aromen und Glutamat.

Und da trennt sich eben bei den Ersatzprodukten die Spreu vom Weizen. Einige verhelfen ihren Produkten mit echten Gewürzen zu natürlichem Geschmack, andere helfen künstlich nach. Insgesamt setzen die Hersteller allerdings deutlich weniger Zusatzstoffe ein als vor vielen Jahren, als die ersten Ersatzprodukte auf den Markt kamen. Damals steckte in Würstchen – ob aus Fleisch oder Pflanzen – häufig Glutamat. Diesen umstrittenen Zusatzstoff setzen heute nur noch die allerwenigsten Hersteller ein. Die Entwicklung zeigt, dass heute immer mehr Hersteller veganer Lebensmittel mit immer weniger Zusatzstoffen auskommen.

– AUTSCH! –

- Viele Käsesorten sind nicht vegetarisch, weil für ihre Herstellung tierisches Lab verwendet wird. Ein Enzymgemisch, das aus den Mägen toter Kälber gewonnen wird.

- Rund 90 Prozent des weltweit angebauten Sojas landet in den Futtertrögen von Tieren.

- Für 1 Kilogramm Fleisch fressen Tiere 3 bis 9 Kilogramm Soja. Wenn das Soja nicht den Umweg über den Futtertrog gehen würde, könnten viel mehr Menschen satt werden.

- Fast 800 Millionen Menschen weltweit hungern.

Der Kampf ums Erkennen

Wäre das schön, wenn die EU es den Verbraucherinnen und Verbrauchern genauso einfach machen würde, tierische Bestandteile in vermeintlich pflanzlichen Lebensmitteln zu erkennen, wie sie es ihnen macht, andersherum nicht aus Versehen pflanzliche Lebensmittel mit tierischen zu verwechseln. Das tut sie aber nicht. Es gibt keinerlei Gesetze zur Kennzeichnung von tierischen Bestandteilen in Lebensmitteln. Und so ist es ziemlich schwer für Veganerinnen und Veganer zu erkennen, ob es sich bei einem Lebensmittel um ein wirklich rein pflanzliches Produkt handelt oder nicht. Apfelsaft etwa wird häufig mit Gelatine geklärt. Orangen werden oft mit Schellack, der aus Läusen gewonnen wird, gewachst. Läuse stecken auch in einem Farbstoff, Karminrot, der häufig verwendet wird, wenn Lebensmittel eine knallrote Farbe bekommen sollen. Und in vielen verarbeiteten Lebensmitteln stecken Aromen tierischen Ursprungs. Auch hinter der bekannten Bezeichnung »Mono- und Diglyceride von Speisefettsäuren« können sich tierische Bestandteile verstecken – können, müssen nicht. Es ist also trotz Studium der Ökotrophologie und Auswendiglernen aller E-Nummern nicht möglich, diese Bestandteile immer zu erkennen.

Und, ein Thema, das viele Vegetarierinnen und Vegetarier gern verdrängen: Käse ist längst nicht immer vegetarisch. Für die Herstellung von Parmesan, Gouda und Co. wird häufig tierisches Lab verwendet. Das Lab wird aus den Mägen von Kälbern gewonnen – die bei der Entnahme natürlich nicht mehr leben. Sie sterben für das Kalbfleisch, ja, aber eben auch für das Lab, mit dem Käse hergestellt wird. Es gibt zwar mikrobielles Lab, aber etwa für Parmesan, also echten Parmigiano Reggiano, wäre die Verwendung nicht einmal erlaubt.

Das Problem ist nicht, dass diese tierischen Bestandteile in vermeintlich pflanzlichen Lebensmitteln stecken. Das Problem ist, dass das ohne Kennzeichnung erlaubt ist. Denn derzeit wird es Verbraucherinnen und Verbrauchern extrem schwer gemacht, diese tierischen Bestandteile überhaupt zu erkennen. Klar, es gibt eine Deklarationspflicht, und klar, alle Zutaten müssen aufgelistet sein. Aber wenn auf der Verpackung »Cochenille«, »echtes Karmin« oder »E120« steht, dann klingt das halt ein bisschen schicker als »Farbstoff aus getrockneten und ausgekochten trächtigen Lausweibchen«. Die Lebensmittelindustrie hat also ein großes Interesse daran, diese ja doch eher unschön klingenden Bestandteile hinter hübschen Namen zu verstecken. Und die Politik kommt ihr dabei sehr entgegen. Erst einmal darf die Industrie so vorgehen, dafür gibt es ja die wunderbaren »E-Nummern«, hinter denen sich quasi alles und nichts verstecken lässt. Die

Gesetzgebung kommt der Industrie aber noch ein Stück weiter entgegen: Bei Zusatzstoffen und Aromen beispielsweise müssen Hersteller grundsätzlich nicht angeben, welche Quellen sie nutzen. Was sich etwa hinter der Bezeichnung »natürliches Aroma« verbirgt, weiß nur der Hersteller. Das kann pflanzlichen Ursprungs sein, wie Baumrinde, das kann mikrobiologischen Ursprungs sein, wie Schimmelpilze. Und es kann eben auch tierischen Ursprungs sein, wie Schweineborsten etwa. Als Zutat wären Schweineborsten nicht zulässig, als Ausgangsstoff für Aromen schon.

Und wenn die Bestandteile nur während der Verarbeitung eingesetzt werden, also etwa die Gelatine zum Klären von Apfelsaft oder Wein, dann müssen diese »technischen Hilfsstoffe« nicht einmal deklariert werden – weil man davon ausgeht, dass die Bestandteile komplett (oder zumindest fast komplett) wieder herausgefiltert werden. Die meisten Veganerinnen und Veganer werden das natürlich trotzdem nur mittelgut finden, dass für die Produktion ihrer Lebensmittel dann doch Bestandteile toter Tiere verwendet wurden.

Orientierung bietet das V-Label

Die Werbung mit »vegan« oder »vegetarisch« sieht man häufig. Verlass ist hier aber nur auf das V-Label der Europäischen Vegetarier-Union. Damit erkennt man auf einen Blick, welche Lebensmittel vegetarisch sind – also nichts vom toten Tier enthalten – oder vegan, also überhaupt keine tierischen Bestandteile enthalten. Das Label schließt auch tierische Hilfsstoffe aus – wenn ein Produkt damit gekennzeichnet ist, heißt das also nicht nur, dass die deklarierten Zutaten pflanzlich oder vegetarisch sind, sondern auch, dass keine tierischen Bestandteile während der Produktion eingesetzt wurden. Auch Tierversuche (und übrigens auch Gentechnik) sind tabu. Und die Einhaltung der Vorgaben wird jährlich überprüft. Die Produkte, die mit dem Label als »vegetarisch« oder »vegan« gekennzeichnet sind, sind also wirklich »vegetarisch« oder »vegan«.

Eine gesetzliche Kennzeichnung fehlt bisher leider völlig. Und so können Hersteller mit den Worten »vegetarisch« oder »vegan« zwar werben, aber überprüft werden diese Angaben von niemandem, wenn die Produkte nicht das V-Label tragen.

Hier versteckt sich Tier

GELATINE Okay, dass sich hinter Gelatine ein tierischer Inhaltsstoff versteckt, das hat sich mittlerweile herumgesprochen. In Gelatine ist verarbeitet, was selbst hartgesottene Fleischesser normalerweise nicht unbedingt gern auf dem Teller haben: Schlachtreste, in erster Linie Haut und Knochen. Gelatine kann beispielsweise in Joghurts, Götterspeise und Weingummis stecken, dazu in vielen Tabletten und Medikamenten. Normalerweise muss Gelatine als Gelatine deklariert sein, ist also leicht erkennbar. Ausnahme ist, wenn Gelatine als technischer Hilfsstoff eingesetzt wurde, also etwa zum Klären von Apfelsaft, Wein oder Bier. In dem Fall haben Verbraucherinnen und Verbraucher keine Chance, die Verwendung zu erkennen. Es gibt Hersteller (wie Katjes), die inzwischen komplett auf Gelatine verzichten. Auch das deutsche Reinheitsgebot schließt Gelatine zur Klärung aus – deutsches Bier ist in aller Regel also vegan.

TIERISCHES LAB ist ein Enzymgemisch, das aus den Mägen von Kälbern gewonnen wird. Es dickt die Milch an, ohne sie sauer zu machen, und wird deswegen von den Herstellern vieler Käsesorten wie Parmesan, Gouda, Gruyière und Emmentaler verwendet. Die Alternative ist mikrobielles Lab, das aus Schimmelpilzen gewonnen wird. Problem: Die Hersteller von Käse müssen weder angeben, ob sie Lab verwenden, noch, ob es tierisch ist. Die Angabe, die sich auf manchen Käsesorten findet, ist freiwillig. Vegetarierinnen und Vegetarier können hier also nur auf das V-Label Vegetarisch achten oder Käse von den Herstellern kaufen, die ihre Produkte freiwillig kennzeichnen. Hier hat sich die Kennzeichnung »mikrobielles Lab« auf der Verpackung durchgesetzt. »Echter« Parmesan, also der Parmesan, der unter der Bezeichnung »Parmigiano Reggiano« verkauft wird, ist grundsätzlich nicht vegetarisch. Das gilt auch für »Grana Padano«. Die Herstellungsvorschriften schließen die Verwendung von nicht-

ıem Lab aus. Es gibt aber vegetarische Alternativen, die hei-
ın einfach anders.

ECHTES KARMIN/COCHENILLE (E120) Ob Lippenstifte, Limonaden oder
Desserts – überall da, wo knallrote Farbe im Spiel ist, kann es sein, dass
die Industrie echtes Karmin einsetzt. Der Farbstoff wird aus getrockneten und ausgekochten trächtigen Lausweibchen gewonnen. Als Zusatzstoff muss der Farbstoff deklariert sein. Wer also weiß, was sich
hinter den Bezeichnungen »E120«, »echtes Karmin« oder »Cochenille«
verbirgt, kann sich bewusst dafür oder dagegen entscheiden.

MONO- UND DIGLYCERIDE VON SPEISEFETTSÄUREN (E471) Dabei handelt es
sich um sogenannte Emulgatoren, die Stärke und Wasser miteinander
verbinden und dafür sorgen, dass Lebensmittel wie Kakaopulver oder
Tiefkühltorten nicht austrocknen. Diese Fettsäuren können pflanzlich
sein, dürfen aber genauso etwa aus Rinderfett oder Schweineschmalz
bestehen. Hersteller müssen die Herkunft der Fette nicht deklarieren.
Verbraucherinnen und Verbraucher können hier also nicht erkennen,
ob es sich dabei um eine pflanzliche oder eine tierische Zutat handelt.

L-CYSTEIN (E920) wird unter anderem aus Horn, Schweineborsten und
Federn gewonnen und als Mehlbehandlungsmittel in Backwaren eingesetzt. Es soll den Teig leichter knetbar und voluminöser machen.
Der Stoff ist oft nicht deklariert, weil ihn viele Hersteller als Zusatzstoff sehen, der über eine andere Zutat – also das Mehl – ins Produkt
gelangt und dort »keine technologische Wirksamkeit« mehr hat. Auch
das ist eine Hintertür, die von der Industrie genutzt werden kann, um
diese Stoffe nicht mehr deklarieren zu müssen. Das als Verbraucherin
zu erkennen? Keine Chance.

AROMEN UND NATÜRLICHE AROMEN können aus tierischen Bestandteilen,
selbst aus tierischen Haaren bestehen. Dafür gibt es keine Kennzeichnungspflicht und entsprechend keinerlei Möglichkeit, tierische von
pflanzlichen Aromen zu unterscheiden.

Gibt's das auch in Grün?

Klar: Nicht jede, nicht jeder will gleich komplett vegan leben, viele schreckt das ab. Das Klima weniger belasten kann man aber auch schon, wenn man einfach weniger Fleisch isst. Eine großangelegte Studie aus Großbritannien hat im Jahr 2023 gezeigt, dass Menschen, die mehr als 100 Gramm Fleisch pro Tag essen, allein mit ihrer Ernährung durchschnittlich 7,28 Kilogramm CO_2 produzieren. Veganerinnen und Veganer kommen demnach auf 2,16 Kilo. Dazwischen ist also viel Raum für Reduktion. Menschen, die sich vegetarisch ernähren, produzieren demnach 3,33 Kilo. Und Personen, die weniger als 50 Gramm Fleisch pro Tag essen, verursachen 4,21 Kilo CO_2. Auch in den Kategorien andere klimaschädliche Gase, beim Flächenverbrauch und beim Wasserverbrauch – immer zeigt sich dasselbe Bild: Veganerinnen und Veganer belasten die Umwelt mit ihrer Ernährung am wenigsten. Aber es macht eben auch große Unterschiede, ob man viel oder wenig tierische Lebensmittel zu sich nimmt. Vielleicht ist es die Kuhmilch, die Sie durch Hafermilch ersetzen können, vielleicht ist es der Sonntagsbraten, der seinem Namen wieder alle Ehre machen könnte – einmal die Woche Fleisch, dafür Bio-Fleisch.

Unsere Ernährung ist neben dem Verzicht auf Flugreisen und Autofahrten eine der Hauptstellschrauben, an denen wir drehen können, um unseren eigenen CO_2-Fußabdruck zu reduzieren. Wer sich pflanzlicher ernährt als bisher, ist also auf einem guten Weg.

Statt auf Fleisch auf vegane Ersatzprodukte zurückzugreifen, ist zwar besser fürs Klima – selbst wenn das Soja mal aus Brasilien stammen sollte, was fast nie der Fall ist. Aber gesünder wird es dadurch nicht unbedingt. Unsere Tests zeigen immer wieder, dass auch vegane Ersatzprodukte, genauso wie Fleischprodukte, belastet sein können – etwa mit Mineralöl oder Fettschadstoffen. Und: Zusatzstoffe bleiben natürlich ein Problem. Heißt für die Gesundheit, und das ist ja auch wenig überraschend: pflanzlich kochen, frisch kochen, hochverarbeitete Produkte reduzieren – ob nun mit oder ohne Fleisch.

DAS ZEIGEN UNSERE TESTS

Also: Was ist denn nun mit den veganen und vegetarischen Ersatzprodukten? Wie schneiden sie bei *ÖKO-TEST* ab? Das kommt ganz darauf an. An dem reinen Tofu beispielsweise, den wir 2022 getestet haben, hatten wir so gut wie gar nichts auszusetzen. Jede Menge Eiweiß – gesund, umweltschonend, pestizid- und gentechnikfrei. Nur ein einziger von 22 Naturtofus schnitt mit einem »befriedigend« ab, alle anderen waren besser. Und: Alle Rohstoffe kamen aus der EU, fast immer aus Deutschland oder Österreich. Entsprechend war auch Gentechnik kein Thema, in keinem der Produkte. Und wir haben sie alle in einem auf Gentechnik spezialisierten Labor auf GVO prüfen lassen – es gab nicht die leisesten Anzeichen. Ein fast noch saubereres Bild zeichnete die Hafermilch[3], die wir 2021 getestet haben. Von 32 Produkten schnitten nur fünf nicht mit »sehr gut« ab – und die waren immerhin noch »gut« oder »befriedigend«.

Nun ist Hafermilch genauso wie Naturtofu natürlich ein sehr wenig verarbeitetes Produkt. Wie sieht es also mit veganem Hack aus, mit veganer Wurst oder veganen Chicken Nuggets? Da waren die Tabellen leider nicht ganz so grün wie beim Naturtofu oder der Hafermilch. Fangen wir mit dem Veggie-Hack[4] an, das wir zuletzt 2021 getestet haben. Immerhin: Vier der Hackprodukte schafften es auf ein »gut«, allesamt Bio-Produkte. Allerdings gab es daneben sieben Hacks, die durchfielen. Die Hauptprobleme: Verunreinigungen mit Mineralöl, zu viel Salz und (natürliche) Aromen. Einen noch schlechteren Auftritt legte der vegane Aufschnitt[5] im Test 2022 hin – nur ein einziges Produkt schaffte es auf ein »gut«, etliche fielen durch. Die Probleme: dieselben. Und 2023 haben wir vegane Burgerpattys und Chicken Nuggets getestet, auch hier das gleiche Bild.

Die vegane Industrie muss also drei Probleme in den Griff bekommen: die Verunreinigungen mit Mineralöl, die sich durch die Produktion fast sämtlicher verarbeiteter Lebensmittel zieht, ob vegan oder nicht, die zu hohen Salzgehalte und immer noch die Zusatzstoffe, auch wenn deren Einsatz geringer geworden ist. Viele Hersteller sind auf einem guten Weg hin zu saubereren, natürlicheren Produkten, gerade in der Bio-Branche, aber am Ende des Wegs stehen eben saubere und natürliche Produkte. Und dieses Ziel haben leider noch nicht alle erreicht.

Zur Einordnung: Auch Fleisch schneidet bei uns selten gut ab. Dafür ist beispielsweise Hack oder Hähnchenfleisch zu häufig verkeimt – auch mit antibiotikaresistenten Keimen. Und Mineralöl ist, genau wie bei den veganen Produkten, auch bei Fleisch oft ein Thema. Hinzu kommen besonders bei konventionellen Fleischprodukten immer deutliche Abzüge in Sachen Tierhaltung.

Inside *ÖKO-TEST*

Klar: Wenn es um ihr veganes Angebot geht, ist die Fast-Food-Kette Burger King ein bisschen leiser geworden. Dabei ging es laut los – und gut: Die Kampagne »Normal oder mit Fleisch?« lief, es gab für fast jedes Fleischprodukt ein fleischloses Pendant und 2022 öffnete sogar eine rein vegane Filiale in Wien. Das schien alles glaubhaft, alles fein. Bis RTL in einer Folge der Investigativsendung *Team Wallraff* zeigte, wie locker-entspannt die Mitarbeiterinnen und Mitarbeiter bei Burger King mit dem veganen Angebot umgingen. Die Produkte landeten in denselben Fritteusen wie das Fleisch, kamen immer wieder mit Fleisch in Kontakt, und wenn vegane Produkte einmal nicht gleich verfügbar waren, dann landete eben einfach mal ein Fleischprodukt in dem vermeintlich pflanzlichen. Der Skandal war perfekt, Burger King gab sich zerknirscht. Und gelobte Besserung. Nur: Ob die Zutaten der als vegan ausgelobten Produkte alle wirklich vegan sind? Wir wissen es nicht. Und den Verbraucherinnen und Verbrauchern bleibt auch nur der Glaube. Denn Burger King veröffentlicht die Zutaten vieler seiner Produkte nicht. Nicht in den Filialen, nicht auf der Homepage – und selbst auf unsere Nachfrage hin, als wir 2023 Chicken Nuggets[6], »normal und mit Fleisch«, getestet haben, gab der Konzern gerade einmal die »Hauptzutaten« für seine Chicken Nuggets und die veganen Pendants an – und selbst das erst nach mehrfacher Nachfrage. Demnach sind die Hauptzutaten der veganen Chicken Nuggets pflanzlich, okay. Aber was ist mit den technischen Hilfsstoffen, den Zusatzstoffen, den Aromen? Wie vegan sind die Produkte wirklich? Burger King antwortete auf diese Nachfragen nicht.

Der Transparenz hat sich das Unternehmen offenbar insgesamt nicht wirklich verschrieben. Denn auch die Fragen zur Herkunft und Haltung der Hühner, die 2023 in den Fleisch-Chicken-Nuggets stecken, blieben unbeantwortet. Und das nicht zum ersten Mal. Schon in unserem Test Chicken Nuggets 2017 gab sich der Konzern deutlich zugeknöpfter als die Konkurrenz. Damals ging es (auch) um die Frage, ob Glutamat in den Produkten steckte – Spoiler-Alarm: Ja, aber verraten Sie es nicht weiter. Erst gab es keine Antwort, dann ein bisschen Antwort und zum Schluss noch ein kleines bisschen mehr Antwort – aber immer noch keine richtige. Auf die Frage, welche Zusatzstoffe in den Chicken Nuggets stecken, und die mehrfache Bitte, diese konkret zu benennen, kam die Nichtaussage, dass die Nuggets keine Konservierungsstoffe, keine künstlichen Farbstoffe und keine künstlichen Aromen enthalten würden. Selbst als ein von uns beauftragtes Labor Glutamat in den Chicken Nuggets nachgewiesen hatte, kam von Burger King nur die Umschreibung, dass man das Testergebnis bestätigen könne, dennoch aber betonen möchte, dass das Ergebnis auf dem natürlichen Anteil an Glutaminsäure in der Rohware und einem weiteren Inhaltsstoff, der eben Teil der Rezeptur sei, basiere. Äh, ja, okay. Aber was genau muss passieren, damit Burger King den Verbraucherinnen und Verbraucher alle Inhaltsstoffe seiner Produkte transparent offenlegt? So wie McDonald's und Kentucky Fried Chicken auch?

Ob vegan oder mit Huhn: Burger King schnitt 2023 in beiden Nugget-Tests mit »ungenügend« ab. Auch wenn 2023 kein zugesetztes Glutamat mehr in den Nuggets steckte – wir hatten noch genug zu kritisieren. Und titelten auf dem Cover: »Chicken Nuggets – Die schlechtesten gibt's von Iglo und Burger King«.

In aller Kürze: KLIMAKÄMPFER SOJA UND CO.

⇨ Hafer- oder Sojamilch darf nicht Hafer- oder Sojamilch heißen. Hafer- oder Sojaschnitzel hingegen darf Hafer- oder Sojaschnitzel heißen. Die Namen von Milchprodukten sind geschützt, die von Fleischprodukten nicht.

⇨ Bei klimaschädlicher konventioneller Kuhmilch gilt der ermäßigte Mehrwertsteuersatz von 7 Prozent, für klimafreundliche regionale Bio-Hafermilch erhebt der Staat einen Mehrwertsteuersatz von 19 Prozent.

⇨ Tierische Bestandteile in pflanzlichen Lebensmitteln müssen nicht klar und eindeutig als tierische Bestandteile gekennzeichnet sein. Zusatzstoffe und Aromen können teils tierischer, teils pflanzlicher Herkunft sein.

⇨ Technische Hilfsstoffe wie Gelatine zum Klären von Wein oder Apfelsaft, bei denen man davon ausgeht, dass sie am Ende nicht mehr im Produkt nachweisbar sind, müssen überhaupt nicht gekennzeichnet werden.

⇨ Immerhin: Wer wirklich vegane oder vegetarische Lebensmittel essen möchte, kann sich auf das V-Label der Europäischen Vegetarier-Union verlassen.

⇨ Relativ wenig verarbeitete vegane Produkte wie Naturtofu oder Hafermilch schneiden in unseren Tests regelmäßig »sehr gut« ab.

5

KOSMETIK: SCHÖNER SCHEIN

Ist in Ihrem Badezimmer auch so viel los? Duschgel, Shampoo, Handcreme, Enthaarungsschaum, Fußcreme mit Urea, Hyaluron-Serum, Anti-Aging-Pflege, Anti-Cellulite-Gel – und das ist erst der Anfang. Lippenstift und Nagellack in 90 Nuancen, Puder, Make-up, Mascara, Lidschatten. Abdeckstifte, Eyeliner, rosa Rouge, rostrotes Rouge. Haarspray, Haarschaum, Haarspitzenfluid – und seit wir keine 30 mehr sind, auch Ansatzspray und Haarfarbe. Uff.

Aussehen bedeutet viel in unserer Welt. Entsprechend riesig ist der Markt für Mittelchen, die uns dabei helfen wollen, forever schön, schlank, jung und attraktiv auszusehen. Bodyshaming ist doch eigentlich out? Na ja! Ein bisschen vielleicht. Immerhin lässt der Konzern Unilever für die Marke Dove auch Werbung von Models mit mittleren Maßen machen. Und Heidi Klum führt in der Sendung *Germany's Next Top Model* mittlerweile sogar Frauen mit Kurven und Teilnehmerinnen jenseits der 50 vor. »Best-Agerinnen« nennen sich letztere. Allerdings sehen sie genauso top aus wie ihre Mitstreiterinnen diesseits der 20. Denn Frauen über 50 Kilo und über 50 Jahre dürfen jetzt zwar auf die Bühne, aber bitte nur geschminkt, gepflegt, nett und adrett.

Ein Riesenmarkt für die Kosmetikindustrie: Ob jung, ob alt, ob dick, ob dünn, jeder – und vor allem jede – kann in der Logik der Marketingabteilungen etwas aus sich machen. Mit den richtigen Produkten, versteht sich, denn Kosmetik kaufen können alle. Und dementsprechend hat die Industrie für jedes Körperteil, für jedes Alter und für jeden nur erdenklichen Zustand von Haut, Haaren und Zähnen ein vermeintliches Zaubermittel parat.

Gehen wir zurück in den Supermarkt. Dort am Regal haben wir die Qual der Wahl zwischen unendlich vielen Auslobungen: Feuchtigkeitscreme, Gesichtscreme für sensible Haut, Anti-Aging-Creme, Pflege für reife Haut, Gesichtsgel. Was sollen wir nehmen, was ist gut für uns? Null Orientierung in den kilometerlangen Gängen der Drogeriemärkte? Die wichtigste Regel: Misstrauen Sie den Werbeaussagen. Die vielfältigen Anpreisungen, Spezifikationen und Versprechen auf der Verpackung – am besten nimmt man sie nicht allzu ernst. Meist ist das nämlich reine Marketingpoesie. Was Verbraucherinnen und Verbraucher erwarten können, das steht nicht auf der Verpackung. Dort stehen vor allem leere Wirkversprechen, blumiges Greenwashing und schöne Geschichten – besser gesagt: Märchen.

Nicht falsch verstehen: Klar ist Kosmetik etwas Schönes, sie soll Spaß machen. Wir wollen niemandem seine Lieblingscreme madig machen. Nicht einmal den 375-Euro-Tiegel »Crème de la Mer«. Aber ein bisschen entzaubern wollen wir die Mythen rund um hochpreisige Kosmetika schon. Der Mythos um »La Mer« erzählt vom NASA-Raketenphysiker Max Huber. Der zog sich 1953 bei einer Explosion im Labor schwere Verbrennungen zu und widmete sein Leben fortan der Entwicklung einer Hautcreme. Um die 6 000 Experimente soll Huber gemacht haben, zwölf Jahre soll es gedauert haben. Dann war »La Mer« geboren. Eine Creme, die angeblich seine Narben heilte. »Die besondere Textur mit Seetang, deren revolutionäre Wirkung durch einen einzigartigen Bio-Fermentierungsprozess entsteht, verwandelte auf wundersame Weise das Erscheinungsbild seiner Narben«[1], trägt die heutige Webseite die Geschichte weiter. Nach dem Tod von Max Huber im Jahr 1991 kaufte der Kosmetikkonzern Estée Lauder 1995 »La Mer«. Und wenn Kosmetikkonzerne eines können, dann ist es, Mythen und Märchen am Leben zu halten – und damit ein Vermögen zu verdienen.

Im September 2023 kosteten 60 Milliliter dieser Creme sage und schreibe 375 Euro. Dafür bekommen Sie laut Marketing »hochenergetische Inhaltsstoffe«. »Dank der Miracle Broth – unserem zellerneuernden Elixier und kraftvollen Anti-Irritationsspezialisten – spendet Crème de la Mer intensive, regenerierende Feuchtigkeit und regt die natürliche Erneuerung der Haut an«[2], heißt es auf der Webseite im Internetshop. Die »Crème de la Mer« ist ein Paradebeispiel dafür, wie geschicktes Marketing große Erwartungen schürt, die eine kosmetische Creme gar nicht erfüllen kann. Genauer: nicht einmal erfüllen darf, weil das Gesetz ganz bestimmte Regeln für Kosmetika vorsieht. Kosmetika sind laut Gesetz – in diesem Fall die EU-Kosmetik-Verordnung – »Stoffe oder Gemische, die dazu bestimmt sind, äußerlich mit den Teilen des menschlichen Körpers (Haut, Haare, Nägel, Lippen und äußere intime Regionen) oder mit den Zähnen und den Schleimhäuten der Mundhöhle in Berührung zu kommen, und zwar zu dem ausschließlichen oder überwiegenden Zweck, diese zu reinigen, zu parfümieren, ihr Aussehen zu verändern, sie zu schützen, sie in gutem Zustand zu halten oder den Körpergeruch zu beeinflussen«.[3] Das war's.

Zellerneuerung? Macht unser Körper automatisch. Überall. Neue Hautzellen bilden sich laufend in der Keimschicht der Epidermis, die wandern dann Richtung Hautoberfläche und verhornen. Diese nicht mehr lebenden Hornzellen bilden in der Hornschicht unsere schützende Hautoberfläche. Tatsächlich gibt es einige – sehr wenige – Wirkstoffe, zum Beispiel Vitamin A und einige Derivate, die in hochkonzentrierter Form und in Laborversuchen mit Hautmodellen die Erneuerung von Hautzellen beschleunigen konnten. Nur: Zum einen ist es eher unwahrscheinlich, dass das in der üblichen, viel geringeren Konzentration in frei verkäuflichen Kosmetika auf echter Haut auch funktioniert. Zum anderen: Hautzellen erneuern sich, ja. Aber leider nicht so, dass sich die neuen Zellen in die Fältchen und Falten setzen und die Haut sich dadurch, hex-hex, verjüngt. Falte bleibt Falte. Und: Je älter wir werden, desto langsamer erneuert sich die Haut. Und diesen Alterungsprozess hält kein »Miracle Broth« der Welt auf.

Bekanntermaßen stirbt die Hoffnung aber zuletzt. Zudem steht ein hoher Preis doch bestimmt auch für eine hohe Qualität und eine tolle Wirkung? Äh, nein. Klares Nein. Tiegel auf, Creme drauf, Falte weg – das wäre schön. Aber leider, leider kann das keine Creme. Ganz egal ob sie nun 375 Euro gekostet hat oder nur 3,75 Euro. Warum halten sich die Gerüchte dennoch so eisern?

Glatt oder glatt gelogen?

Die Kosmetikindustrie suggeriert uns auf vielfältige Weise, dass ihre Produkte Falten verschwinden lassen. Das geht los bei den Namen und Versprechen auf den Verpackungen. In unserem großen Test von 50 Gesichtscremes[4] im Jahr 2022 prahlten 24 der eingekauften Marken mit einer Wirkung gegen Falten – und das quer durch alle Preislagen. Die günstigen Eigenmarken von Drogerien und Discountern sind ebenso in der Anti-Falten-Fraktion vertreten wie hochpreisige Markenprodukte und bekannte Vertreter der Naturkosmetikliga: »Weleda Glättende Tagespflege Wildrose«, »Lavera Basis Sensitiv Anti-Falten-Feuchtigkeitscreme«, »Nivea Q10 Power Anti-Falten + Extra Reichhaltig LSF 15«, »Balea Q10 Anti-Falten-Tagescreme LSF 15« (dm), »Isana Tagescreme Q10 Anti-Falten-Power LSF 15« (Rossmann) – und das ist nur eine winzige Auswahl. Von den Anbietern solcher Cremes, die mit Anti-Aging, Anti-Falten oder straffender Wirkung ausgelobt sind oder die versprechen, Falten und Linien zu reduzieren, haben wir Studien angefordert, die diese Wirkung belegen sollten. Sie ahnen es vielleicht schon: Die Studien der Industrie haben uns nicht überzeugt. Denn traurig, aber bei genauem Hinsehen leider wahr: Die Studien zeigen keine dauerhaften Verbesserungen. Sie zeigen nicht einmal, dass die untersuchten Anti-Falten-Cremes mehr können als eine ganz gewöhnliche Pflegecreme.

Dass es überhaupt Studien zu den vollmundigen Versprechen der Kosmetikindustrie gibt, dürfte am Gesetz liegen. Denn wenn uns die Erfahrung bei *ÖKO-TEST* eines gelehrt hat: Die Industrie bewegt sich erst, wenn sie wirklich muss. Tatsächlich macht der Gesetzgeber, in diesem Falle die EU, Vorschriften zur Werbung für Kosmetika. In der EU-Verordnung 655/2013 vom 10. Juli 2013 heißt es: »Werbeaussagen über kosmetische Mittel – ob explizit oder implizit – müssen durch hinreichende und überprüfbare Nachweise belegt werden, unabhängig von der Art der für die Bestätigung der Aussagen herangezogenen Nachweise (gegebenenfalls einschließlich Sachverständigengutachten).«

Immerhin. In diese Verordnung lässt sich also fast ein bisschen Verbraucherschutz hineinlesen. Ist doch schon mal was, wenn die Anbieter ihre Aussagen belegen müssen, oder? Na ja! In erster Linie sorgt diese Verordnung nur dafür, dass die Wettbewerber am Markt nicht wild mit Wunderwirkversprechen um sich werfen und ihre Konkurrenten mit allzu dreisten Lügen ausbooten. Sie schützt also vor allem den Wettbewerb. Und sie verschafft einer weiteren Industrie ein ziemlich einträgliches Geschäft: den Instituten, die Studien und Sachverständigengutachten für die »Wirkungen« der Kosmetika erstellen. Wenn es um wahren Verbraucherschutz ginge, dann wäre da etwas genauer formuliert, wie Nachweise, Belege und Studien auszusehen haben. Ist es aber nicht. Die Verordnung und das zugehörige technische Dokument lassen vieles offen. Die Details überlässt der Gesetzgeber den Herstellern – und entsprechend sehen die Studien aus. Sie werden so aufgesetzt, dass das gewünschte Ergebnis herauskommt.

Damit keine falschen Hoffnungen aufkommen: Wenn wir bei Kosmetika von »Wirksamkeit« sprechen, ist das nicht vergleichbar mit der Wirksamkeit von Arzneimitteln. Schließlich darf ein Kosmetikprodukt nicht einmal eine heilende Wirkung haben. Es ist rechtlich gesehen kein Arzneimittel und die Hersteller dürfen Kosmetika nicht mit Aussagen bewerben, die etwas mit der Verbesserung des Gesundheitszustandes oder gar mit Heilung zu tun haben. Doch was die Qualität von Wirksamkeitsstudien angeht, da könnten sich die Kosmetikanbieter von der Pharmaindustrie schon etwas abgucken. Denn das, was die Anbieter von Kosmetika sich bescheinigen lassen, das, was wir im Rahmen unserer Tests als Beleg zugeschickt bekommen, hat in der Regel nichts mit den placebokontrollierten Doppelblindstudien zu tun, die wir aus der medizinischen Forschung kennen. Wenn es um die Zulassung neuer Arzneimittel geht, gelten strenge und sehr klare Anforderungen für Wirksamkeitsstudien. In Pharmakonzernen beschäftigen sich eigene Abteilungen mit den Wirksamkeitsdossiers, die punktgenau den standardisierten Anforderungen genügen müssen, um von der entsprechenden Behörde, dem Bundesinstitut für Arzneimittel (BfArM) oder der Europäischen Arzneimittel-Agentur (EMA), grünes Licht zu bekommen. Wenn es um die gesetzlich geforderten Belege von Werbeversprechen für Kosmetika geht, reicht es hingegen im Prinzip bereits, wenn ein privates Institut eine einzige Miniuntersuchung dokumentiert und einen Stempel daruntersetzt. Standardkontrolle durch Behörden? Fehlanzeige.

Der Hersteller bestimmt das Testdesign – und gibt beim Prüfinstitut an, welche Wirkung er belegt haben möchte. Was will er auf die Verpackung schreiben? Welchen »Claim« soll die Studie stützen? Soll es zum Beispiel um eine Verringerung der Faltentiefe gehen? Oder um die Durchfeuchtung der Haut? Für wen ist die Creme gedacht? Welche Altersgruppe spricht der Anbieter an? Meist sind das absolute Schmalspurstudien. Die Studien, die Anbieter ÖKO-TEST auf Anfrage zuschicken, umfassen in der Regel gerade einmal 20 bis höchstens 25 Teilnehmerinnen. Ganz schön kleine Probandenzahl für ganz schön große Versprechen.

Eine typische Studie läuft so: Die Probandinnen setzen zunächst ihre gewohnte Pflege ab und benutzen eine Woche lang eine standardisierte Basispflege. Ab Studienbeginn cremen sie dann zweimal täglich vier Wochen lang mit dem Testprodukt. Zum Studienbeginn, nach zwei und nach insgesamt vier Wochen messen die Laborexperten mit Spezialgeräten – je nach Auftrag – dann verschiedene Hautparameter: Festigkeit, Hautrauigkeit, Elastizität und ja, auch die berühmte Faltentiefe. Und jetzt müssen Sie ganz stark sein. Das Messgerät erstellt zwar wunderbare 3-D-Reliefs, anhand derer sich die Faltentiefe bestimmen lässt. Aber, was das Gerät misst, ist meist so bescheiden, dass Sie es mit dem bloßen Auge nicht erkennen könnten. 0,1 Millimeter, 0,2 Millimeter – das Auge kann einfach nicht wahrnehmen, dass sich an der Tiefe etwas geändert hätte. Aber hey: War die Falte vorher 1 Millimeter tief und ist nach vier Wochen cremen »nachweislich« – ja, es wurde gemessen – um 0,2 Millimeter weniger tief, dann kann der Hersteller auf die Verpackung schreiben: »Faltenmilderung um 20 Prozent«. Das klingt super, ist aber leider nicht sichtbar.

Außerdem liefern die Studien meist keinen Vergleich. Hätte eine normale Basiscreme mit Fett und Feuchtigkeit den gleichen Effekt? Wir erfahren es aus den meisten Studien nicht, eine Standard-Vergleichscreme ohne spezifischen »Anti-Falten-Effekt« ist überwiegend schlicht nicht Bestandteil der Tests. Aber nach allem, was über Hautpflege bekannt ist, können wir sagen, dass auch eine Basispflege ohne Chichi ähnliche Minieffekte hätte, da Fett und Feuchtigkeit die Haut nun einmal aufpolstern. Nach diesem Prinzip sorgt im Grunde also jede Creme für eine »Faltenmilderung«. Solange sie zum Einsatz kommt. Und schon sind wir beim zweiten großen Bluff: Solche Effekte halten nur an, solange wir cremen. Findet keine Anwendung mehr statt, fehlt auch der polsternde Pflegeeffekt.

Ja, helfen Anti-Falten-Cremes denn überhaupt gegen Falten? Da sagen wir gleich dreimal Nein. Nein: nicht langfristig. Nein: nicht ursächlich. Und nein: schon gar nicht gegen tiefe Furchen. Cremes können die Haut mit Fett und Feuchtigkeit versorgen, die Haut leicht aufpolstern, was sie glatter und gepflegter aussehen lässt. Aber: Das kann eine gewöhnliche Feuchtigkeitscreme ohne teure Wunderwirkstoffe auch.

Und was ist mit Seren? Diesen kleinen Ampullen und Fläschchen für großes Geld? Hyaluron und Co.? Das Gleiche. In unserem Test von 20 Feuchtigkeitsseren[5] im Jahr 2021 warben zwölf Produkte mit Anti-Aging-Jargon. Sie wollen: »liften, straffen, Faltern mindern, Hautelastizität steigern«. Eindeutige Beweise? Stehen aus. Die wenigen Studien, die wir zu Gesicht bekamen, zeigten vereinzelt, was diese Seren können: Die Durchfeuchtung der obersten Hautschicht verbesserte sich und die Hautrauigkeit ließ nach. In keinem Fall lieferten die Hersteller Vergleichstests, die beweisen konnten, dass das jeweilige Serum mit dem gehypten Hyaluron mehr kann als eines, in dem nur Basisstoffe wie günstiges Glycerin stecken, ein etablierter kosmetischer Inhaltsstoff, der nachweislich Feuchtigkeit in der Haut hält.

Aber es stimmt doch, dass Hyaluron ein natürlicher Bestandteil der Haut ist und die im Alter schlaffer wird, wenn das Hyaluron schwindet? Ja. Schon. Aber: Dort, wo das Hyaluron verloren geht, kommt es von außen nicht mehr hin. Altersfalten bilden sich nicht in der obersten Hautschicht, der Epidermis. Altersfalten bilden sich in der darunterliegenden Lederhaut. Dort gehen mit der Zeit auch die Hyaluron-Depots verloren. Und genau dort kommt ein frei verkäufliches Kosmetikum gar nicht erst hin. Darf es nicht einmal, denn sonst überschreitet es die Grenze zum Arzneimittel. Kosmetik geht einfach nicht tief genug. Das gilt auch für kosmetische Mittel, die Cellulite bekämpfen wollen. Dort, wo Cellulite entsteht, im Unterhautfettgewebe, kommt Kosmetik nicht hin.

Entspannen wir uns also – das macht schöner als jede Creme –, denn eigentlich sind das doch sehr gute Nachrichten. Sie bringen Gelassenheit in den Einkauf von Schönheitsprodukten. Wir müssen keine 375 Euro für ein bisschen Wasser und Fett ausgeben. Wir wissen, was Kosmetik kann (pflegen, reinigen, erfrischen) und was nicht (Falten bügeln, Cellulite wegzaubern). Suchen wir uns unsere Hautpflege danach aus, ob wir Textur und Duft mögen. Danach, ob sie Fette und Öle enthält, die umweltverträglich gewonnen wurden und die unsere Haut gut verträgt. Und danach, ob sie ohne allergisierende Konservierungsstoffe auskommt. Wählen wir Produkte, die Haut und Umwelt so wenig wie möglich schaden. Vielleicht was mit natürlichen Ölen. Ohne Kunststoffbestandteile. Naturkosmetik? Gute Idee. Aber was heißt eigentlich Naturkosmetik? Und ist das wirklich grün oder nur Greenwashing?

Grün oder grün gelogen?

Klar ist: Ein grünes Blättchen auf der Verpackung macht noch lange keine Naturkosmetik. Doch es grünt gewaltig in den Regalen: »Mythische Olive«. »Sanfte Tonerde & Zitrone«. »Argan & Camelia-Öl«. »Grüner Tee & 4 Pflanzen: Taubnessel, Eisenkraut, Zitrone & Aloe Vera«. Ja, sind wir denn im Kräutergarten eines fundamentalistischen Öko-Freaks? Nein, wir sind bei den Auslobungen der Shampoo-Serie »Garnier Wahre Schätze« des Kosmetikgiganten L'Oréal. Der zieht das durch. Auch bei seiner Marke Garnier Fructis. Für diese Produktserie haben sich die Marketingstrategen hübsche Namen zusammenfabuliert, die Natur und Wirkung kombinieren: »Aloe Hydra Bomb«. »Goji Farb Power«. »Avocado, Kokosnuss und Olivenöl Oil Repair 3«. »Anti-Schuppen Grüner Tee«. Klingt alles nach Kraft der Natur. Ist aber konventionelle Kosmetik mit vielen künstlichen Komponenten.

Das »Anti-Schuppen-Shampoo Grüner Tee« zum Beispiel hat *ÖKO-TEST* im Mai 2023 geprüft.[6] Es wäscht mit dem synthetischen Tensid Natriumlaurylethersulfat. Die Nomenklatur für kosmetische Inhaltsstoffe führt den Stoff als »Sodium Laureth Sulfate«, unter dieser Bezeichnung finden wir ihn auch auf der Verpackung. Das Zeug macht zwar ordentlich Schaum, dringt aber in die äußere Schutzschicht der Haut ein. Der Stoff gehört zu den Polyethylenglykolen und deren Derivaten (PEG/PEG-Derivate), von denen viele die Haut durchlässiger für Fremdstoffe machen können. Außerdem auf der Inhaltsstoffliste des »Grüner Tee«-Shampoos: Carbomer – eine Kunststoffverbindung. *ÖKO-TEST* sieht solche flüssigen Kunststoffe kritisch (siehe auch Kapitel 6 Mikroplastik), denn mit dem Schaum spülen wir sie direkt ins

Abwasser. Und darüber gelangen sie entweder in Flüsse, Seen und Meere – oder über den Klärschlamm in die Böden. Und dort bleiben sie. Teils für sehr lange Zeit. Welche Auswirkungen das hat, ist heute noch völlig unklar. Kosmetik mit Kunststoffen, die auf grün macht? Ist die Regel im Drogerieregal. Ist dann aber keine Naturkosmetik, sondern schlicht und ergreifend Greenwashing.

Und weil der »Grüne Tee« auf der L'Oréal-Schuppenshampoo-Flasche als Grünfärberei offenbar nicht reicht, schreibt der Kosmetikriese auch noch auf die Verpackung: »Flaschenkörper aus 100 % recyceltem Plastik«. Zu 100 Prozent bedeutet zumindest nach Schulbuch: zu 100 Prozent. Also alles. Die Strategen aus dem Hause L'Oréal meinen mit 100 Prozent aber 100 Prozent eines Teils der Flasche, des Flaschenkörpers. Also vielleicht 100 Prozent von 80 Prozent – also eigentlich 80 Prozent. Sie finden das verwirrend? Wir auch.

Warum uns solches Greenwashing so ärgert? Wir hassen es, wenn die Industrie Verbraucherinnen und Verbraucher für dumm verkauft. Wir finden es perfide und zynisch, wenn die Industrie durch seichte Grünfärberei echte Bemühungen um Nachhaltigkeit in Verruf bringt. Einatmen. Ausatmen. Seit fast 40 Jahren streitet *ÖKO-TEST* für umweltfreundliche und gesunde Produkte. Wir sehen: Immer mehr Menschen ist es wichtig, umweltverträglich einzukaufen. Das ist großartig. Aber was für eine bitterböse Ironie, dass die Industrie ausgerechnet auf dem Willen der Verbraucherinnen und Verbraucher, die Welt zu verbessern, hohle Marketingstrategien aufbaut. Nur, um damit noch mehr umweltschädliche Produkte zu verkaufen und damit die Umwelt noch mehr zu belasten.

Die Green Claims Directive

Manchmal sind wir mit unserer Wut über solchen Wahnsinn allein. Manchmal aber ist die Macht mit uns, in diesem Fall die Europäische Kommission. Sie hat ein ziemlich scharfes Schwert ausgepackt und im März 2023 einen Vorschlag für eine neue Richtlinie vorgelegt. Ihr Name: »Green Claims Directive«. Oder etwas komplizierter und auf Deutsch: »Vorschlag für eine Richtlinie des Europäischen Parlamentes und des Rates über die Begründung ausdrücklicher Umweltaussagen und die diesbezügliche Kommunikation (Richtlinie über Umweltaussagen)«. Zusammen mit dem Kommissionsvorschlag vom März 2022 für eine Richtlinie zur Änderung der Richtlinie über unlautere Geschäftspraktiken und der Verbraucherrechterichtlinie gehört sie zu einer Reihe von Initiativen, die ökologische Geschäftsmodelle zur Norm machen wollen. Verbraucherinnen sollen in die Lage versetzt werden, bewusste Kaufentscheidungen zu treffen und so wirklich zu einem nachhaltigen Wandel beizutragen.

Die neue Richtlinie soll – so die Kommission – Verbraucherinnen und Verbrauchern Klarheit und Sicherheit darüber verschaffen, dass etwas, was als umweltfreundlich verkauft wird, auch umweltfreundlich ist. Sie soll dafür sorgen, dass klar erkennbar ist, welche Unternehmen echte Anstrengungen zur Verbesserung der Umweltverträglichkeit ihrer Produkte unternehmen – und welche eben nicht.

Klingt großartig, finden wir als Verbraucherschützerinnen. Die Richtlinie verspricht, die wenig bis nichts sagenden Umweltversprechen vieler Unternehmen zu beenden. Ungeprüfte und nicht zertifizierte Werbesprüche wie »klimaneutraler Versand«, »Verpackung zu 30 Prozent aus recyceltem Kunststoff« oder »ozeanfreundlicher Sonnenschutz« wird es danach nicht mehr geben. Die Hersteller müssten auf der Verpackung erklären, was hinter solchem Geblubber wie »ozeanfreundlich« oder »rifffreundlich« steckt und gleichzeitig nachweisen, dass das umweltfreundlich ist. Kurz zum Hintergrund »ozeanfreundliche« Sonnencreme: Einige chemische Sonnenschutzfilter haben eine hormonähnliche Wirkung. Sie können Ökosysteme stören, in den Hormonhaushalt von Wasserlebewesen eingreifen und sind möglicherweise für das Korallensterben mitverantwortlich. In Hawaii und im Pazifikstaat Palau ist deshalb der Verkauf von Sonnencremes mit bestimmten Filtern verboten. Trotzdem ist eine Sonnencreme noch lange nicht »ozeanfreundlich«, wenn sie diese Filter nicht enthält. Da sind immer noch andere Filter drin, möglicherweise Mikroplastik, Fette und Öle, Duftstoffe, die Wasserorganismen zusetzen können. Ozeanfreundlich? Sorry, aber es ist nicht ozeanfreundlich, wenn eine Sonnencreme ins Meer gelangt. Unter keinen denkbaren Umständen. Und wenn die geplanten Richtlinien kommen, dann werden wir mit solchem Quark auch hoffentlich nicht mehr belästigt.

Auch der Siegelwirrwarr soll ein Ende finden. Im März 2023 hat die EU 230 verschiedene Umweltzeichen auf dem Markt gezählt. Künftig soll es – laut Richtlinienentwurf – nur noch solche geben, die staatlich autorisiert sind oder auf Grundlage eines anerkannten Zertifizierungssystems vergeben werden. Nach den neuen Regeln wären dann sämtliche selbst gestrickte Nachhaltigkeitssiegel, die keiner Drittkontrolle unterliegen, verboten. »Umweltfreundlich«, »umweltschonend«, »klimaneutral«, »energieeffizient«? Umweltaussagen ohne Nachweis für die anerkannte, hervorragende Umweltleistung: verboten. Umweltaussagen zu einem Produkt, die sich nur auf einen Produktbestandteil beziehen: verboten. Präsentation von Anforderungen als Besonderheit, obwohl diese tatsächlich für alle Produkte derselben Kategorie gelten: verboten. »Wir wollen dazu beitragen, dass die Verbraucherinnen und Verbraucher ihre Kaufentscheidungen fundiert treffen können, und dafür sorgen, dass Unternehmen belohnt werden, die echte Anstrengungen unternehmen, um ihre Auswirkungen auf die Natur, die Ressourcennutzung, klimawirksame Emissionen und die Umweltverschmutzung zu verringern«, erklärte der für Umwelt, Meere und Fischerei zuständige EU-Kommissar Virginijus Sinkevičius zur Veröffentlichung des Richtlinienvorschlags.

Schöner kann man es aus Perspektive des Verbraucherschutzes eigentlich nicht sagen. Wir sind gespannt, was aus dem Richtlinienentwurf wird – bis er in nationales Recht umgesetzt ist, kann noch viel passieren. Die Idee ist jedenfalls gut. Ob die Europäische Gemeinschaft bereit ist, muss sich erst noch zeigen. Zurzeit aber treibt der Wildwuchs aus grüner Werbung und hausgemachten Industriesiegeln noch skurrile Blüten.

Echte Naturkosmetik

Wohin aber führt die Suche nach den echten Schätzen der Natur? Wir wissen bereits: Auf Werbeversprechen und Verpackungen kann man sich definitiv nicht verlassen. Auch Namen sind Schall und Rauch. Kosmetika der Marke Biotherm zum Beispiel – übrigens auch eine Kreation aus dem Hause L'Oréal – haben mit Naturkosmetika nichts zu tun. Bio im Namen?

Heißt gar nichts. Was sollen wir also kaufen, wenn wir Naturkosmetik wollen? Ist das so schwer? Zumindest ist es nicht ganz einfach.

Leider sind die Begriffe »Naturkosmetik« oder »Bio-Kosmetik« nicht gesetzlich geschützt. Anders als zum Beispiel im Lebensmittelbereich gibt es für Kosmetika kein staatliches Bio-Siegel. Es gibt aber eine Handvoll seriöser privater Labels, die aus jahrzehntelanger Verbands- und Branchenarbeit entstanden sind und die ihr Verständnis von dem, was Naturkosmetik ist, klar und transparent darlegen. Wenn ein Hersteller eines dieser Siegel nutzen will, muss er seine Produkte extern zertifizieren lassen und sich strengen Kontrollen stellen.

So weit, so gut. Doch bevor wir zu den einzelnen Siegeln kommen, die ÖKO-TEST als Ausweis für »echte Naturkosmetik« anerkennt, kurz etwas Grundsätzliches: Über das, was Naturkosmetik ist, lässt sich wunderbar streiten. Schließlich sind die wenigsten Kosmetika reine Naturprodukte. Ein Körperöl, das aus reinen Pflanzenölen besteht, geht vielleicht noch durch. Aber was ist mit einer Creme, die einen naturidentischen Konservierungsstoff enthält? Kann ein Duschgel Naturkosmetik sein, wenn es mit Tensiden schäumt, deren Grundstoffe zwar aus der Natur stammen, die aber mittels eines chemischen Verfahrens hergestellt wurden? Die Naturkosmetikbranche meint: »Ja!« Und streitet trotzdem darüber, wo Naturkosmetik anfängt und wo sie aufhört und welcher Naturkosmetikverband denn nun der Beste sei. Darüber, welche physikalischen und physikalisch-chemischen Verfahren zur Bearbeitung von Rohstoffen Naturkosmetikanbieter nutzen dürfen. Darüber, wie hoch der Anteil an biologisch erzeugten Rohstoffen im Produkt sein muss. Ja, richtig gelesen. Zertifizierte Naturkosmetik heißt nicht automatisch, dass die pflanzlichen und tierischen Rohstoffe aus biologischem Anbau oder Bio-Tierhaltung stammen. Wer Wert auf Bio-Rohstoffe legt, muss sich durch die Details der Kriterien und durchs Kleingedruckte wühlen. Das ist nicht verbraucherfreundlich. Wie so oft, wenn die Industrie sich selbst Siegel ausdenkt, Kompromisse macht und Extrawürste brät.

Und dennoch: Komplizierte Kriterien sind besser als keine. Wenn wir für ÖKO-TEST Kosmetika prüfen, dann haben wir fast immer auch eine Reihe zertifizierter Naturkosmetika im Blick. Unsere Leserinnen und Leser interessieren sich für Naturkosmetik. Wir interessieren uns für Naturkosmetik. Viele der Kriterien, die Naturkosmetik anlegt, finden sich auch in unseren Tests wieder. Die Kritik an vielen allergieauslösenden Konservierungsmitteln, die Ablehnung synthetischer Stoffe, die im Verdacht stehen, hormonell wirksam zu sein – finden wir gut, ist für uns nachhaltig und schützt die Gesundheit von Verbraucherinnen und Verbrauchern. Doch nicht alles, was ein Siegel trägt, geht für uns als Naturkosmetik durch.

Als vertrauenswürdige Labelvergeber für Naturkosmetik sehen wir die Verbände BDIH, Demeter, Ecocert, Icada und Natrue. BDIH und Ecocert arbeiten mittlerweile mit dem internationalen Cosmos-Standard, dem sich Verbände und Zertifizierer aus Europa, Südkorea und Australien angeschlossen haben. Auf den zertifizierten Kosmetika prangen dann die jeweiligen Verbandssiegel mit einer Cosmos-Unterzeile. Allen Siegeln, die wir als Ausweis »echter Naturkosmetik« anerkennen, ist gemeinsam, dass die eingesetzten Inhaltsstoffe ursprünglich aus der Natur kommen, also bis auf wenige Ausnahmen pflanzlichen, tierischen oder mineralischen Ursprungs sind. Pflanzliche Öle und Fette, Kräuterauszüge, ätherische Öle, Bienen- und Wollwachs sowie Pflanzenfarben und mineralische Farbstoffe sind klassische Rohstoffe für Naturkosmetik. Tabu sind hingegen synthetische Duft- und Farbstoffe sowie Rohstoffe aus der Erdölindustrie wie Paraffine. Kunststoffverbindungen oder Mikroplastik – ob nun fest oder flüssig – sind No-Gos, genauso wie chemische UV-Filter. Zertifizierte Naturkosmetik muss mit mineralischem Sonnenschutz, den Filtern Titandioxid und Zinkoxid, auskommen. Die grundlegenden Gemeinsamkeiten sind also klar. Trotzdem gibt es mehrere Labels mit komplizierten Stufen. Die Labels sind Industrie- beziehungsweise Verbandssiegel, Kompromisse, auf die sich eine Reihe von Unternehmen geeinigt haben – oder auch nicht.

Aber von vorne: Am Anfang, vor mehr als 30 Jahren, gab es erst einmal den Willen in der Branche, ein verlässliches, firmenübergreifendes Label für Naturkosmetik zu entwickeln. Bereits 1993 hatte das damalige Bundesministerium für Gesundheit in einem Informationspapier »Anforderungen an Naturkosmetik« formuliert, es gab also einen ersten Aufschlag. Immer häufiger fanden Unternehmen, die »Naturkosmetik« verkauften, Abmahnungen im Briefkasten, weil andere Unternehmen der Meinung waren, das sei keine Naturkosmetik. Es gab also unter den Firmen, die Naturkosmetik herstellten, den Bedarf, die Dinge zu definieren und Kriterien festzulegen.

Das erste Siegel: BDIH-kontrollierte Naturkosmetik

Das erste seriöse Naturkosmetiklabel in Deutschland geht auf den Bundesverband der Industrie- und Handelsunternehmen für Arzneimittel, Reformwaren, Nahrungsergänzungsmittel und kosmetische Mittel (BDIH) zurück. In dem Verband engagierten sich Pioniere der Naturkosmetik, darunter die deutschen Unternehmen Logocos, Tautropfen, Wala und die Schweizer Weleda, um gemeinsame Kriterien für Naturkosmetik festzuklopfen. Ab 2001 gab es Produkte mit dem BDIH-Label »Kontrollierte Naturkosmetik« zu kaufen. Nach etlichen Jahren zogen einige der großen Pioniere weiter und gründeten eine neue Organisation und ein neues Label: Natrue. Der BDIH mit den verbleibenden Unternehmen arbeitete weiter mit an der Entwicklung des internationalen Cosmos-Standards. Seit 2017 wird das BDIH-Zeichen nur noch mit dem Zusatz »Cosmos Natural« (für die Naturkosmetik-Zertifizierung) oder »Cosmos Organic« (für Bio-Kosmetik-Zertifizierung) vergeben.

Der internationale Standard: Cosmos

Den Cosmos-Standard gibt es in zwei Stufen: Es existiert ein Label für Naturkosmetik und eines für Bio-Kosmetik, letzteres fordert einen hohen Anteil an biologisch erzeugten Rohstoffen. Der Verband spricht nicht von Labels, sondern von Signaturen. Denn auf den Produkten selbst findet sich das Label der Mitgliedsorganisation – also zum Beispiel BDIH plus Cosmos-Signatur. Auf den Produkten steht dann »Cosmos Natural« (für Naturkosmetik) oder »Cosmos Organic« (für Bio-Kosmetik). Über 34 000 Produkte in 78 Ländern tragen eine der beiden Signaturen.

Für Bio-Kosmetik (Cosmos Organic) gilt: Mindestens 95 Prozent der physikalisch verarbeiteten Agrarbestandteile müssen biologisch erzeugt sein. Wasser ist bei der Berechnung außen vor, Alkohol zählt gegebenenfalls zu den Bio-Bestandteilen – wenn er aus biologisch angebauten Pflanzen gewonnen wurde. Naturkosmetik (Cosmos Natural) muss diese Prozentsätze nicht erfüllen, ist aber ansonsten an die gleichen strengen Kriterien gebunden. Um die natürlichen Rohstoffe zu verarbeiten, sind nur ausgewählte physikalische und chemische Verfahren erlaubt. So ist zum Beispiel die Verwendung des giftigen Gases Ethylenoxid, das bei der Herstellung von Polyethylenglykolen und deren Abkömmlingen (PEG/PEG-Derivate) zum Einsatz kommt, verboten. Bei der Herstellung von PEG/PEG-Derivaten können zudem Verunreinigungen mit krebsverdächtigem Dioxan zurückbleiben. Dass zertifizierte Naturkosmetik diesen Herstellungsprozess von vornherein ausschließt, zeigt, wo die Kompromisse der Siegelmacher enden: Auf der einen Seite sind in zertifizierter Naturkosmetik Tenside erlaubt und deshalb auch chemische Prozesse zur Tensidherstellung. Auf der anderen Seite setzt der Standard aber auch Grenzen: Besonders kritische Verfahren wie die Ethoxylierung dürfen für zertifizierte Naturkosmetika nicht zum Einsatz kommen. Der Cosmos-Standard erlaubt nur sehr wenige Konservierungsmittel: Formaldehyd/-abspalter und halogenorganische Konservierungsmittel sind ausgeschlossen.

Der Standard der großen Namen: Natrue

Ziel des Natrue-Standards sei, einen international anwendbaren Rahmen zu schaffen »für die Unterscheidung zwischen Greenwashing und authentischen natürlichen und biologischen Kosmetikprodukten«. Gegründet haben den Verband Natrue im Jahr 2007 die großen Pioniere der Naturkosmetikbranche: die Unternehmen Wala (Marke unter anderem: Dr. Hauschka), Weleda, Laverana (Marke: Lavera), Primavera, Logocos (Marken unter anderem: Logona, Sante) und CEP/Dalli Werke. Inzwischen sind mehr als 6 600 Natrue-zertifizierte Produkte auf dem Markt.

Die Kriterien unterscheiden zwischen Natur- und Bio-Kosmetik. Bio-Kosmetik heißt: Die natürlichen und gegebenenfalls verarbeiteten Rohstoffe in Bio-Kosmetik müssen zu 95 Prozent aus kontrolliert biologischer Erzeugung stammen. Das Problem aus Verbrauchersicht: Aus dem Label auf den Produkten geht nicht hervor, ob es sich um Natur- oder Bio-Kosmetik handelt. Um das zu erfahren, muss man umständlich in der Datenbank recherchieren.

Der Natrue-Standard spricht von »Naturstoffen«, »naturidentischen Stoffen« und »naturnahen Stoffen«. Naturstoffe meint Stoffe pflanzlichen, mineralischen oder tierischen Ursprungs, für deren Gewinnung nur physikalische Verfahren oder Fermentation angewendet werden. »Naturidentische Stoffe« sind zum Beispiel Konservierungsmittel, die zwar theoretisch in der Natur vorkommen, die aber künstlich nachgebaut werden, weil der Aufwand zu groß ist, sie aus der Natur zu gewinnen. »Naturnahe Stoffe« sind laut Standard biochemisch und chemisch verarbeitete Naturstoffe – zum Beispiel Zuckertenside, die aus den Rohstoffen Zucker und Palmöl chemisch hergestellt werden. Im Standard ist klar festgelegt, welche chemischen Verfahren zur Bearbeitung der natürlichen Rohstoffe erlaubt sind. Es gibt zudem eine Liste zugelassener naturnaher Stoffe. Konservierungsmittel, die bei ÖKO-TEST in der Kritik stehen, wie bestimmte halogenorganische Verbindungen oder Formaldehyd/-abspalter, erlaubt der Standard nicht. Auch synthetische Duftstoffe, Silikone und Paraffine aus der Erdölchemie sind tabu. Außerdem schreiben die Kriterien für unterschiedliche Produktgruppen Mindestgehalte an Naturstoffen und naturnahen Stoffen vor. Und es gibt eine 75-Prozent-Klausel: Um das Natrue-Label tragen zu dürfen, müssen mindestens 75 Prozent der Produkte einer bestimmten Marke die Natrue-Kriterien erfüllen. Das macht den Club ein wenig exklusiver und sorgt dafür, dass Hersteller nicht mit einem einzelnen Produkt eine ganze Markenreihe grün waschen können.

Der biologisch-dynamische Standard: Demeter

Eine Handvoll Hersteller lassen ihre Kosmetika nach Demeter-Kriterien zertifizieren. Die Anforderungen an Kosmetik sind in die übergeordneten Demeter-Richtlinien eingebettet, die für ganzheitlichen Anspruch und eine biologisch-dynamische Wirtschaftsweise stehen. Ursprünglich geht »biologisch-dynamisch« auf Impulse Rudolf Steiners zurück, der Anfang des 20. Jahrhunderts die Anthroposophie begründet hat und auf den sich auch die Waldorfpädagogik beruft. So folgt die biologisch-dynamische Landwirtschaft auch der Philosophie, dass »Leben nicht nur aus Stoffgeschehen besteht, sondern eine über die Materie hinausgehende Wirklichkeit ist und Stoffe Träger des Lebens werden müssen«.[7] Herzstück in der biodynamischen Landwirtschaft sind »biodynamische Präparate«, die den Boden und die Pflanzen »vitalisieren« sollen. Diese Präparate sind nach Demeter-Verständnis so etwas wie Homöopathie für den Boden – etwa Kuhhörner mit Kuhfladen gefüllt, die auf dem Feld vergraben werden, um den Boden zu vitalisieren. Wer also Demeter-Kosmetik kauft, kauft eine sehr spezielle Philosophie mit.

Die anthroposophischen Wurzeln sind dabei aber nur ein Teil des Selbstverständnisses. Die Demeter-Landwirtschaft begreift sich selbst heute als »nachhaltigste Form der Landbewirtschaftung«. Man stehe für Artenvielfalt, artgerechte Tierhaltung, fruchtbaren Boden, aber auch für soziale Werte und solidarische Gemeinschaften.

Philosophie hin, vergrabene Kuhhörner her: Die Kriterien für das Demeter-Label sind sehr streng. 90 Prozent der Inhaltsstoffe landwirtschaftlichen Ursprungs müssen in Demeter-Qualität eingesetzt werden. Gentechnik ist tabu. Erdölderivate, Propylenglykol, Butylenglycol, EDTA, Benzol und Hexan sind verboten. Zur Bearbeitung der Rohstoffe sind nur wenige chemische Verfahren zugelassen. Aus *ÖKO-TEST*-Sicht handelt es sich bei Demeter-Kosmetik um echte Naturkosmetik.

Noch ein Standard: Icada

Auch Produkte mit dem Naturkosmetiklabel des Verbandes Icada erkennt *ÖKO-TEST* als echte, unabhängig zertifizierte Naturkosmetik an. Der Verband mit Sitz in Düsseldorf vergibt es ebenfalls in zwei Stufen: »Icada Natural« und »Icada Natural + Organic«. Künstliche Duftstoffe, PEG/PEG-Derivate, Silikone, halogenorganische Verbindungen, Paraffine und künstliche Farbstoffe sind in beiden Stufen ausgeschlossen. »Icada Natural + Organic« kann ein Produkt sein, wenn mehr als 20 Prozent der Rohstoffe aus biologischer Erzeugung stammen – im Falle von Produkten, die wieder abgewaschen werden, oder Produkten, die zu mindestens 80 Prozent aus Mineralien bestehen, reicht ein Mindestanteil von 10 Prozent Bio-Rohstoffen.

Inside Naturkosmetik: Warum kein gemeinsames Siegel?

Für Verbraucherinnen und Verbraucher ist es ärgerlich, dass es keinen einheitlichen Naturkosmetikstandard gibt. Wenn schon nicht ein gemeinsames Label, dann wenigstens eine gemeinsame Grundlage, wie das staatliche EU-Bio-Siegel für Lebensmittel. Aber ein erfolgreiches staatliches Label ist nicht in Sicht. Zwar existieren Kriterien für ein EU-Umweltzeichen, aber die Liste der kosmetischen Mittel, die das EU-Ecolabel tragen, umfasste im Sommer 2023 gerade einmal 36 Produkte.

Der große Erfolg der Naturkosmetik in Deutschland und Europa geht vor allem auf das große Engagement und die Initiative der Naturkosmetikhersteller und der Verbände zurück. Doch die Geschichte der Naturkosmetiklabels in Deutschland ist eben auch eine Geschichte der Konflikte und der Durchsetzung von persönlichen und Unternehmensinteressen. Bei der Gründung von Natrue im Jahr 2007 scherten die großen Sechs der Branche aus dem BDIH aus und gründeten einen eigenen Verband, der sich ausschließlich um Naturkosmetik kümmern sollte. Sie stellten ihr eigenes internationales Regelwerk auf und waren damit schneller als die vielen Akteure, die am internationalen Cosmos-Standard arbeiteten. Sie wollten sich offensichtlich abheben und sie wollten – wie es ein Brancheninsider formuliert – mit den großen Hunden Gassi gehen. Bei der Entstehung von Natrue spielte auch der größte deutsche Kosmetikverband, der IKW (Industrieverband Körperpflege- und Waschmittel), eine Rolle. Da die »führenden Naturkosmetikfirmen« auch bereits seinerzeit im IKW Mitglied waren und dort auf große Unternehmen wie Beiersdorf (Nivea) und L'Oréal trafen, verhandelten die Pioniere bald mit den ganz großen konventionellen Unternehmen darüber, was denn nun Naturkosmetik sei und welche Kriterien man sich geben wolle. Ja: Beiersdorf und L'Oréal saßen zeitweise mit am Tisch. Und nein: Als es dann zur Geburt des neuen Labels kam, waren die Konzerne nicht mehr mit dabei. Und sie arbeiten bis heute nicht in den Naturkosmetikverbänden mit.

Beiersdorf macht sein eigenes Ding. Zum Beispiel mit der Produktserie »Nivea Natural Balance«, mit vielen grünen Versprechen auf den Verpackungen: »100 % klimaneutralisiertes Produkt«, »99 % Inhaltsstoffe natürlichen Ursprungs«, »Mit Bio Hanfsamenöl«. So die Claims im Jahr 2023 auf der »Nivea Natural Balance Beruhigende Tagespflege«. Externe, unabhängige Zertifizierung? Transparente Kriterien? Braucht Beiersdorf offensichtlich nicht. Ob das jetzt Naturkosmetik ist oder nicht, können Verbraucher und Verbraucherschützerinnen so nicht nachvollziehen. Schade. Und L'Oréal? Macht alles. Vom grünen Feigenblättchen auf dem konventionellen Shampoo über die groß beworbene hausinterne Nachhaltigkeitsstrategie bis hin zu – Achtung, jetzt kommt's! – extern zertifizierter Naturkosmetik. Richtig gehört. Es gibt Produkte aus dem Hause L'Oréal, die tragen ein seriöses Naturkosmetiklabel. Allerdings bislang sehr wenige.

Wie es mit den Naturkosmetiksiegeln in Zukunft weitergeht, ob es jemals eine gemeinsame Grundlage geben wird, ist fraglich. Natrue und Cosmos dominieren bislang den Markt. Das Interesse der konventionellen Kosmetikgiganten ist, wie oben beschrieben, bislang gering. Falls die geplante Gesetzgebung der EU aber das bewirkt, was sie jetzt verspricht, nämlich dass hausgemachte Bio-, Umwelt- und Nachhaltigkeitssiegel vom Markt verschwinden und Konzerne wie Beiersdorf und L'Oréal ihre selbst gemalten grünen Blättchen einpacken müssen, dann könnte das noch einmal für Bewegung in Sachen zertifizierte Naturkosmetik sorgen.

Besser ohne: Auf diese Inhaltsstoffe können Sie verzichten

Zertifizierte Naturkosmetika verzichten von vornherein auf eine Reihe von Substanzen, die *ÖKO-TEST* kritisch sieht und wofür wir Kosmetikprodukte in unseren Tests abwerten. Ganz klar: Die meisten dieser aus unserer Sicht bedenklichen Stoffe sind gesetzlich erlaubt. Doch das waren viele andere Kosmetikinhaltsstoffe auch, die der Gesetzgeber inzwischen verboten hat, nachdem *ÖKO-TEST* sie jahrelang in Kosmetika angeprangert hatte.

So erging es jüngst dem Anti-Schuppen-Wirkstoff Zinkpyrithion. Der Stoff ist hautreizend und giftig für Wasserorganismen, es gab Hinweise, dass er die Fruchtbarkeit schädigen kann. Seit vielen Jahren stand er bei *ÖKO-TEST* im Fokus. Noch im Jahr 2021 fanden wir das Anti-Pilzmittel in etlichen Anti-Schuppen-Shampoos. Doch dann, endlich, hat die EU den Stoff offiziell als »vermutlich reproduktionstoxisch beim

Menschen« eingestuft. Das hatte zur Folge, dass er auch in Kosmetika verboten wurde. Seit dem 1. März 2022 dürfen Kosmetika mit Zinkpyrithion nicht mehr verkauft werden.

Wir raten deshalb in unseren Tests von einer Reihe von Stoffen ab, die zwar (noch) erlaubt sind, für die aber Hinweise vorliegen, dass sie Auswirkungen auf die Gesundheit oder die Umwelt haben könnten. Die Geschichte hat uns in vielen Fällen Recht gegeben. Ganz klar: Wenn Sie Kosmetika mit solchen Stoffen verwenden, sind diese in den allermeisten Fällen aus Sicht der Hersteller und Behörden sicher. Auch wir schätzen die Datenlage so ein, dass diese Stoffe nicht unmittelbar krank machen. Aber aus der Perspektive des vorbeugenden Verbraucherschutzes meinen wir: besser ohne diese Stoffe. Warum sollen wir Kosmetik mit umstrittenen Stoffen verwenden, wenn es ausreichend Alternativen ohne diese Substanzen gibt? Hier eine kleine Worst-of-Liste zum Abgleichen und Abgewöhnen – ob die Stoffe nun potenziell uns schaden können, der Umwelt oder anderen.

Das riecht verdächtig

Beginnen wir mit den problematischen Duftstoffen. Klar, ein schöner Duft gehört für viele zur Körperpflege dazu. Doch eine vermeintlich angenehme Beduftung kann unangenehme Folgen haben. Zum Beispiel lösen eine Reihe von Parfüminhaltsstoffen häufig Allergien aus. Damit Allergikerinnen und Allergiker eine Chance haben, diese Stoffe zu meiden, müssen Hersteller seit rund 20 Jahren 26 bekannte Allergene auf der Verpackung deklarieren. Klingt nach viel? Ist mengenmäßig aber nur die Spitze des Eisbergs. Laut dem Deutschen Verband der Riechstoff-Hersteller setzt die Industrie etwa 3 000 Duftstoffe ein. Und weniger als 1 Prozent müssen auf der Verpackung namentlich genannt werden. Die EU hat die Liste nun erweitert und 56 neue Duftsubstanzen, die Allergien verursachen können, aufgenommen. Ab 1. August 2028 müssen diese Stoffe auf Kosmetika korrekt deklariert sein, sonst dürfen sie nicht verkauft werden. Das ist schon einmal etwas und hilft Menschen, die wissen, auf welche Stoffe sie reagieren.

Allerdings sind Allergene nicht nur für bereits Betroffene ein Risiko. Je öfter Gesunde mit starken Allergenen in Kontakt kommen, desto höher ist die Wahrscheinlichkeit, dass ihr Körper gegen die Stoffe rebelliert und eine Kontaktallergie entwickelt. Das bedeutet dann: Hautreizungen, Ekzeme, Jucken, Brennen. Unter den seit 20 Jahren deklarationspflichtigen Duftstoffallergenen gibt es Kandidaten mit starkem und solche mit schwächerem Allergiepotenzial. Das berücksichtigen wir auch in unseren Bewertungen. Die Namen der Stoffe geben wir mit der offiziellen INCI-Bezeichnung an. INCI steht für »International Nomenclature of Cosmetic Ingredients« – mit diesen Namen müssen Hersteller Inhaltsstoffe auf der Verpackung angeben.

So haben Datenvergleiche des Informationsverbundes Dermatologischer Kliniken (IVDK) gezeigt, dass die Duftstoffe Eichenmoos (Evernia prunastri extract), Baummoos (Evernia furfuracea extract), Methylheptincarbonat (= Handelsname INCI: Methyl 2-octynoate), Isoeugenol und Cinnamal sehr potente Allergene sind. Weniger potente, aber immer noch problematische Stoffe sind Cinnamylalkohol und Hydroxycitronellal. Allergene mit geringerem Allergiepotenzial sind: Farnesol, Citral, Citronellol, Geraniol, Eugenol, Cumarin, Amylcinnamylalkohol und Benzylcinnamat.

Das war's aber leider auch schon mit erkennbaren Duftstoffen auf der Deklaration. Alle anderen Parfümstoffe – etwa 3 000 kommen insgesamt zum Einsatz, gut 200 in einem Kosmetikprodukt sind normal – dürfen Hersteller unter dem Begriff »Parfüm« subsumieren. Auch die aus ÖKO-TEST-Sicht besonders bedenklichen künstlichen Moschusdüfte. Dazu zählen polyzyklische Moschusverbindungen, die sich im menschlichen Fettgewebe anreichern. Tierversuche geben Hinweise auf Leberschäden. Zudem stehen Galaxolid und Tonalid im Verdacht, dass sie das Hormonsystem beeinträchtigen könnten, derzeit werden die Stoffe im Rahmen eines EU-Aktionsplans neu bewertet.

Riechstoffhersteller und Kosmetikproduzenten machen um ihre Duftkompositionen ein großes Geheimnis. Bislang hat die Lobby es geschafft – bis auf die oben genannten allergenen Stoffe –, keine Duftinhaltsstoffe veröffentlichen zu müssen. Das seien Geschäftsgeheimnisse, die Spezifikation der Parfümöle sei absolut vertraulich, bekommen wir oft zu hören. Andere hingegen behaupten, die Verpackungen seien viel zu klein für die langen Listen. Zumindest dafür hätten wir eine Idee: Das Internet dürfte groß genug sein. Auch für lange Duftstofflisten.

Umstrittene Konservierungsmittel

Auf der Verpackung zu finden und klar gesetzlich geregelt sind Konservierungsmittel. Sie sorgen dafür, dass wasserhaltige Kosmetika nicht vergammeln, und wirken gegen Keime und Pilze. Dabei bergen einige der Stoffe auch Risiken für die menschliche Gesundheit – manche weniger, manche mehr. Formaldehyd/-abspalter zum Beispiel machen eher mehr Probleme, die Hersteller setzen sie immer noch zur Konservierung ein. Formaldehyd reizt schon in geringen Mengen die Schleimhäute und kann Allergien auslösen. Wird die Substanz über die Atemluft aufgenommen, gilt sie als krebserregend, es kann zu Tumoren im Nasen- und Rachenbereich kommen. Formaldehyd lässt zudem die Haut schneller altern. Der Stoff selbst ist in Kosmetik zwar verboten. Allerdings gilt das Verbot nicht für Formaldehydabspalter. Diese Stoffe setzen aber nach und nach Formaldehyd frei.

Und jetzt kommt, wieder mal, ein Punkt, der uns wahnsinnig nervt: Wer erkennen will, ob Formaldehydabspalter in seinem Produkt stecken, der muss Chemie studieren oder sehr, sehr viele Vokabeln lernen. Denn, ja, wir können Ihnen sagen, hinter welchen Begriffen die Stoffe sich verstecken. Aber viel Erfolg beim Abgleich: Benzylhemiformal, 2-Bromo-2-nitropropane-1,3-diol, 5-Bromo-5-nitro-1,3-dioxane, Diazolidinyl Urea, Imidazolidinyl Urea, Quaternium-15, DMDM Hydantoin und Methenamine. Immerhin hat die Europäische Union im Juli 2022 eine Verschärfung der Kennzeichnungspflicht beschlossen: Produkte mit Formaldehydabspaltern müssen künftig den Hinweis »spaltet Formaldehyd ab« tragen, wenn die Konzentration im Fertigprodukt mehr als 10 Milligramm pro Kilogramm beträgt. Allerdings sind die Übergangsfristen noch lang: Bis zum 31. Juli 2026 dürfen Produkte ohne entsprechenden Hinweis noch verkauft werden. Bis dahin gilt also: Vokabeln lernen – oder Naturkosmetik kaufen.

Stoffe aus der Gruppe der halogenorganischen Verbindungen können ebenfalls als Konservierungsmittel in Kosmetika stecken. Historisch betrachtet kamen sie verstärkt zum Einsatz, um das krebsverdächtige Formaldehyd abzulösen. Doch die Ersatzstoffe haben es in sich. Zum Beispiel wurde Mitte der 1980er-Jahre als Formaldehydersatz eine Mischung aus Chlormethylisothiazolinon und Methylisothiazolinen eingeführt (INCI auf Verpackungen: Methylchloroisothiazolinone, Methylisothiazolinone). Nach 1985 wurde laut des Informationsverbundes Dermatologischer Kliniken (IVDK) aus Holland, Finnland, Italien, der Schweiz, Frankreich und Deutschland über Sensibilisierungsquoten von etwa 3 bis über 8 Prozent berichtet. Dabei waren die Anfangsprognosen so gut: Solange die Verbreitung noch gering war, erschien die Allergierate klein, später stellte sich genau das Gegenteil heraus. Mittlerweile hat der Gesetzgeber den Einsatz stark beschränkt: Die Hersteller dürfen nicht mehr als 15 Milligramm pro Kilogramm der Mischung in Kosmetika verwenden. Zu den halogenorganischen Verbindungen gehört zum Beispiel auch der Konservierungsstoff Chlorphenesin. Auch er kann zu Hautirritationen führen. Die Kosmetik-Verordnung VO (EG) Nr. 1223/2009 beschränkt den Einsatz in kosmetischen Mitteln auf 0,3 Prozent.

Fette aus Erdöl

Konservierungsmittel sind notwendig, weil viele Produkte hauptsächlich aus Wasser bestehen. Damit daraus eine Creme oder Lotion wird, braucht es eine Fettkomponente. In Naturkosmetika sind das natürliche Fette und Öle. In konventioneller Kosmetik können das Paraffine sein, und die stellt die Industrie aus Erdöl her. So weit, so synthetisch. Allerdings: Wenn die Hersteller die Paraffine nicht sorgfältig genug aufreinigen, dann bleiben darin aromatische Mineralölkohlenwasserstoffe (MOAH) zurück. Einige MOAH können Krebs erregen. Theoretisch sollten solche gefährlichen Stoffe zwar gar nicht in Kosmetik stecken, praktisch finden wir sie in unseren Prüfungen trotzdem immer wieder. Das ist besonders bedenklich in Lippenstiften. Denn die essen wir praktisch auf, wenn wir uns die Lippen ablecken und die Stoffe verschlucken. Auch die Paraffine selbst sind dann ein Problem – Paraffine sind gesättigte Kohlenwasserstoffe, sie reichern sich im menschlichen Körper an und stellen dort die größte Verunreinigung dar. Ob das Folgen für die Gesundheit hat, ist noch nicht ausreichend erforscht.

Abgesehen von den Ablagerungen im Körper und den krebserregenden Resten aus der Erdölverarbeitung: Paraffine und andere Erdölprodukte sind aus unserer Sicht keine Pflegemittel der ersten Wahl, sie integrieren sich nicht so mühelos ins Gleichgewicht der Haut wie die Bestandteile natürlicher Öle. Warum die Industrie sie trotzdem noch nutzt? Paraffine und ihre Verwandten sind billig und gut zu verarbeiten. Sie halten lange und werden nicht ranzig – was einem natürlichen Öl schon einmal passieren kann. Sie haben keinen Eigengeruch und verändern sich nicht. Die dreckigen Reste aus der Erdölverarbeitung sehen wir nicht, wenn wir eine weiße, reine Creme auftragen – die zeigen sich erst in der Laboranalyse.

Mikroplastik und Co.

Ähnlich vorteilhaft für die industrielle Verarbeitung wie Paraffine sind zudem viele andere Kunststoffe, die uns die Industrie in die Kosmetik rührt. Auch die bringen der Haut wenig, der Umwelt schaden sie sogar. Zu Recht ist festes Mikroplastik in Kosmetik inzwischen verboten – wenn auch mit teils langen Übergangsfristen. Denn Mikroplastik kann in die Umwelt gelangen und dort für sehr lange Zeit bleiben. Die Folgen: unbekannt. Selbst die europäische Kosmetikindustrie hat schon vor Jahren reagiert und sich verpflichtet, keine festen Mikroplastikpartikel in Peelings einzusetzen. Also alles prima? Leider nein. In Peelings findet ÖKO-TEST tatsächlich keine Schleifpartikel aus Polyethylen und Co. mehr. Aber dafür stecken in Kosmetika noch jede Menge anderer Kunststoffe in halbfester, flüssiger oder gelartiger Form. Zu den synthetischen Polymeren gehören auch die berühmten Silikone. Synthetische Polymere sollen die Haare besser kämmbar, die Creme besser schmierbar machen und für ein geschmeidiges Gefühl sorgen. Doch auch die halbfesten und flüssigen Varianten können übers Abwasser in die Umwelt gelangen. Von vielen dieser synthetischen Polymere ist bekannt, dass sie dort für lange Zeit bleiben, weil sie sehr schwer abbaubar sind.

In Deutschland gelangen jährlich 46 900 Tonnen gelöste Polymere allein aus Kosmetikprodukten sowie Wasch-, Putz- und Reinigungsmitteln ins Abwasser. Das ergab eine Studie des Fraunhofer-Instituts für Umwelt-, Sicherheits- und Energietechnik im Auftrag des NABU. Die Kläranlagen filtern die Kunststoffe nicht vollständig heraus. Was zurückgehalten wird, kann über den Klärschlamm in die Umwelt gelangen, denn er darf hierzulande als Dünger auf Felder ausgebracht werden.

Warum verhindert der Gesetzgeber diese Plastikflut nicht? Er tut es, aber eben nur teilweise. Das Verbot von festem Mikroplastik, das im Oktober 2023 in Kraft trat, geht uns nicht weit genug, weil es nur feste Partikel umfasst (siehe Kapitel 6 Mikroplastik). Von den halbfesten hat es bislang nur einige besonders schädliche Siloxane, auch sie gehören zu den synthetischen Polymeren, getroffen. Die Siloxanverbindungen D4, D5 und D6 (Octamethylcyclotetrasiloxan, Decamethylcyclopentasiloxan und Dodecamethylcyclohexasiloxan) listet die Europäische Chemikalienagentur (ECHA) als »besonders besorgniserregende Stoffe«: Sie reichern sich in der Umwelt an und sind dort sehr schwer abbaubar. D4 ist darüber hinaus in der EU als Gefahrstoff eingestuft, weil es im Verdacht steht, die Fruchtbarkeit zu beeinträchtigen. Deshalb ist die aktive Verwendung von D4 in Kosmetik verboten. Um auch unbeabsichtigte Verunreinigungen gesetzlich abzudecken, sind D4 und D5 in einer Konzentration von 0,1 Prozent oder höher untersagt. Immerhin. Und hoffentlich der Anfang des Endes von synthetischen Polymeren, die der Umwelt schaden. Klar, Silikone und Co. haben praktische technische Eigenschaften und fühlen sich toll an. Aber hey, Verbot macht erfinderisch. Wenn glatte Haare und ein angenehmes Hautgefühl auf Kosten der Umwelt nicht mehr erlaubt sind, fällt der Industrie bestimmt etwas ein, was eine noch bessere Performance hinlegt und dabei keine bleibenden Schäden hinterlässt.

Polyethylenglykole und ihre Abkömmlinge

Damit Wasser und Öl sich im Produkt zu einer Creme oder Lotion verbinden, braucht es Emulgatoren. Die Industrie nutzt hier häufig Polyethylenglykole und deren Abkömmlinge (PEG/PEG-Derivate). Diese Stoffe können sowohl als Emulgatoren zum Einsatz kommen als auch in Form von Tensiden zur Reinigung und für die Schaumbildung. Sie erinnern sich an die rote Linie der Naturkosmetikverbände? Im Herstellungsprozess bitte keine Verwendung des giftigen Gases Ethylenoxid, wie bei Polyethylenglykolen und deren Abkömmlingen (PEG/

PEG-Derivate). Auch *ÖKO-TEST* sieht PEG/PEG-Derivate kritisch. Einige PEG-basierte Tenside sind sehr aggressiv und trocknen die Haut stark aus. Andere Vertreter dieser Stoffgruppe weisen pharmakologische Wirkungen auf und haben deshalb aus *ÖKO-TEST*-Sicht in Kosmetik nichts verloren: Laureth-9 (Polidocanol) wirkt leicht betäubend auf die Haut, wenn überhaupt, sollte es nur in Arzneimitteln eingesetzt werden. Einige PEG/PEG-Derivate können die Haut durchlässiger für Fremdstoffe machen. Deshalb sind wir, was diese Stoffgruppe angeht, ganz bei den Naturkosmetikherstellern: Es geht auch anders.

Chemische UV-Filter

Was gar nicht geht: Sonne ohne Sonnencreme. UV-Strahlung löst Hautkrebs aus, wer sich für längere Zeit in die Sonne begibt, braucht Schutz. Aber bitte nicht mit chemischen UV-Filtern, die in den Verdacht geraten sind, wie Hormone zu wirken. Einige der Filter werden von der Haut aufgenommen und sind schon in Muttermilch nachgewiesen worden. Achtung, jetzt kommt ein Haufen ziemlich chemisch-klingender Begriffe – das liegt daran, dass die ziemlich chemisch sind: Für die Filter 4-Methylbenzylidencampher, Ethylhexylmethoxycinnamat (auch: Octylmethoxycinnamat), 3-Benzylidencampher, Benzophenon-1, Benzophenon-2, Benzophenon-3 (Oxybenzon) wurde die hormonelle Wirksamkeit im Tierversuch gezeigt. Bei den Filtern Homosalat, Octyl-Dimethyl-Para-Amino-Benzoic-Acid, Octocrylen und Etocrylen liegen Hinweise auf eine hormonelle Wirkung aus Zellversuchen vor. Zudem gibt es für Homosalat Hinweise auf eine mögliche Schädigung von Nieren, Leber und Schilddrüse aus Tierversuchen. Als Zerfallsprodukt von Octocrylen kann sich im Produkt außerdem Benzophenon bilden, das als wahrscheinlich krebserregend eingestuft ist. Je länger die Sonnencreme lagert, desto mehr davon.

Uff. Gefahr erkannt, Gefahr gebannt? Nicht ganz. Aber immerhin ein bisschen: Kosmetika mit 3-Benzylidencampher (3-BC) dürfen in der EU nicht mehr verkauft werden. Homosalat ist nur noch in Kosmetika für das Gesicht erlaubt. Kosmetika mit Benzophenon-3 müssen seit Juli 2023 den Hinweis »Enthält Benzophenon-3« tragen, wenn der Gehalt mehr als 0,5 Prozent beträgt. Zudem ist der Filter in Aerosol- und Pumpsprays verboten. Und der Rest? Erlaubt. Hawaii, du hast es besser. Hawaii hat den Verkauf von Sonnencremes mit den Filtern Benzophenon-3 (Oxybenzon) und Ethylhexylmethoxycinnamat komplett untersagt. Der Grund für das Verbot ist allerdings weniger schön: Die Filter stehen im Verdacht, zur Korallenbleiche und zur Zerstörung von Korallenriffen beizutragen. Deshalb hat auch der Pazifikstaat Palau Sonnencremes mit Octrocrylen verboten.

Und was tut die Industrie hierzulande? Statt demütig und leise alle Problemfilter aus den Produkten zu formulieren, macht sie aus der Umweltkatastrophe einen Marketinggag. Auf Sonnencremes ohne die Hauptverdächtigen prangen Aufkleber mit »rifffreundlich« oder »korallenfreundlich«. Echt jetzt? Hoffentlich macht die Green-Claims-Richtlinie solchem Treiben bald ein Ende. Bis dahin verlassen Sie sich bitte nicht auf die bunten Störer auf der Verpackungsvorderseite. Im Kleingedruckten auf der Rückseite finden sich die Namen (siehe oben) jener chemischen Filter, die noch immer in der jeweiligen Sonnencreme stecken. Kleiner Hoffnungsschimmer: Unsere aktuellen Tests von Sonnencremes zeigen, dass immer mehr Hersteller Sonnencremes ohne die umstrittenen Filter auf den Markt bringen. Zertifizierte Naturkosmetik erlaubt grundsätzlich keine chemischen Filter.

Ach, noch was: Im Büro scheint in der Regel keine Sonne. Tagescremes mit UV-Filtern können wir uns sparen. Auch der Arbeitsweg von der Bushaltestelle bis zur Haustür ist kein Argument. Außer vielleicht, das Büro liegt am Strand auf Hawaii. Aber dann sind wir ohnehin mit einer richtigen Sonnencreme besser beraten. Die hat nämlich, im Gegensatz zu einer gewöhnlichen Tagescreme, Tests durchlaufen, die den ausgelobten UV-Schutz belegen.

Palmöl

Die chemischen UV-Filter haben mutmaßlich die Korallenriffe vor den Küsten Hawaiis mit auf dem Gewissen. Für die Vernichtung der Regenwälder wiederum ist ein anderer Kosmetikinhaltsstoff mitverantwortlich: Palmöl. Die Produktion steigt drastisch: Im Erntejahr 2002/2003 wurden laut Datenportal Statista 26,76 Millionen Tonnen Palmöl hergestellt, im Jahr 2021/22 waren es bereits 75,95 Millionen Tonnen.

Die immense Nachfrage nach Palm- und Palmkernöl fordert einen hohen ökologischen Preis. Vor allem in Indonesien, das zusammen mit Malaysia rund 90 Prozent des weltweit gehandelten Palm- und Palmkernöls liefert, wurden in den vergangenen Jahrzehnten große Flächen an Regenwald abgebrannt, um dort in riesigen, kilometerlangen Monokulturen Ölpalmen anzubauen. Die Folgen: Vernichtung wertvollen Lebensraums, vertriebene Anwohner und eine gigantische Klimabelastung. Regenwälder entziehen der Luft Treibhausgase, sie sind riesige Kohlenstoffspeicher. Bei der Brandrodung gelangt der Kohlenstoff mit einem Schlag in die Atmosphäre und beschleunigt so in Form des Treibhausgases CO_2 die Klimakrise. So weit, so schlecht. Trotzdem will die Kosmetikindustrie nicht auf Palmöl und Palmkernöl verzichten. Es liefert Fettsäuren als Grundstoffe für viele gängige Tenside und Emulgatoren. Die Produkte aus der Ölpalme stecken in sehr vielen Produkten, auch Naturkosmetik nutzt Inhaltsstoffe aus der Ölpalme. Pflanzliches Glycerin zum Beispiel geht häufig auf die Ölpalme zurück. Es ist billig zu haben, weil es massenhaft bei der Herstellung von Biodiesel anfällt.

Und jetzt? Warum umstrittenes Palmöl nicht durch andere Öle ersetzen? Ein Austausch ist auch kein Weg aus dem Dilemma, wie eine Studie der Naturschutzorganisation WWF zeigt. Denn Ölpalmen liefern pro Hektar mehr als den vierfachen Ertrag im Vergleich zu anderen Ölfrüchten wie Raps oder Sonnenblumen. Ein Boykott von Palmöl in Kosmetik verschiebt das Problem nur. Umso wichtiger ist es, die Anbaubedingungen von Palmöl zu verbessern. Einige Naturkosmetikfirmen machen einen Anfang und beziehen Palmöl aus nachhaltigerem, kontrolliert biologischem Anbau. Das Natrue-Siegel schreibt vor, dass alle Rohstoffe aus Palmöl oder Palmkernöl vom Roundtable on Sustainable Palm Oil (RSPO) oder anderen zertifizierten nachhaltigen Lieferketten stammen. Auch der Cosmos-Standard fordert für Naturkosmetik mit Palmöl ein RSPO-Zertifikat. Das ist ein sehr bescheidener Mindeststandard. Immerhin gehört zu den Prinzipien, dass Primärwälder und ökologisch wertvolle Waldflächen nicht für neue Plantagen gerodet werden dürfen. Der RSPO geht auf eine Initiative des WWF im Jahr 2004 zurück und hat mittlerweile mehr als 5 400 Mitlieder entlang der kompletten Lieferkette: Palmölproduzenten, Bauern, Konsumgüterhersteller, Banken und Nichtregierungsorganisationen. Der RSPO ist kein strenges

Öko-Label. Er signalisiert aber immerhin, dass auf den Plantagen mehr für Naturschutz und Menschenrechte getan wird als gesetzlich vorgeschrieben. Das mag nach wenig klingen, ist aber besser als nichts.

Aluminium

»Ohne Aluminiumsalze« – dieser Hinweis prangt inzwischen auf sehr vielen Deos. Wir können mittlerweile ganze Tests von aluminiumfreien Deos durchführen, bei denen alle großen Marken mit an Bord sind: Rexona, Nivea, Axe, Fa, Dove – gibt's jetzt alle auch ohne Aluminium. Ein klares Beispiel dafür, dass die Industrie sich bewegt, wenn die Verbraucherin es will. 2004 hatte eine wissenschaftliche Arbeit von unter anderem Philippa Darbre einen Zusammenhang zwischen Brustkrebs und Aluminiumchlorohydrat aus Deos hergestellt. An der Studie gab es viel Kritik, doch auf Darbres Arbeit folgten etliche weitere Studien zu dem Thema. Dass Aluminium aus Deos ursächlich für Brustkrebs verantwortlich sein kann, ist nach aktuellem Forschungsstand zwar eher unwahrscheinlich, aber dass Aluminium im Körper generell nicht gesundheitsfördernd ist, darin ist sich die Wissenschaft einig.

Wie sehr Aluminium aus Kosmetik zu unserer körperlichen Gesamtbelastung durch das Leichtmetall beiträgt, war lange umstritten. Denn Aluminium ist quasi überall: Zum natürlichen Gehalt in Trinkwasser und Lebensmitteln addiert sich Aluminium, das sich aus Aluverpackungen herauslöst, Aluminium aus Arzneimitteln oder eben aus Kosmetik. Die Europäische Behörde für Lebensmittelsicherheit (EFSA) empfiehlt, wöchentlich nicht mehr als 1 Milligramm Aluminium je Kilogramm Körpergewicht aufzunehmen. Als erwiesen gilt, dass hohe Aluminiumdosen beim Menschen Schädigungen des Nervensystems zur Folge haben.

Bis vor einigen Jahren warnte das Bundesinstitut für Risikobewertung (BfR) noch, dass die wöchentlich tolerierbare Aluminiumaufnahme bereits durch die Verwendung aluminiumhaltiger Antitranspirantien auf gesunder Haut ausgeschöpft oder deutlich überschritten werden könne. Im Jahr 2020 änderte die Behörde ihre Einschätzung dann im Lichte neuer Daten: Bei der Verwendung eines Antitranspirants gelange sehr viel weniger Aluminium über die Haut in den Körper als bisher angenommen. Zu dieser Auffassung kam das EU-Beratergremium für Verbrauchersicherheit (SCCS) bereits Ende 2019 und gab auch für mutmaßlich krebserregende Eigenschaften von Antitranspirantien Entwarnung. Das BfR bleibt jedoch bei der Feststellung, dass die Gesamtbelastung durch Aluminium in einigen Bevölkerungsgruppen zu hoch sei. Aluminiumhaltige Inhaltsstoffe können auch in metallisch glänzenden Kosmetika wie Lidschatten, Nagellack und Eyeliner vorkommen, ebenso wie in Lippenstiften und Haarfärbemitteln.

Verbraucherinnen und Verbraucher, die weiterhin lieber auf Kosmetik ohne Aluminiumsalze zurückgreifen wollen, können diesen Rezepturbestandteil auf der Inhaltsstoffliste unter der Bezeichnung »Aluminiumchlorhydrat« erkennen. In Naturkosmetik ist chemisch gewonnenes Aluminiumsalz zwar verboten. Einige Naturkosmetikhersteller nehmen stattdessen Alaun – ein natürlich vorkommendes Aluminiumsalz. Es ist etwa als »Ammonium-Alum« oder »Potassium-Alum« deklariert. Wissenschaftlich betrachtet macht es keinen Unterschied, ob ein Aluminiumsalz aus der Natur oder aus einem Labor kommt. Es wirkt in Deos wie die Varianten aus dem Labor: Es verengt die Poren und verhindert, dass Schweiß fließt. Das kann zu Entzündungen führen. In unseren Tests werten wir auch Alaun ab.

Mica

Mögen Sie Glitzer? In Lidschatten und Lippenstiften sorgt das mineralische Pigment Mica (CI 77019) für schimmernden Wow-Effekt. Mica sieht toll aus. Wird aber oft unter katastrophalen Bedingungen abgebaut. Laut dem Kinderhilfswerk Terre des Hommes schuften bis zu 30 000 Kinder in den illegalen Mica-Minen der indischen Bundesstaaten Jharkhand und Bihar. Sie wühlen mit bloßen Händen nach dem Mineral. In selbst gegrabenen Löchern oder stillgelegten, vom Einsturz bedrohten Gängen. Die Arbeit ist hart und staubig. Die Kinder leiden unter Atemwegserkrankungen und sind häufig dehydriert. Sie riskieren ihr Leben, ihre Gesundheit und ihre Zukunft für ein bisschen Glitzer in unseren Lippenstiften. Um auf das Problem aufmerksam zu machen, fragen wir die Hersteller von Kosmetika im Rahmen unserer Tests, woher das Mica für ihre Produkte stammt. Viele bleiben Informationen und Dokumente schuldig, die den Ausschluss illegaler Kinderarbeit beweisen. Und das ist nur die Spitze des Eisbergs. Ob Rohstoffe für Kosmetik fair produziert und gehandelt wurden, lässt sich für Verbraucherinnen und Verbraucher kaum erkennen. Es gibt nur wenige Anbieter, die ihre Kosmetika mit dem Fairtrade-Produktlabel auszeichnen lassen. Viele Naturkosmetikhersteller und mittlerweile auch konventionelle Anbieter engagieren sich zwar in Projekten zum fairen und nachhaltigen Anbau von Rohstoffen. Umfassende externe Zertifizierungen sind aber in diesem Bereich Mangelware.

Besser weniger: Unnötige Verpackungen

Die Kosmetikindustrie gehört zu den Verpackungsweltmeistern. Das liegt in der Natur der Branche. Es geht in der Kosmetik um äußere Schönheit, wundert es da, dass das auch für die Verpackungen gilt? Bunt bedruckte Umkartons, die viel zu viel Luft lassen für die Tiegel, die sie umhüllen. Glänzende Pappschachteln mit Goldprägungen für ein wertiges Image. Plastikschatullen mit Spiegel und Quaste für 3 Gramm Puder. Nagellackfläschchen mit Plastikpinseln. Die Schönheitsindustrie hinterlässt riesige Müllberge. Und tut sich unfassbar schwer damit, diese Berge kleiner werden zu lassen. Die Debatten um Nachhaltigkeit, Umwelt und Klimakrise sensibilisieren immer mehr Kundinnen auch für die äußeren Werte von Kosmetik. Es geht nicht mehr nur um Mikroplastik in Cremes und Co., sondern auch um die Verpackung. Viele Kosmetikunternehmen werben deshalb mittlerweile mit Recyclinganteilen in ihren Verpackungen und geben vor, besonders umweltfreundliche Lösungen anzubieten. Doch in der Realität bringen viele der stolz beworbenen Lösungen keine Vorteile in Sachen Nachhaltigkeit. Ganz im Gegenteil, sie verschieben die Probleme, machen die Sache nur noch schlimmer und sind im Grunde reines Greenwashing. Schauen wir uns ein paar Tricks der Industrie genauer an.

TRICK NUMMER 1: UMKARTONS AUS NACHHALTIGEM HOLZ Etliche Hersteller brüsten sich damit, dass sie Pappkartons aus nachhaltig geschlagenem Holz verwenden. Auf vielen Schachteln prangt das Zeichen des Forest Stewardship Council (FSC). Der FSC legt Standards für nachhaltige

Waldwirtschaft fest, das Zeichen schmückt Produkte, die sich an die Kriterien halten. Klingt also erst einmal gut. Auch Angaben wie »Karton aus mindestens x Prozent Recyclingmaterial« sind keine Seltenheit. Das Problem: Viele dieser »nachhaltigen« Umkartons sind komplett überflüssig. In den meisten stecken Kunststofftiegel oder -tuben, die auch ohne Karton problemlos im Regal stehen könnten. Zerbrechliche Glastiegel mit Karton – okay, das leuchtet noch ein. Aber stabiles Plastik braucht keine Umverpackung. Dazu kommt, dass die Umverpackungen oft völlig überdimensioniert sind und die Käuferinnen und Käufer am Regal über den Inhalt der Packung hinwegtäuschen. Das ist erlaubt, eine Schachtel darf so viel Luft enthalten, wie es den Unternehmen passt. Solange der Inhalt in Millilitern oder Gramm und ein Bild von Tiegel oder Tube in Originalgröße auf dem Karton abgebildet sind, geht alles. Nachhaltige Mogelpackungen aus fair geschlagenem Holz und recyceltem Papier, die in Wahrheit kein Mensch braucht? Come on, Industrie, lass es einfach.

TRICK NUMMER 2: NATÜRLICHE MATERIALIEN Neuerdings gibt es nicht nur Umverpackungen aus Papier, sondern auch Kunststofftuben mit hohem Papieranteil. Der Tubenmantel bestehe zu rund 70 Prozent aus Papier, was für eine hohe Einsparung von Kunststoff sorge, wirbt etwa ein Verpackungshersteller auf seiner Homepage. Das Problem: Das Recycling solcher Verbundverpackungen ist in der Praxis ein Ding der Unmöglichkeit. In den hiesigen Sortieranlagen können sie nicht dem richtigen Material zugeordnet werden, die einzelnen Schichten sind beim Recycling kaum voneinander zu trennen. Was bleibt, ist die Müllverbrennung. Das gilt auch für Holz- und Bambuselemente von Kosmetikverpackungen. Sieht natürlich aus und verpasst Kosmetikartikeln ein tolles Image. Doch Deckel mit Holzverkleidung können nicht recycelt werden. Sie wandern in die Restmülltonne.

TRICK NUMMER 3: RECYCELTES PLASTIK Erinnern Sie sich noch an das Anti-Schuppen-Shampoo »Grüner Tee« aus dem Hause L'Oréal vom Anfang dieses Kapitels? »Flaschenkörper aus 100 % recyceltem Plastik« steht auf der Verpackung. Doch abgesehen von der verwirrenden Rechnung des Kosmetikriesen – 100 Prozent, aber bitte den Deckel abziehen –, um was für ein Recyclingplastik handelt es sich eigentlich? Und: Gibt es dafür Belege? Das fragen wir Unternehmen in unseren Tests. Leider haben wir von L'Oréal dazu bislang keine Antwort bekommen. Wäre aber wichtig, um zu beurteilen, was das mit dem recycelten Plastik bringt. Denn Rezyklate – so der Fachjargon – sind nicht gleich Rezyklate. Am besten wären Rezyklate aus der häuslichen Wertstoffsammlung. Solche Post-Consumer-Rezyklate (PCR) aus dem Gelben Sack oder der Gelben Tonne waren schon einmal im Wertstoffkreislauf. PCR-Anteile in Kunststoffen tragen zur Kreislaufwirtschaft bei, verringern die Abhängigkeit von fossilen Rohstoffen und entlasten so die Umwelt. Den PCR stehen die Reste aus der Kunststoffproduktion gegenüber. Die Post-Industrial-Rezyklate (PIR) waren noch nie im Wertstoffkreislauf, sie haben unter Nachhaltigkeitsgesichtspunkten einen ganz anderen Stellenwert. Sprich: Ein bisschen Recyclingplastik in der Verpackung macht noch keine Nachhaltigkeit. Wer mit Recyclingplastik wirbt, sollte genau belegen können, dass in der Verpackung Post-Consumer-Rezyklate stecken.

TRICK NUMMER 4: BIO-PLASTIK Einige Kunststoffverpackungen werben mit Aufdrucken wie »biologisch abbaubar«, »kompostierbar« oder »aus nachwachsenden Rohstoffen«. Klingt grün, ist es aber nicht. Grundsätzlich sind Alternativen zu herkömmlichen Kunststoffen aus Erdöl wünschenswert. Doch »Bio-Plastik« aus nachwachsenden Rohstoffen wie Mais oder Zuckerrohr schafft neue Probleme bei der Rohstoffgewinnung. Denn das »Bio« im Titel täuscht: Die Pflanzen für Plastik werden vor allem konventionell und in stark industrialisierter Landwirtschaft angebaut. Zuckerrohr für Plastik etwa stammt überwiegend aus Brasilien, wo die Pflanze unter erheblichem Pestizideinsatz in Monokulturen wächst. Auf die Frage, ob biobasierte Kunststoffe nachhaltiger seien als konventionelle, antwortet das Umweltbundesamt: eher nein. Aus dem Vergleich von Öko-Bilanzen wisse man, dass sich die Umweltauswirkungen nicht wesentlich verbessern, wenn die Rohstoffe biobasiert seien. Die Probleme verschieben sich nur.

Auch biologisch abbaubare Kunststoffe sind alles andere als grün. Anders als ihr Name glauben lässt, dürfen sie auf gar keinen Fall in die Biotonne. Aus Bio-Müll wird Kompost hergestellt, dafür sind die

Kunststoffe nicht geeignet. Sie stören die Prozesse in den Kompostierungsanlagen, werden nur teilweise abgebaut und verunreinigen den Kompost. Auch auf dem heimischen Kompost haben sie deshalb nichts zu suchen. Das Umweltbundesamt kommt zu einem klaren Urteil: »Der Einsatz von biologisch abbaubaren Verpackungen bietet keine Vorteile im Vergleich zu Verpackungen aus konventionellen oder biobasierten Kunststoffen«[8], schreiben die Experten. Anders gesagt: Plastik bleibt Plastik. Mission Umweltschutz gescheitert.

Verpackungen sind und bleiben Müll. Aus ökologischer Sicht ist möglichst wenig Verpackung oder eine Mehrwegverpackung die beste Wahl. Hier steht die Kosmetikindustrie absolut am Anfang. In den Drogeriemärkten haben wir schon erste Nachfüllpacks für Handseife und Duschgel gesichtet. Aber bis wir unsere Gesichtscreme im unspektakulären Nachfüllbeutelchen kaufen können, ohne Bling-Bling und Goldprägung, da muss sich noch sehr viel verändern.

– AUTSCH! –

- Es gibt keinerlei Beweise dafür, dass irgendeine Anti-Falten-, irgendeine Anti-Cellulite-Creme besser wirkt als eine ganz normale Feuchtigkeitscreme. Das gilt auch für Naturkosmetika.

- Hersteller dürfen bis 2026 immer noch Inhaltsstoffe einsetzen, die Formaldehyd freisetzen können, ohne davor auf der Verpackung zu warnen.

- Für ein bisschen Glitzer, ein bisschen Glanz in unserem Puder, unserem Rouge oder unserem Lippenstift arbeiten auch Kinder in Minen und riskieren ihre Gesundheit. Sie erkennen den umstrittenen Stoff Mica an der Bezeichnung »CI 77019«.

- Müll bleibt Müll: Bio-Plastik als Verpackung hat keine bessere Umweltbilanz als konventionelles Plastik.

Gibt's das auch in Grün?

Wer Kosmetik mit natürlichen Rohstoffen sucht und möglichst schonende, umweltverträgliche Herstellungsverfahren unterstützen möchte, greift am besten zu zertifizierter Naturkosmetik. Zertifizierte Produkte verzichten von vornherein auf Inhaltsstoffe aus der Erdölchemie und auf viele kritische Konservierungsmittel. Die Naturkosmetikstandards Cosmos, Demeter, Icada und Natrue bieten transparente Kriterien und Zertifizierungen und sind aus *ÖKO-TEST*-Sicht verlässlich. Aber Achtung: Auch zertifizierte Naturkosmetik ist nicht automatisch bio. Den höchsten Anteil ökologisch erzeugter Rohstoffe bieten gegebenenfalls die höchsten Level der Naturkosmetiklabels.

Firmeneigene Bio-Auslobungen und hausgemachte Nachhaltigkeitslabels können wir nicht empfehlen. Da es dafür keine externen Zertifizierungen und Kontrollen gibt, lässt sich nicht unterscheiden, ob es sich um reines Marketing oder um ehrliche Bemühungen um Nachhaltigkeit handelt. Lassen Sie sich von den Versprechen und Sprüchen der Firmen nicht einlullen. Kosmetikkonzerne pumpen sehr viel Geld in Marketing und kreieren mitunter vielversprechende Trends und Modebegriffe. »Clean Beauty« ist so ein trendiger Sammelbegriff, den jeder anders interpretiert. Auch die Begriffe »Conscious Beauty« oder »Naturnahe Kosmetik« stehen nicht für klare Kriterien. »Klimaneutral«, »Schutz der Weltmeere«, »korallenfreundlich«? Überlesen Sie es einfach.

Ein Trend, der nicht auf schwammigen Worthülsen, sondern auf buchstäblich handfesten Tatsachen beruht, ist die Entwicklung von festen Shampoos, Rasierseifen, Deos und Cremes. Mittlerweile gibt es fast jedes Produkt in fester Form. Und ja: Das ist aus ökologischer Sicht eine gute Nachricht. Denn feste Kosmetik spart Plastik und Problemstoffe. Sie enthält kein Wasser und muss deshalb nicht mit problematischen Konservierungsmitteln haltbar gemacht werden. Kein Wasser heißt auch: weniger Gewicht, das spart Transportkosten und CO_2. Meist reicht eine kleine Pappschachtel als Verpackung, feste Kosmetik spart also auch jede Menge Müll. Generell gilt in Sachen Verpackung: Produkte mit möglichst wenig Verpackung oder Mehrwegsysteme wählen.

DAS ZEIGEN UNSERE TESTS

Die Risiken, die bestimmte kosmetische Inhaltsstoffe bergen, sind bekannt – und trotzdem stecken in vielen konventionellen Kosmetika immer noch häufig kritische Konservierungsmittel, Duftstoffe mit hohem Allergiepotenzial oder umweltschädliche Kunststoffverbindungen. Oft sind es große, bekannte Marken, die in unseren Tests durchfallen. Das kann selbst dann passieren, wenn es sich um per se besonders nachhaltige Produkte handelt. Beispiel feste Shampoos. Sie sind eine echte Chance auf eine nachhaltige Revolution im Badezimmer: keine Plastikverpackung, wenig Gewicht, hohe Ergiebigkeit, bravo. Doch selbst hier schaffen es manche Hersteller, umstrittene Stoffe unterzubringen: In unserem Test von Festen Shampoos[9] im September 2023 schnitt das Produkt der Marke Guhl mit »mangelhaft« am schlechtesten ab. Die Gründe: PEG/PEG-Derivate, der künstliche Moschusduft Galaxolid und synthetische Polymere. Chance vertan.

Wir sehen oft, dass gerade bekannte Marken vermeintliche Performance vor vorbeugenden Verbraucherschutz stellen. Beispiel Zahnpasta: Gerade große Hersteller verwenden in ihren Produkten immer noch das vergleichsweise aggressive Tensid Natriumlaurylsulfat. In unserem Test[10] im April 2023 fielen fast ausschließlich die großen Marken der großen Konzerne noch mit Natriumlaurylsulfat auf: Blend-A-Med, Oral-B (Procter & Gamble), Aronal, Colgate, Dentagard (Colgate-Palmolive), Odol-med3 (GlaxoSmithCline), Signal (Unilever) und Theramed (Schwarzkopf & Henkel) – alle schäumten damit. Klar, das Tensid sorgt für stabilen Schaum. Es kann aber auch die empfindlichen Mundschleimhäute reizen. Wissenschaftliche Untersuchungen deuten sogar darauf hin, dass Natriumlaurylsulfat die Entstehung von Aphten begünstigt, das sind diese milchig-weiß belegten Entzündungen im Mund. Auch klar: Das ist nicht lebensgefährlich. Braucht aber trotzdem kein Mensch. Wir stellen in unseren Tests Überlegungen zum Gesundheits- und Umweltschutz vor technische Performance. Vorbeugender Verbraucherschutz first, schöner Schaum second. Dass es auch ohne geht, beweisen die Konzerne mit anderen Produkten nicht zuletzt selbst: Die Elmex-Zahnpasta von Colgate-Palmolive kommt ohne Natriumlaurylsulfat aus, ebenso die Marken Parodontax und Sensodyne aus dem Hause GlaxoSmithCline. Geht doch.

Apropos Schaumschlägerei: Unsere Tests zeigen ebenso, dass Wirkversprechen wenig bedeuten. Und hohe Preise sind keine Garanten für gute Noten. Im Gegenteil. In kaum einer Branche sind die Marketingmaschen so dreist wie in der Kosmetik. In unseren Tests lassen wir uns deshalb von den Anbietern Studien zu Wirkversprechen vorlegen. Anti-Falten, Anti-Cellulite – bitte belegen. Auch viele Anbieter echter Naturkosmetik sind bei solchen Auslobungen vorne mit dabei. Natürlich heißt es dann für sie ebenfalls: Her mit den Beweisen. Doch egal ob mit Naturkosmetiklabel oder ohne – die Belege dafür, dass die Produkte mehr können als eine gewöhnliche Pflegecreme, blieben die Anbieter in unseren Tests bislang schuldig. Von 22 Augencremes[11], die wir im März 2022 geprüft haben, kamen 20 mit »Anti-Aging« im Produktnamen oder mit Aussagen wie »Minimierung von Falten oder Linien« oder »straffende Wirkung« auf der Verpackung daher.

Einige Anbieter, darunter L'Oréal, legten auf unsere Anfrage erst gar keine Studien vor. Bei den übrigen fehlte uns der Vergleich mit einer herkömmlichen Pflegecreme. Für alle 20 Augencremes mit Wirkversprechen gab es deshalb Notenabzug. Ähnlich mau sah es im Test von Anti-Cellulite-Mitteln[12] im April 2023 aus: Auch hier verweigerten uns einige Anbieter einen Einblick in ihre Studien zu den Wirkversprechen. Nur zu drei von 14 Marken im Test erhielten wir überhaupt vollständige, produktbezogene Studien. Nachweise, dass die Cellulite-Mittel gegenüber einer gewöhnlichen Pflegecreme Vorteile bringen, fehlten auch für diese Produkte. Egal ob die Produkte teuer oder günstig waren. Das ist ein weiteres Fazit aus unseren Tests: Der Preis spielt keine Rolle für gutes oder schlechtes Abschneiden. In kaum einem Segment sind die Preisunterschiede zwischen ähnlichen Produkten so frappierend wie in der Kosmetik. Doch im konventionellen Segment haben die saftigen Preise oft nichts mit hoher Qualität zu tun, und günstige Kosmetika schneiden immer wieder gut ab, teure Marken rasseln häufig durch.

Auch sehr günstige Marken können kosmetische Zwecke prima erfüllen, etwa die Haut zu pflegen und mit Feuchtigkeit zu versorgen. In unserem Test von Gesichtscremes im Februar 2022 waren 50 Milliliter der günstigeren Marken für unter 2 Euro zu haben. Darunter die Eigenmarken der Drogeriemärkte dm, Müller und Rossmann sowie der Supermärkte und Discounter Edeka, Kaufland, Netto, Aldi und Lidl. Sie schnitten mit der Note »gut« oder »sehr gut« ab, bis auf das Aldi-Produkt, das in diesem Test ein »befriedigend« erzielte. Die teuersten Markenprodukte im Test waren 15- bis 30-mal so teuer. Und nicht unbedingt besser. 50 Milliliter der »L'Occitane Shea Butter Ultra Rich Comforting Cream« etwa kosteten 29 Euro. Die Creme landete wegen PEG/PEG-Derivaten, Silikonen und weiteren Kunststoffverbindungen beim Gesamturteil »mangelhaft«.

Das heißt aber nicht, dass im Umkehrschluss günstige Produkte immer gut wegkommen. Gleicher Test, anderes Beispiel: Die »Mouson-Creme Anti-Falten-Creme« aus dem Hause L'Oréal war mit 1,63 Euro für 50 Milliliter das billigste Produkt im Test. Ihr Preis lag damit noch unter den günstigen Eigenmarken. Doch so viele Abwertungen kommen in unseren Tests selten zusammen: künstlicher Moschusduft, allergieauslösende Duftstoffe, bedenkliche Formaldehyd/-abspalter, synthetische UV-Filter und Parabene als Konservierungsmittel, die beide im Verdacht stehen, wie Hormone wirken zu können, PEG beziehungsweise PEG-Derivate, Paraffine, aromatische Mineralölkohlenwasserstoffe, Silikone, weitere Kunststoffverbindungen in der Rezeptur, keine Studie zur Wirksamkeit vorgelegt, kein Rezyklatanteil in der Kunststofftube und dann noch ein überflüssiger Umkarton, der nur die Plastiktube umhüllt und kein Glas schützt – mehr geht kaum. Tja, unsere Notenskala endet bei »ungenügend« – Glück für L'Oréal an dieser Stelle, denn die »Mouson-Creme Anti-Falten-Creme« wäre in einem anderen Notenschema noch deutlich weiter nach unten abgerauscht.

Kann einem so etwas auch mit zertifizierter Naturkosmetik passieren? Eher nicht. Denn die seriösen Naturkosmetiklabels schließen in ihren Kriterien viele Stoffe, die *ÖKO-TEST* kritisch sieht, von vornherein aus. In der Regel schneiden sie deshalb in unseren Tests meist »sehr gut« ab. Doch keine Regel ohne Ausnahme. Denn Natur heißt nicht automatisch ohne Risiko. Beispiel Mineralerde. Ton-, Heil- oder Mineralerden gehören zu den ältesten Schönheitsmitteln der Menschheit, doch sie können von Natur aus Arsen, Antimon, Blei oder Cadmium enthalten. Das klingt nicht gerade nach einer Zutatenliste für Schönheitsmittel, und in der Tat sind diese giftigen Substanzen in Kosmetik verboten. Nur bei sehr geringen Gehalten, die als »technisch unvermeidbar« gelten, drücken die Behörden ein Auge zu. Doch in unserem Test von Reinigungsmasken[13] im November 2022 lagen die gemessenen Werte über diesen Toleranzgrenzen – auch in drei zertifizierten Naturkosmetika. Dasselbe Problem existiert bei Puder und Rouge. Hier können die Ausgangsrohstoffe aus der Natur – Kaolin, Talkum, Eisenoxide – ebenfalls mit giftigem Arsen, Blei oder Nickel belastet sein.

Unsere Tests zeigen: Diese Stoffe finden sich in einigen Produkten wieder, auch und gerade in zertifizierter Naturkosmetik. Alles in allem schneiden zertifizierte Naturkosmetika in unseren Tests im Durchschnitt dennoch besser ab als viele konventionelle Produkte. Was den Preis angeht, sind Naturkosmetika im Schnitt teurer als konventionelle Marken, und in diesem Fall hat der Preis etwas mit Qualität zu tun, denn Naturkosmetikanbieter müssen anders kalkulieren: Ausgewählte Öle aus Bio-Anbau sind teurer als synthetisch erzeugte Fettalkohole oder erdölbasierte Paraffine. Das erklärt, warum echte Naturkosmetika in der Regel um einiges mehr kosten als konventionelle Produkte.

Inside *ÖKO-TEST*

Natürlich freuen wir uns bei *ÖKO-TEST,* wenn Anbieter ähnlich strenge Kriterien an ihre Produkte anlegen wie wir. Doch manchmal kommt es dabei zu grundlegenden Missverständnissen. Manchmal glauben die Unternehmen, wir seien so eine Art Selbstbedienungsladen, der mal locker eine Liste mit Stoffen rausrückt, die man dann in seinen Produkten weglässt, und alles ist »sehr gut«.

Im Sommer 2023 meldete sich ein Hersteller bei uns und schickte per Mail eine lange Liste von Stoffen, die angeblich bei uns verboten seien, und fragte nach einem Update dieser »Blacklist«. Missverständnis. Ganz großes Missverständnis. Wir geben keine Blacklist heraus. Was im Herbst 2023 auf der Internetseite des Kosmetikverbandes Icada unter dem Stichwort »aktuelle Naturkosmetikthemen (ICADA-betreut)« zu lesen war, ist mehr als missverständlich. »Die Blacklist mit in *ÖKO-TEST* abgewerteten Rohstoffen: Testergebnisse bereits vor der Produktentwicklung«, war da zu lesen.

Klarstellung: Es gibt keine Blacklist von *ÖKO-TEST.* Und »Testergebnisse bereits vor der Produktentwicklung« ist auch Quark. Ja, wir legen unsere Testkriterien offen und schreiben in jedem Test, was genau wir wie abwerten. Klar, das kann man sich dann abschreiben – eine Garantie für ein »sehr gut« gibt es dadurch aber ganz sicher nicht. Deshalb hier nochmal ausdrücklich zum Abschreiben und Mitschreiben: *ÖKO-TEST* ist an keiner Stelle beratend für Hersteller tätig oder gibt gar Listen heraus. Wir sind Verbraucherschützer, keine Unternehmensberater. Wir arbeiten für unsere Leserinnen und Leser, nicht für Kosmetikverbände.

Und: Unsere Kriterien unterliegen einem ständigen Wandel, weil sich auch der wissenschaftliche Diskurs entwickelt. Prominentes aktuelles Beispiel: Titandioxid. Durch das Verbot des Stoffes in Lebensmitteln kam auch die Diskussion über seinen Einsatz in Kosmetika, die verschluckt werden können, in Gang. Schließlich hatte das verantwortliche Expertengremium der Europäischen Behörde für Lebensmittelsicherheit (EFSA) Bedenken zur erbgutveränderten Wirkung von Titandioxid nicht mehr ausgeschlossen. Eigentlich logisch, dass der Stoff auch in Kosmetika, die verschluckt werden können, ein Problem ist. Deshalb werten wir die Substanz in Zahnpasta, Lippenstiften und Co. mittlerweile ab. Lange Zeit galt er – auch für *ÖKO-TEST* – als unproblematisch. Wissenschaftliche Urteile ändern sich. Und natürlich machen wir dann nicht einfach unsere Augen zu und schauen weg, à la »das haben wir doch noch nie abgewertet«. Nein, mit neuen wissenschaftlichen Erkenntnissen erweitern und ändern sich auch unsere Kriterien. Dafür sitzen unsere Lebensmittelchemikerinnen, unsere Chemiker und Biologinnen schließlich jeden Tag im Verlag, verfolgen die Studienlage, bewerten neue wissenschaftliche Erkenntnisse und beraten aktuelle gesetzgeberische Entwicklungen.

Also, noch einmal, um jedes Missverständnis auszuräumen: Wir geben keine Listen heraus. Update: nicht mit uns und nicht von uns. Es gibt keine *ÖKO-TEST*-Blacklist. Und bei dem Verbandswerbespruch »Testergebnisse bereits vor der Produktentwicklung« handelt es sich um nichts anderes als ein Märchen. Aber die erzählt die Kosmetikindustrie ja ohnehin gerne.

In aller Kürze: **KOSMETIK**

⇨ Es gibt kein staatliches Naturkosmetiksiegel. Auch die seriösen Labels am Markt sind Industrielabels von Industrieverbänden. Einige bieten dennoch nachvollziehbare gute Kriterien, die eine Reihe von Problemstoffen von vornherein ausschließen.

⇨ Verlässliche und am weitesten verbreitete Naturkosmetikstandards sind Cosmos und Natrue.

⇨ Hausgemachte Labels, Namensbestandteile mit Bio oder Öko und Werbeaussagen wie »klimaneutral« oder »korallenfreundlich« bieten keine Orientierung.

⇨ Preis und Qualität fallen bei Kosmetik oft auseinander. Günstige Eigenmarken von Drogerien und Discountern erfüllen kosmetische Zwecke oft prima. Sie schneiden in unseren Tests häufig »gut« oder »sehr gut« ab.

⇨ Teure und bekannte Marken stehen im Schnitt öfter in der Kritik. Hochpreisige Kosmetika, die sich an zahlungskräftige Kundinnen und Kunden richten, setzen zudem oft auf edel anmutende Umverpackungen – das produziert zusätzlichen überflüssigen Müll.

⇨ Verpackungen sind und bleiben Müll. Biologisch abbaubares Plastik oder Kunststoff aus nachwachsenden Rohstoffen bietet keine ökologischen Vorteile.

6

MIKROPLASTIK AUS DER TUBE

Wie einfach wäre es, wenn Mikroplastik nur ein Thema in Kosmetika wäre. Wenn die Politik der Industrie einfach vorschreiben könnte, die Kunststoffe – ob nun fest oder flüssig – aus ihren Produkten zu verbannen, und das Problem wäre gelöst. Leider ist das nicht so. Das Problem Mikroplastik ist viel größer – und betrifft längst nicht nur die absichtlich zugesetzten Partikel in Kosmetika, im Gegenteil, sie machen nur einen kleinen Teil der Gesamtmenge aus.

Mikroplastik ist überall. Es steckt in dem Wasser, das wir trinken, in den Lebensmitteln, die wir essen, und ja, selbst in der Luft, die wir atmen. Flüsse, Meere, Böden sind voll davon und selbst im Schnee in der Arktis, in der Tiefsee und auf dem Mount Everest haben Forscherinnen und Forscher Plastikteilchen gefunden. Ein paar der erschreckendsten Funde gefällig? Mehr als 12 000 Mikroplastikteilchen pro Liter Meereis hat das Alfred-Wegener-Institut (AWI) in einigen Proben in der Arktis gemessen. Sogar im arktischen Schnee steckten ähnlich viele. Die Forschenden gehen davon aus, dass die Teilchen über die Luft dorthin gelangt sind. Eine Untersuchung der Universität Wien ergab zudem, dass in der Donau stellenweise mehr Plastikpartikel treiben als Fischlarven. Und in bis zu 5 600 Metern tiefer See stießen Forscherinnen und Forscher auf mehr als 13 000 (!) Teilchen Mikroplastik pro Kilogramm Meeressand.

Und manchmal sind es nicht Bilder, sondern Zahlen, die mehr sagen als tausend Worte. Die Zahl Fünf ist so eine. Durchschnittlich 5 Gramm Plastik nehmen wir Menschen pro Woche auf – das entspricht etwa dem Gewicht einer Kreditkarte. Richtig gelesen: Eine. Kreditkarte. Pro. Woche. Zu dem Schluss kam eine Studie der australischen University of Newcastle im Auftrag des World Wide Fund for Nature (WWF) 2019. Nun ist es sicherlich kein Stück Plastik, keine Kreditkarte, die wir da essen. Es sind unzählige winzige Teilchen.

Noch eine Zahl, die mehr sagt als tausend Worte: Eins. Nur 1 Prozent der Gesamtmenge an Plastikmüll in den Meeren macht das Plastik aus, das wir an der Oberfläche sehen. Das heißt, wir sehen lediglich die Spitze des Eisbergs. Demnach treiben 99 Prozent des Mülls irgendwo im Meer, teils an der Küste, teils aber auch da, wo wir ihn nicht einmal sehen. Wäre ja nur halb so wild, könnte man sagen, wenn an der Oberfläche nicht so immens große Mengen schwimmen würden. Die größte Müllhalde des Ozeans, das Great Pacific Garbage Patch im Nordpazifik, umfasst eine Fläche, die mehr als viermal so groß ist wie Deutschland. Und das sind nur die großen, erkennbaren Teile, die sich – wenn auch langsam – zersetzen, zu Mikroplastik.

Deswegen wollen wir die Waschmittel- und Kosmetikindustrie sicherlich nicht für die gesamte Aufnahme von Mikroplastik verantwortlich machen. Im Gegenteil: Die meisten dieser winzigen Teilchen entstehen durch Zerfall, also etwa wenn sich ein Autoreifen auf der Straße abreibt oder eine Plastiktüte im Meer sich langsam zersetzt. Es gibt aber immer noch Hersteller, die ganz absichtlich Produkten Mikroplastik oder flüssige Kunststoffe zusetzen: Kosmetika, Wasch- und Reinigungsmittel etwa. Der Unterschied zu dem Gros des Mikroplastiks ist also: Diese Teilchen sind total leicht vermeidbar. Die Hersteller müssten einfach aufhören, sie in die Rezepturen zu mischen. Denn auch dieses Plastik landet über den Abfluss im Meer, in Flüssen und Seen – und dort teils in den Mägen der Bewohner.

Plastik im Stuhl

Dass auch in unseren Mägen Plastik steckt, haben österreichische Forscherinnen und Forscher 2018 bereits nachgewiesen – wobei sie nicht die Mägen, sondern den Kot untersucht haben. Klar, das war keine richtige Studie. Die Österreicher haben nur acht Proben untersucht. Das ist alles andere als repräsentativ. Dennoch steckten in jeder einzelnen untersuchten Probe winzige Plastikteilchen. Im Mittel waren es 20 Teilchen pro 10 Gramm Kot, was selbst die Forscherinnen und Forscher überraschte. Eine ähnliche kleine Untersuchung aus New York folgerte 2021, dass zum einen selbst im Stuhl von Neugeborenen Mikroplastikteilchen stecken und zum anderen, dass der Kot von Babys noch einmal deutlich stärker belastet ist als der von Erwachsenen. Und wenn man ein bisschen drüber nachdenkt, verwundert das ja auch wenig, Stichworte: »Plastikfläschchen«, »Plastikbeißringe«, »Plastikschnuller«.

Überraschen konnten diese Ergebnisse erst einmal nur wenig. Klar, Plastik im Stuhl, das war eklig, das war nah. Aber im Grunde waren die Kotfunde ja auch Funde, die ein bisschen Hoffnung machten. Denn, dass Lebensmittel mit Plastik verunreinigt sein können, das wissen wir schon lange. Auch, dass wir Wasser trinken, in dem Mikroplastik steckt. Und dass es in den winzigen Staubpartikelchen steckt, die wir über die Luft einatmen. Heißt also: Im Grunde war klar, dass wir Mikroplastik aufnehmen. Und dass es sich nicht einfach in Luft auflöst, natürlich auch. Deswegen hieß der Nachweis im Kot ja erst einmal: Das Zeug kommt auch wieder raus. Und was raus ist, ist raus. Also alles fein? Na ja! Die Frage war schließlich, ob alles raus ist. Untersuchungen haben gezeigt, dass zwar die größte Menge der in Tieren nachgewiesenen Plastikteilchen im Magen-Darm-Trakt steckt. Aber eben nur die größte Menge. Und spätestens 2021, als Forscherinnen und Forscher in Rom zum ersten Mal Mikroplastik in der menschlichen Plazenta nachwiesen, war dieses bisschen Hoffnung passé. Wir scheiden nicht alles wieder aus.

Plastik in uns

Auch im Blut, in der Lymphflüssigkeit und in der Leber von Tieren haben Forscherinnen und Forscher Mikroplastik nachgewiesen. Im Jahr 2022 wiesen Forschende in Amsterdam erstmals Mikroplastik im menschlichen Blut nach. Im selben Jahr folgten die Erkenntnisse: Auch tief in unseren Atemwegen stecken die Kunststoffteilchen – und in Muttermilch. Und 2023 verkündete die Medizinische Universität Wien, dass Mikroplastik die Blut-Hirn-Schranke überwinden kann – und somit auch ins Gehirn vordringen kann. Das ist hoch alarmierend. Schließlich ist die Blut-Hirn-Schranke eine immens wichtige Barriere, die das Gehirn vor Krankheitserregern und Giften schützt, eigentlich.

Was die Teilchen dort anrichten? Über die Auswirkungen auf die Tiere wissen wir wenig, über die auf Menschen noch weniger. Und die Frage der Übertragbarkeit der Ergebnisse von Tierstudien auf Menschen ist immer schwierig. Über Tiere wissen wir: Bei Austern litt in einer Untersuchung die Fortpflanzungsfähigkeit, in einer anderen hatten Krabben und Krebse weniger Energie und brüteten weniger Eier aus. Miesmuscheln zeigten starke Entzündungsreaktionen. Und Würmer starben an den Umweltgiften, die sich an den Plastikteilchen abgelagert hatten. Beim Menschen gibt es erste Hinweise darauf, dass lokale Entzündungs- und Immunreaktionen entstehen können. Und dauerhafte Entzündungen können zu Krebserkrankungen führen. Im Gehirn, so fürchten die Forscherinnen und Forscher der Medizinischen Universität Wien, könnten Plastikpartikel das Risiko von Entzündungen, neurologischen Störungen oder gar neurodegenerativen Erkrankungen wie Parkinson oder Alzheimer erhöhen.

Weitere Forschung sei aber dringend nötig. Und mit diesem Fazit schließt fast jede der Untersuchungen, die es gibt.

Was uns bei *ÖKO-TEST* regelmäßig fassungslos zurücklässt, sind die Schlüsse, die Behörden, die für unsere Gesundheit zuständig sind, aus einem solchen Stand des Unwissens immer wieder ziehen. Das Bundesinstitut für Risikobewertung (BfR) etwa gibt sich gewohnt entspannt: »Nach dem derzeitigen Stand des Wissens ist nicht davon auszugehen, dass von den Plastikpartikeln in Lebensmitteln gesundheitliche Risiken für den Menschen ausgehen«[1], heißt es seit Jahren unverändert auf der BfR-Homepage. Und weiter: Es sei aber mehr Forschung nötig. Auch die Weltgesundheitsorganisation WHO folgert aus dem wenigen, was wir bisher überhaupt wissen: So richtig bedenklich sei die Aufnahme von Mikroplastik durch das Trinkwasser wohl eher nicht. Mikroplastik über 0,15 Millimeter werde wahrscheinlich vom Körper wieder ausgeschieden, noch kleinere Teilchen nur in geringen Mengen aufgenommen. Es sei aber mehr Forschung nötig. Für einen solchen intellektuellen Spagat muss man sicherlich erst einmal eine Weile trainieren. Was denn jetzt? Unbedenklich? Oder mehr Forschung nötig? So eine richtig entspannte Datenlage für eine Entwarnung sieht einfach anders aus.

Was diese Forschung extrem kompliziert macht: Es fehlen derzeit noch standardisierte Analysemethoden – je kleiner die Partikel, desto mehr. In Trinkwasser sind die Analysen mittlerweile ganz gut, für andere, kompliziertere Untersuchungen wie die von Lebensmitteln aber noch weit davon entfernt, standardisiert und damit vergleichbar zu sein. Außerdem ist Mikroplastik längst nicht gleich Mikroplastik. Es gibt erst einmal unterschiedliche Polymertypen. Dann gibt es unterschiedliche Größen, Formen und Oberflächenbeschaffenheiten. Und zudem noch ganz unterschiedliche chemische Zusammensetzungen. Es kann also sein, dass einige Teilchen schon in kleinen Mengen schädlich sind, andere hingegen auch in großen Mengen überhaupt nicht. Schließlich kommt es immer noch darauf an, was diese winzigen Teilchen alles mit sich herumschleppen. Denn damit kommen wir zurück zu den Würmern, die an den Umweltgiften starben, die sich an den Plastikteilchen abgelagert hatten. Hier befinden wir uns komplett jenseits der Frage, ob Mikroplastik an sich giftig wirkt. Denn das Plastik, das wir essen und trinken, ist nicht einfach nur Plastik. Mit den Partikeln nehmen wir auch Chemikalien auf, weil viele Kunststoffe Weichmacher, Stabilisatoren oder Flammschutzmittel als Zusätze enthalten. Außerdem können die kleinen Plastikteilchen auch Schadstoffe binden, die längst verboten, aber immer noch in der Umwelt sind – beispielsweise krebserregende Chlorverbindungen wie Polychlorierte Biphenyle (PCB). Mikroplastik wirkt wie ein Schwamm, wie eine Art Magnet für Schadstoffe. Heißt: Wer viel Plastik isst, isst auch viele Schadstoffe.

Plastik in der Rezeptur

Was tut also die Industrie dagegen? Die Industrie, die absichtlich Mikroplastik und flüssige Kunststoffe in ihre Rezepturen von Kosmetika,

Wasch- und Reinigungsmitteln mischt? Sie hat sich zunächst einmal selbst verpflichtet. Und mit den Selbstverpflichtungen der Industrie ist das ja immer so eine Sache. Meist greifen die Unternehmen damit ohnehin drohenden rechtlichen Regelungen vor und versuchen, diese möglichst stark im Vorfeld zu beeinflussen. Das war 2013 nicht anders. Damals beschlossen die im Industrieverband Kosmetik und Waschmittel (IKW) organisierten Hersteller, künftig auf festes Mikroplastik in ihren Rinse-off-Produkten, also in abwaschbarer Kosmetik, zu verzichten.

Zehn Jahre später – die Mühlen in der Politik mahlen nun einmal langsam – verbietet die EU festes Mikroplastik in Kosmetika und vielen anderen Produkten wie Farben, Medikamenten und dem Einstreumaterial für Kunstrasenplätze. Durch die Medien geht das Gesetz als »Glitzerverbot«, ein mehr als irreführender Begriff. Denn die EU hat nicht Glitzer verboten, sondern Mikroplastik. Für den Glitzer gibt es längst plastikfreie Alternativen. Und für das Mikroplastikverbot war es höchste Zeit. Denn das ist ein Schritt, den etwa Italien und Schweden längst allein gegangen sind. Das Verbot ist ein Erfolg, ja. Für die Umwelt, für uns. Aber die Sektkorken lassen wir trotzdem mal noch in der Flasche – aus zwei Gründen. Zum einen bezieht sich das Gesetz nicht auf wasserlösliche Kunststoffe, es geht nur um feste Kunststoffteilchen. Das Thema wasserlösliches Plastik ist da einfach mal unter den Tisch gefallen. Dabei ist klar: Ob nun flüssig oder fest, egal in welchem Aggregatzustand das Plastik sich nun befindet – es ist halt Plastik. Und besteht aus Erdöl. In der Umwelt bauen sich viele dieser flüssigen Kunststoffe nur schwer ab. Da wir Shampoos, Spülungen und Peelings unter der Dusche abspülen, landen diese flüssigen Kunststoffe in der Umwelt, mit teils unklaren Wirkungen, teils klaren Wirkungen – der schweren Abbaubarkeit.

Der zweite Grund, warum wir die Korken in der Flasche lassen: Auch festes Mikroplastik wird uns in Kosmetika noch eine ganze Weile begleiten. Denn bis die Plastikpartikel aus Leave-on-Produkten wie Lippenstiften, Make-up und Nagellacken verschwinden müssen, kann sich die Industrie noch bis zu zwölf Jahre ausruhen. So lang sind die geplanten Übergangsfristen teilweise. Dabei landet natürlich auch

»nicht abwaschbare« Kosmetik am Ende zu großen Teilen im Abfluss. Die löst sich ja nicht in Luft auf.

Für Verbraucherinnen und Verbraucher ist es schwierig, Kunststoffverbindungen in Kosmetika überhaupt zu erkennen. Die sind zwar deklariert, aber dafür müsste man Hunderte von Bezeichnungen auswendig lernen. Wer keine Lust auf Vokabeln lernen hat, kauft zertifizierte Naturkosmetik, liest unsere Tests oder greift auf eine App wie ToxFox vom BUND zurück. Diese Apps können zwar umfassende Tests nicht ersetzen, weil sie etwa mögliche Schadstoffe in den Produkten nicht nachweisen, sie scannen aber zumindest die Liste der Inhaltsstoffe auf unerwünschte Bestandteile wie Mikroplastik. Das gibt eine erste Orientierung, immerhin.

— AUTSCH! —

- Wir essen etwa 5 Gramm Mikroplastik pro Woche – das entspricht etwa dem Gewicht einer Kreditkarte. Zusätzlich atmen wir die Partikelchen ein.

- Was das Mikroplastik in uns anrichtet, darüber wissen wir noch viel zu wenig. Klar ist nur: Wir scheiden einen Teil aus, aber längst nicht alles. Forscherinnen und Forscher haben es im menschlichen Blut nachgewiesen.

- In der Donau treiben stellenweise mehr Plastikpartikel als Fischlarven.

- Das Alfred-Wegener-Institut (AWI) hat mehr als 12 000 Mikroplastikteilchen pro Liter Meereis in einigen Proben in der Arktis gemessen. Im arktischen Schnee steckten ähnlich viele – die Forschenden gehen davon aus, dass die Teilchen über die Luft dorthin gelangt sind.

Gibt's das auch in Grün?
6 Tipps, um Mikroplastik zu reduzieren

TIPP 1 *Weniger Auto fahren.* Reifenabrieb ist und bleibt die größte Quelle für Mikroplastik in der Umwelt.

TIPP 2 *Naturfasern tragen.* Auch in Kleidung stecken Kunststoffe, die über die Waschmaschine im Abwasser und damit in den Flüssen und Meeren landen. Hinter den Begriffen »Polyester«, »Polyamid«, »Acryl« oder »Nylon« etwa versteckt sich Plastik in Kleidung. Natürliche Alternativen sind Baumwolle oder Leinen.

TIPP 3 *Natürliche Putzlappen benutzen.* Viele Waschlappen und Putztücher enthalten Mikrofasern, die sich lösen und im Abwasser landen können. Das Angebot an natürlichen Alternativen, etwa aus Baumwolle, wächst.

TIPP 4 *Bewusst Kosmetika kaufen.* Auf unsere Testergebnisse achten oder gleich zertifizierte Naturkosmetik kaufen. Auch eine App wie ToxFox vom BUND kann dabei helfen, Mikroplastik in den Rezepturen zu erkennen.

TIPP 5 Schwieriger wird's bei *Wasch- und Putzmitteln.* Denn die Hersteller müssen hier nicht einmal alle Inhaltsstoffe, die sie verwenden, auf der Verpackung deklarieren – im Internet reicht völlig aus. Auch hier helfen all jenen, die nicht unzählige Bezeichnungen für Plastik auswendig lernen wollen, unsere Testergebnisse weiter. Und: Umweltlabels wie der Blaue Engel und das Ecolabel garantieren mikroplastikfreie Waschmittel.

TIPP 6 Und, zu guter Letzt: Wer *Fleecepullis oder andere Funktionskleidung* im Schrank hängen hat, sollte sie *möglichst selten waschen* – und möglichst lange verwenden.

DAS ZEIGEN UNSERE TESTS

»Kerne statt Plastik«, vermeldeten wir 2020 nach unserem Test von 26 Gesichtspeelings[2] – ein großer Erfolg. Denn: Festes Mikroplastik hatte die Industrie endlich durch andere, natürliche Schleifpartikelchen wie gehärtetes Jojobaöl ersetzt. Auch in den 50 getesteten Körperpeelings[3] steckte 2020 kein festes Plastik mehr. Stattdessen: Aprikosen- und Mandelkerne, Salz oder Kieselsäure. Das war 2015 noch ganz anders, als mehr als die Hälfte der Hersteller mit Polyethylen ihren Peelings noch festes Mikroplastik zusetzten. Und das nicht zu knapp: In einem Produkt war Plastik nach Wasser der mengenmäßig größte Bestandteil.

Im Jahr 2017 beauftragten wir die Hochschule Rhein-Main mit der Analyse von Körperpeelings[4] auf Mikroplastik – und ja, unsere wiederholten Tests und die Selbstverpflichtung hatten schon Wirkung gezeigt. »Nur« noch vier Hersteller mischten weiter fröhlich festes Mikroplastik in die Rezepturen, obwohl die viel gefeierte Selbstverpflichtung ja nun schon ein paar Jährchen alt war. Zeit genug, die Rezepturen umzustellen, wäre da sicherlich gewesen, unter anderem für die beiden großen Marken Garnier und Avène. In dem »Eau Thermale Avène Peeling« aus der Apotheke hatte die Hochschule 2017 sogar 10,3 Prozent Polyethylen gemessen – 10,3 Prozent des Peelings bestanden also aus reinem Plastik. In einer einzigen Tube steckten der Analyse nach rund elf Millionen Plastikpartikel. Elf. Millionen. Damals werteten wir konsequent ab – mit Erfolg, zumindest teilweise.

Denn festes Mikroplastik steckte 2020 tatsächlich in keinem Produkt mehr. Plastikfrei waren die Peelings aber auch 2020 nicht. In jedem zweiten konventionellen Produkt wurden immer noch flüssige Kunststoffe verwendet. Die Industrie will eben unter Mikroplastik nur feste Partikel einer bestimmten Größe verstehen. Das Problem ist aber, dass flüssige Kunststoffe die Umwelt natürlich genauso belasten können und mit dem Abwasser, nach ein paar Sekunden Reiben auf der Haut, ebendort landen. Abgesehen davon finden die meisten Verbraucherinnen und Verbraucher die Vorstellung, sich flüssiges Plastik auf die Haut zu schmieren, wohl eher nur so mittelprickelnd.

Also kritisierten wir auch die flüssigen Kunststoffe – und werteten sie als Umweltbelastung ab. Und tatsächlich: Drei Jahre später, 2023, setzten in unserem Test von 21 Körperpeelings[5] nur noch zwei Hersteller – Beiersdorf (Nivea) und The Body Shop – flüssige Kunststoffe ein. Alle anderen hatten nach unseren Tests diese unnötige Umweltbelastung aus ihren Rezepturen verbannt. Es gibt längst natürliche Alternativen, wie die anderen Hersteller im Test zeigten. Solche Veränderungen, solche Verbesserungen sind der Grund, warum wir unsere Arbeit lieben.

Ganz anders sah es allerdings selbst im Jahr 2022 leider noch bei unserem Test Haarstyling-Produkte[6] und 2023 bei unserem Test Schaumfestiger[7] aus. Fast kein konventionelles Produkt kam ohne flüssige Kunststoffe aus, obwohl das Plastik natürlich mit der Haarwäsche im Abfluss und damit in der Umwelt landet. Wir kritisierten das scharf – und hoffen, dass wir bei unseren nächsten Tests weniger Plastik vermelden können. »Geht (noch) nicht«, heißt es oft von Seiten der Hersteller, wenn wir bedenkliche Inhaltsstoffe kritisieren und fordern, dass sie diese ersetzen. In Haargelen etwa werden die flüssigen Kunststoffe als Filmbildner eingesetzt, Shampoos machen sie etwas dicker. »Geht doch«, zeigt in diesem Fall aber ganz klar die gesamte Naturkosmetikbranche, die auf Mikroplastik und flüssige Kunststoffe in ihren Produkten verzichtet. Und auch einige wenige konventionelle Hersteller schaffen es bereits, einen Schaumfestiger ohne flüssige Kunststoffe herzustellen.

Diese Kunststoffe, die setzt die Industrie den Produkten absichtlich zu. Es gibt allerdings auch jede Menge nicht beabsichtigte Verunreinigungen. Im Jahr 2021 haben wir bei *ÖKO-TEST* stichprobenartig zehn Flaschen Mineralwasser auf Mikroplastik untersuchen lassen – fünf aus PET und fünf aus Glas, jeweils vom gleichen Hersteller. Unsere Hypothese zu Anfang: Das Wasser in den PET-Flaschen wird sicherlich stärker belastet sein als das in den Glasflaschen, schließlich steckt es ja in Plastik. Nur war der Analyse unsere Hypothese ziemlich egal. Durchschnittlich gerechnet war das Wasser in den Glasflaschen sogar stärker belastet als das in den Plastikflaschen. In der am stärksten belasteten Glasflasche fanden sich mit 302 (!) Partikeln mehr als doppelt so viele Plastikteilchen wie in der am stärksten belasteten Plastikflasche. Auch die wenigsten Partikel, nämlich zehn, fanden sich in einer PET-Flasche.

Verstehen Sie uns nicht falsch, wir bilden uns nicht ein, dass diese Untersuchung repräsentativ ist. Es waren gerade einmal zehn Flaschen, fünf Hersteller. Aber dieser kleine Test zeigt eben: Wer seine persönliche Mikroplastikaufnahme reduzieren möchte, für den ist auch Glas keine sichere Alternative. Es geht eben nicht nur darum, dass sich Teilchen aus der Verpackung lösen können. Das Plastik kann schon bei der Verarbeitung, bei der Reinigung oder Abfüllung, etwa aus den Schläuchen, in das Wasser übergehen. Es ist eben überall. Und auch der Übergang aus den Deckeldichtungen ist eine mögliche Quelle. Das heißt, je öfter man eine solche Flasche auf- und zumacht, desto mehr Mikroplastik entsteht – weil die Dichtung eben bei jedem Drehen durch die Reibung Partikel abgibt.

Jetzt waren wir nicht die Ersten, die Mikroplastik in Mineralwasser untersucht haben. Auch das Chemische und Veterinäruntersuchungsamt Münsterland-Emsche-Lippe hat das gemacht, um nur eine von mehreren Untersuchungen zu nennen. Und bei dieser Untersuchung war PET, ganz so wie in unserer Arbeitsthese, tatsächlich durchschnittlich am stärksten belastet. Glasflaschen ebenfalls, aber weniger als PET. Ein weiteres Ergebnis: Mehrweg war insgesamt stärker belastet als Einweg. Die Reinigung der Flaschen scheint ein Kontaminationsproblem darzustellen, folgerten die Forschenden. Was bleibt also? Wenn Mehrweg belastet ist und Einweg ökologisch gesehen keine Alternative ist?

Wir spüren den Mineralwasserverband geradezu in unserem Rücken, wenn wir schreiben: Leitungswasser. Mehrere erste Untersuchungen zeigen, dass Leitungswasser in Deutschland weniger belastet zu sein scheint. Die Kläranlagen filtern den Großteil des Mikroplastiks schon heraus. Das ist, für alle, die Leitungswasser trinken, natürlich erst einmal eine gute Nachricht – die allerdings eine Schattenseite hat. Denn über den Klärschlamm landet das herausgefilterte Mikroplastik dann wieder in der Umwelt. Dennoch bleibt: In deutschem Leitungswasser steckt ersten Erkenntnissen nach durchschnittlich weniger Mikroplastik als in abgefülltem Mineralwasser. Wegen der vielen anderen Vorteile für die Umwelt und den Geldbeutel rät auch das Umweltbundesamt dazu, Leitungswasser zu trinken. Ob das Umweltbundesamt auch regelmäßig Post vom Mineralwasserverband bekommt?

Inside *ÖKO-TEST*

Es gebe einfach »keine Alternative« zu den flüssigen Kunststoffen in Waschmitteln, teilten uns gleich mehrere Hersteller während unseres Tests Vollwaschmittel[8] 2019 mit. Flüssige Kunststoffe steckten in fast allen Produkten. Oha. Soll das heißen, dass Plastik in Waschmitteln »alternativlos« ist? War da nicht was? Ach ja, schon 2010 hatte es das Wort »alternativlos« zum »Unwort des Jahres« geschafft, weil, so die Begründung der Unwort-Jury, das Wort »sachlich unangemessen« suggeriere, »dass es bei einem Entscheidungsprozess keine Alternativen und damit auch keine Notwendigkeit der Diskussion und Argumentation« gebe. Nun diskutieren und argumentieren wir bei *ÖKO-TEST* aber nun einmal ganz gern. Und lassen uns ungern »sachlich unangemessen« davon abhalten.

Deswegen fragen wir uns: »Wie bloß schafften es zwei der Vollwaschmittel so ganz ohne diese ›alternativlosen‹ Bestandteile, auch in der Waschleistung in unserem Test auf ein ›gut‹ zu kommen?« Sie brauchten diese Bestandteile gar nicht – nicht für die Fleckenentfernung, nicht für die Waschleistung und nicht einmal für das angebliche Überschäumen der Waschmaschine, das ohne flüssige Kunststoffe nach Meinung einiger Hersteller quasi unumgänglich war. Wie haben die Waschmittelhersteller Ecover und Sonett das bloß hinbekommen? Wussten die das am Ende einfach nicht, dass es zu Plastik in Vollwaschmitteln »keine Alternative« gibt? Hat denen das keiner gesagt?

Wenn wir hören, dass es »keine Alternative« zu etwas geben solle – und das passiert recht oft –, werden wir hellhörig, denn meistens verbirgt sich dahinter wenig mehr als ein »Das haben wir halt immer schon so gemacht und es ist billiger so«. Um Alternativen zu finden, muss man sich auf die Suche machen. Und bei der Suche, da werden die Großen oft von den kleinen Herstellern mit Öko-Ambitionen überholt.

In aller Kürze: **MIKROPLASTIK**

⇨ Zwar verzichtet die Kosmetikindustrie mittlerweile weitgehend auf festes Mikroplastik, sie mischt jedoch weiterhin fröhlich flüssige Kunststoffe in die Rezepturen.

⇨ Wer Kosmetika ohne Plastik kaufen möchte, kauft Naturkosmetik oder richtet sich nach unseren regelmäßigen Tests. Auch eine App wie ToxFox vom BUND kann beim Erkennen von Mikroplastik in der Rezeptur helfen.

⇨ Wer die Mikroplastikaufnahme über das Trinkwasser reduzieren möchte, kann Leitungswasser bevorzugen. Das ist nach bisherigen Erkenntnissen weniger belastet als Mineralwasser.

7
WASCHMITTEL:
DAS GESCHÄFT MIT DER REINHEIT

Tiefenrein«, »strahlend rein« und »nicht nur sauber, sondern rein« – die Hersteller von Waschmitteln übertreffen sich gegenseitig, wenn es darum geht, ihre Pulver mit dem Attribut »rein« zu bewerben. Und sie tun das recht erfolgreich. Wer sich Statistiken der vergangenen Jahre zum Umsatz der Waschmittelhersteller in Deutschland anschaut, erkennt schnell, dass die Balken in den Diagrammen nur eine Richtung zu kennen scheinen: die nach oben. Für 2023 prognostizierte das Datenportal Statista den Waschmittelherstellern in Deutschland einen Umsatz von 2,8 Milliarden Euro. Im Jahr 2013 waren es noch 1,9 Milliarden. Das Geschäft mit der Reinheit läuft also. Nur kommt diese Reinheit mit einem Preisschild daher. Einem Preisschild, das die Umwelt zahlt. Denn in den Waschmitteln – ob fest oder flüssig, weiß, schwarz oder Color – stecken jede Menge Chemikalien, die direkt nach der Wäsche im Abfluss landen. Und die Klärwerke vor große Herausforderungen stellen.

Fangen wir mit den Tensiden an, denn ohne sie geht nichts: Sie lösen den Schmutz überhaupt erst aus der Wäsche. Heißt: Sie stecken auch in Öko-Waschmitteln, weil die Wäsche sonst einfach nicht sauber würde. Sie setzen die Oberflächenspannung des Wassers herab, wodurch die Gewebe besser benetzt werden können, und bekommen so den Schmutz aus den Fasern. Viele Stoffe sind giftig für Wasserorganismen. Klar, das Abwasser fließt ja nicht direkt in die Flüsse und die meisten Tenside werden heutzutage in der Kläranlage gut abgebaut. Aber es gibt immer noch Tenside, die Probleme machen und schwerer abbaubar sind.

Von Flüssigkunststoffen, die auch in vielen Waschmitteln stecken, haben Sie im Kapitel Mikroplastik genug gelesen, deswegen kommen wir gleich zum nächsten Problem: Duftstoffe. Viele davon sind in der Umwelt schwer abbaubar – und einige lösen häufig allergische Reaktionen aus. Ein besonders ärgerliches Beispiel: Lilial, Chemikern bekannter unter dem locker-leicht von der Zunge gehenden Begriff »Butylphenyl Methylpropional«. Wir bei ÖKO-TEST kritisieren diesen Duftstoff schon sehr, sehr lange. Nun ist er zumindest in Kosmetik seit 2022 endlich verboten, weil er fortpflanzungsschädigend ist. In Weichspülern, Putzmitteln und Waschmitteln bleibt das nach Maiglöckchen riechende Lilial (noch) erlaubt. Weil es dort weniger bedenklich ist? Wohl kaum.

Phosphonate, die sich in der Umwelt schlecht abbauen, setzen einige Hersteller immer noch als Komplexbildner und Wasserenthärter ein. Einige dieser Phosphonate sind zudem ökotoxisch. In unserem Test Color-Waschmittel[1] 2023 steckten in den meisten Produkten Phosphonate. Dabei gibt es längst ökologischere Alternativen. Auch wegen der häufig unnötigen Wasserenthärter sind Waschmittel im »Baukastensystem« eine gute Wahl. Wasserenthärter setzt man dann nur ein, wenn man in einer Region mit vergleichsweise »hartem« Wasser, also Wasser mit hohem Kalkgehalt, wohnt.

In vielen Waschmitteln kommen Bleichmittel und optische Aufheller zum Einsatz. Sie sollen Weißes noch weißer machen – womit wir wieder beim Reinheitsversprechen wären. Reinheit wird bei weißer Wäsche natürlich daran gemessen, wie weiß das Hemd wieder aus der Wäsche kommt. Die Weißmacher belasten aber die Umwelt. Hinzu kommt: Wer nichtweiße Wäsche wäscht, hat wenig Interesse an der aufhellenden Wirkung von Bleichmitteln – sie können die Farbe der Kleidungsstücke sogar ausbleichen. Deswegen sollte man das Wort »Vollwaschmittel« für sich selbst übersetzen mit »Weißwaschmittel«. Bunte Wäsche, die ja in den meisten Haushalten am häufigsten anfällt, ist besser dran mit einem Color-Waschmittel. Oder mit einem Waschmittel mit ökologischem Anspruch, da verzichten die Hersteller bereits lange auf optische Aufheller – schon in unserem Test Vollwaschmittel 2019 verwendeten sie weder Ecover noch Sonett, Sodasan oder Almawin. Heißt: Mit Öko-Waschmitteln spült man zwar immer noch Tenside und andere schädliche Chemikalien in die Umwelt – aber eben weniger als mit konventionellen.

Schwache Deklaration

Wie viel weniger Schadstoffe wir damit in die Umwelt spülen? Nobody knows. Und damit kommen wir zu einem sehr unleidlichen Thema, das alle Wasch- und Reinigungsmittel betrifft: Wie erkenne ich als Verbraucherin, als Verbraucher denn nun, dass ein Waschmittel weniger schädliche Chemikalien enthält als andere? Wenn Sie zufällig Chemie studiert und relativ viel Zeit haben, dann haben wir eine gute Nachricht für Sie: Sie bekommen das hin, zumindest teilweise. Wenn nicht, wird's leider schon schwieriger. Und das geht schon los bei der Informationssuche, denn Wasch- und Reinigungsmittelhersteller müssen auf der Verpackung nicht alle Inhaltsstoffe, die sie verwenden, deklarieren. Bei Lebensmitteln müssen sie das, bei Kosmetika auch – bei Wasch- und Putzmitteln hingegen nicht. Die Hersteller von Waschmitteln müssen auf der Verpackung lediglich bestimmte Inhaltsstoffe angeben. Laut Detergenzien-Verordnung, so heißt die gesetzliche Grundlage, reicht es, wenn sie die darüberhinausgehenden Inhaltsstofflisten im Internet veröffentlichen.

Die dort zu finden, ist allerdings nicht immer einfach. Denn so nutzerfreundlich und selbsterklärend viele der Webseiten sind, wenn es darum geht, die Produkte mit blumigen Worten zu bewerben und zu verkaufen – so sehr fühlt man sich im Netz plötzlich in die frühen 2000er-Jahre zurückversetzt, wenn man auf der Suche nach der konkreten Inhaltsstoffliste ist. Die Links dahin sind plötzlich arg versteckt oder finden sich gar nicht erst direkt auf der Unternehmenswebseite. Um auf ein konkretes Produkt zu kommen, muss man sich durch eine plötzlich superklein dargestellte Liste von Hunderten Produkten klicken. Einfache Suchfunktion? Fehlanzeige. Oder es öffnet sich ein Fenster, das viel zu klein ist, um alle Inhaltsstoffe lesen zu können.

Und wenn man sich die Zeit genommen hat, die Liste zu suchen und zu finden – dann kommt das Chemiestudium ins Spiel. Denn ja, dort stehen dann alle Inhaltsstoffe aufgelistet. Aber außer den Chemikerinnen und Chemikern unter Ihnen dürfte es den allermeisten schwerfallen, Bezeichnungen wie »Butylphenyl Methylpropional« oder »Tetrasodium Glutamate Diacetate« einzuordnen. Und ganz am Schluss kommen dann sogar die Fachleute an ihre Grenzen, denn wie viel schädliche Substanzen in den Waschmitteln stecken, wie hoch also ihr

Anteil an der Gesamtmenge ist, wissen allein die Hersteller, die sich gern auf ihr Betriebsgeheimnis berufen. Mengenangaben müssen sie nicht veröffentlichen – und einige mauern diesbezüglich sogar, wenn wir nachhaken und Geheimhaltung garantieren.

Was dagegen spricht, die Inhaltsstofflisten zu deklarieren und auf der eigenen Homepage direkt beim angepriesenen Produkt zu veröffentlichen? Allein der Unwille der Unternehmen, denn Lebensmittel- und Kosmetikhersteller tun das ja auch. Aber eben nur, weil sie es müssen. Hier hakt es also, wie so oft, an der Gesetzgebung. Freiwillig wird die Industrie sich nicht bewegen, da sie fürchtet: Wenn auf der Verpackung eindeutig zu lesen ist, wie viel an Chemikalien eigentlich für die reine Wäsche im Abfluss landen, dann käme das bei den Kundinnen und Kunden möglicherweise nur mittelgut an. Das Image der natürlich weißen Wäsche, für das sie so viel Geld ausgeben, für das sie so viele kreative reinweiße Werbesprüche entwickeln, das könnte bröckeln.

Dieselbe Kreativität, die Hersteller von Waschmitteln bei ihren Werbesprüchen zeigen, die beweisen sie auch bei der Entwicklung neuer Produkte. Sie verkaufen Waschmittel für weiße, für dunkle, für bunte, für schwarze Wäsche. Für hartnäckige Flecken, für Sportwäsche, für Funktionskleidung, für Jeans. Es gibt feste und flüssige Waschmittel. Kompakt oder Jumbo, Pods, Caps und Discs. Weichspüler und Hygienespüler. Sogar »Wäscheparfüm« und »Trocknertücher« bieten sie an. Und alle Produkte eint eines: das Versprechen reiner, weicher, frischer Wäsche. Aber welche brauchen wir wirklich? Und welche schaden der Umwelt mehr als andere? Eines vorab: Auf alle Produkte gehen wir hier nicht ein – dass Sie kein extra Waschmittel für Jeans brauchen, oder gar ein Wäscheparfüm, für diese bahnbrechende Erkenntnis brauchen Sie uns vermutlich nicht. Aber nun zu den anderen.

Flüssigwaschmittel: Konservierte Kunststoffe

Ob fest oder flüssig, ist eine der elementaren Fragen, was die Umweltwirkung von Waschmitteln betrifft, denn wer auf flüssige verzichtet, hat schon einmal viel richtig gemacht. Da ist zunächst das Offensichtliche:

die große Plastikflasche, die die Umwelt natürlich mehr belastet als die kleine Verpackung der Kompaktpulver, die im Idealfall zudem noch aus Karton und nicht aus Plastik besteht. Aber auch das, was in den Flaschen steckt, hat es in sich. Flüssigwaschmittel enthalten mehr Tenside als Pulver, weil sie sonst ineffektiver waschen würden. Außerdem muss Flüssiges konserviert werden, weil sich sonst schnell Keime bilden – also stecken zusätzlich noch Konservierungsmittel in den Flaschen. Einige Hersteller verwenden sogar weiterhin Methylisothiazolinon (MIT), um die Flüssigkeit haltbar zu machen. Schön, dass sie dann konserviert ist – der Stoff kann aber Allergien auslösen. Häufig färben Farbstoffe die Flüssigkeit dann noch blau oder grün. Insgesamt landen mit den Flaschen also mehr Abfälle in der Deponie und mehr Chemikalien in der Umwelt.

Jumbopackungen: Aufgepumptes Pulver

Waren die nicht mal weg? Jumbopackungen von Waschmitteln haben wir jahrelang kaum noch gesehen. Seit einiger Zeit tauchen sie nun doch wieder auf, stehen in den Regalen der Supermärkte herum und machen, ja, was eigentlich? Waschen sie besser, günstiger oder gar »reiner«? Frei nach dem Motto: Viel hilft viel? Nein, im Gegenteil. Die Waschmittelindustrie hat im Laufe der Jahrzehnte ihre Waschmittel so weiterentwickelt, dass sie viel kompakter sind. Während diese Jumbopackungen vor Jahrzehnten tatsächlich nötig waren, braucht die Industrie heute viel weniger Pulver für die gleiche Waschleistung. Der Mythos, dass die Riesenpackungen günstiger sind, hält sich aber. Heißt: Es gibt eine Kundengruppe für diese Packungen, Menschen, die bereit sind, sie zu kaufen. Die will natürlich kein Waschmittelhersteller verlieren. Also nimmt die Industrie die modernen Waschmittel, packt sie in die alten Jumbopackungen – und füllt den Rest einfach auf. Nicht mit mehr Kompaktwaschmittel, sondern mit Füllstoffen. Stoffe, die überhaupt keinen Einfluss auf die Waschleistung haben. Meist sind das Salze, die über den Abfluss teils im Klärwerk, teils in den Gewässern landen. Sie belasten die Umwelt nur noch mehr als ein normales Kompaktwaschmittel. Die XXL-Packungen haben also keinerlei Vorteile – im Gegenteil. Hinzu kommt: Wer die Jumbopackungen öffnet, den überrascht häufig die tatsächliche Füllmenge. Denn oft steckt deutlich weniger Pulver in der Verpackung, als die Riesenbox erwarten lässt.

Weichspüler: Frühlingsfrische Schlachtabfälle

Auch bei den Weichspülern sind die Versprechen groß. »Frischer Morgen«, »bezaubernde Magnolie«, »Blütentraum« oder »Frühlingsfrische«, steht da, die Assoziation soll also sein: Hallo, Achtung, frisch, Natur. Aber wie viel Natur ist denn in den Produkten nun drin? So richtig nach Natur liest sich die Inhaltsstoffliste der meisten Weichspüler nicht: Tenside, Parfüm und ein Haufen Duft- und Konservierungsstoffe stehen da.

Denn was sollen Weichspüler tun? Sie sollen die Wäsche zum einen weicher machen und zum anderen besser duften lassen. Fangen wir also mit dem »weicher machen« an: Dafür brauchen die Weichspüler sogenannte kationische Tenside, die in die Fasern eindringen und sie eben weicher machen. Die werden aus Fetten gewonnen – und da tierische Fette ziemlich billig sind, halten dafür häufig Schlachtabfälle her. Ja: Schlachtabfälle. Sie sorgen für die Weichheit, mit der sich die frisch gewaschene Bluse an Sie schmiegt. Es ist aus ökologischer Sicht natürlich gar nicht so verkehrt, wenn die Abfälle aus der Fleischproduktion nicht auf dem Müll landen, aber natürlich auch nicht so richtig appetitlich. Wenn also auf der Verpackung »pflanzlich« steht oder »vegan«, dann hat das durchaus seine Berechtigung. Denn viele Weichspüler sind genau das nicht. Allerdings lohnt auch bei den veganen Weichspülern ein genauer Blick. Denn Fette benötigen auch die – und das ökologisch bedenkliche Palmöl ist eben ziemlich billig und damit eine naheliegende Wahl.

Kommen wir zu der Funktion »besser riechen«. Mit Schlachtabfällen allein lässt sich schließlich kein »frühlingsfrischer« Duft herstellen. Also müssen da Duftstoffe rein – je mehr, desto »frühlingsfrischer«. Nur, wie in den Waschmitteln auch: Viele davon bauen sich in der Umwelt nur schwer ab, einige lösen Allergien aus. Hinzu kommen, da es sich um Flüssigprodukte handelt, ein Haufen Konservierungsstoffe, um die Keimbildung zu hemmen. Besonders kritisch sehen wir da, wie schon bei den Flüssigwaschmitteln, etwa Methylisothiazolinon, das in vielen Weichspülern steckt. Der Stoff kann Allergien auslösen – und eigentlich gibt es längst harmlosere Alternativen.

Die gute Nachricht: Sie brauchen weder die Weichspüler mit bedenklichen Konservierungsmitteln oder Schlachtabfällen noch die ohne – Weichspüler belasten die Umwelt unnötig und sind völlig verzichtbar.

Hygienespüler: Das Geschäft mit der Angst

Halten Sie sich bitte fest, jetzt kommen ganz große Nachrichten: Die Coronaviren sind besiegt. Ein für alle Mal, Corona ist vorbei, Sagrotan sei Dank. Denn der »Sagrotan Wäsche-Hygienespüler Frisch« tötet SARS-Cov-2 zu mehr als 99,9 Prozent ab, das ergeben »umfangreiche Labortests durch ein unabhängiges Fachlabor«, heißt es auf der Sagrotan-Webseite. Ja, Halleluja! Wir stellen uns die Expertinnen und Experten in dem unabhängigen Fachlabor vor, wie sie in umfangreichen Labortests die Inaktivierung der Viren auf Wäsche (!) nachweisen – ganz so, als sei Wäsche ein bekannter Übertragungsweg für Coronaviren. Wie sie die Augenbrauen hochziehen und sich fragen: »Echt jetzt?«, aber klar, auch im Labor ist der Kunde König, der Kunde zahlt. Und wenn es eben für nicht ansteckende Wäsche ist. Aerosole? Luft? War da was? Nein, die Wäsche war's. Danke also, Sagrotan.

Mit etwas gesundem Menschenverstand würden wir jetzt mal davon ausgehen, dass so ein Coronavirus auch ohne Sagrotan während einer normalen Maschinenwäsche abgetötet würde – aber diese genauso irrelevante Frage haben wir nicht »in umfangreichen Labortests durch ein unabhängiges Fachlabor« überprüfen lassen. Das Robert-Koch-Institut sieht das aber ähnlich und rät sogar selbst dann, wenn im Haushalt bestätigt COVID-infizierte Menschen leben, die Wäsche lediglich bei 60 Grad mit einem Vollwaschmittel zu waschen und sie gut zu trocknen. Nun ja. Das ist natürlich blöd für die Hersteller von Hygienespülern, denn damit verdienen sie kein Geld.

Das Prinzip hinter der Werbung für Hygienespüler ist immer dasselbe: Angst. Angst vor Keimen, Angst vor Bakterien, Angst vor Krankheiten.

Dabei wäre Angst vor den Produkten selbst viel angebrachter. Desinfektionsmittel – ob nun für Oberflächen oder Wäsche – zählen zu den Biozidprodukten, dazu mehr im Kapitel Putzmittel. Sie schaden der Umwelt und möglicherweise auch uns, durch die Entstehung von Allergien etwa. Hinzu kommt: Wenn antibakterielle Mittel im Abwasser landen, werden sie stark verdünnt. Gegen Keime können sie so nichts mehr ausrichten – die Bakterien können aber Abwehrmechanismen bilden, Resistenzen. So können sogar Kreuzresistenzen zu Antibiotika entstehen – anstatt uns zu schützen, können wir also die Bildung noch gefährlicherer Keime verursachen. Einen Nutzen haben Sie in privaten Haushalten nicht – das sieht auch das Bundesinstitut für Risikobewertung (BfR) so.

Die Werbesprüche, mit denen die Hersteller uns zum Kauf verlocken wollen, sind bei näherer Betrachtung auch einfach ziemlich dünn. Die »99,9 Prozent der Bakterien« etwa, die da abgetötet werden sollen. Ja, okay, klingt so, als blieben da keine übrig. Bakterien gibt es aber zahlenmäßig einfach in unfassbar riesigen Mengen. Wenn da jetzt eine Milliarde Bakterien in der Wäsche sind, dann verbleiben halt immer noch eine Million, wenn man 99,9 Prozent abtötet. Klar, deutlich weniger, aber eben auch nicht nichts, wenn man Angst vor Bakterien hat. Die kleine Rechnung soll jetzt nicht für den Aufschrei sorgen, dass immer noch eine Million Bakterien in unserer Wäsche sind, im Gegenteil. Das schadet uns gar nichts, selbst die eine Milliarde nicht. Sterilität ist das, womit unser Immunsystem nicht umgehen kann. In unserer Wäsche sind unsere Bakterien – die tun uns nichts. Und wenn wir ein- bis zweimal im Monat heiß waschen, mit einem Vollwaschmittel, dann tun sie auch unserer Waschmaschine nichts. Denn klar, die Angst ist die vor stinkender Wäsche, aber um die zu vermeiden, brauchen wir keine Hygienespüler.

Die gute Nachricht: Sie können sich das Geld für Hygienespüler sparen. Die Umwelt dankt es Ihnen – die Produkte spülen nämlich nur zusätzliche unnötige Chemikalien wie etwa quartäre Ammoniumverbindungen, die Wasserorganismen schaden können, Desinfektionsmittel und, natürlich, weitere Duftstoffe in die Gewässer. Im oben erwähnten »Sagrotan Wäsche-Hygienespüler Frisch« etwa steckt immer noch (!) das nach Maiglöckchen riechende Lilial, Sie erinnern sich: Das ist als fortpflanzungsschädigend eingestuft und in Kosmetika verboten.

Und Pods, Caps und Discs?

»Entdecken Sie eine neue Ära der Reinheit« – für die Persil-Discs legen die Werbetexter noch einmal eine Schippe drauf. Eine neue Ära, oha. Aber klar, so richtig gelogen ist das nicht, auch wenn »Ära« vielleicht arg vollmundig ist. Aber »neu« ist schließlich nicht automatisch besser oder gar reiner. »Neu« ist erstmal einfach nur neu. Und das sind sie, die Pods, Caps und Discs – abgepackte Flüssigwaschmittel. Sie erobern den Markt seit einigen Jahren mit konstant steigenden Absatzzahlen, denn klar sind sie praktisch. Kein Dosieren, kein Kleckern. Aber während kein Kleckern sicherlich ein Vorteil ist, ist kein Dosieren ein Nachteil. Denn was raten die Hersteller bei stark verschmutzter Wäsche? Logisch: zwei reinwerfen. Heißt: die doppelte (!) Menge. Die doppelte Menge an Chemikalien und die doppelte Menge an Geld. Schön für die Hersteller, wenn Sie das machen, allerdings eher schlecht für Ihren Geldbeutel und die Umwelt. Aber auch wenn Sie nur einen Pod, ein Cap oder eine Disc verwenden, bleiben die einzeln abgepackten Waschmittel schlechter für die Umwelt als ein Pulver. Allein schon deswegen, weil sie Flüssigwaschmittel enthalten, siehe oben. Die Hülle, wenn sie aus Polyvinylalkohol besteht, zerfällt nach bisherigen Erkenntnissen tatsächlich. Nur: Besteht sie immer aus diesem Material? Hier sind Verbraucherinnen und Verbraucher auf die Herstellerangaben angewiesen – und auf deren Definition des Begriffs »biologisch abbaubar«.

Für die Umwelt besser? Sind Pulver, klar. Und dennoch sinkt die Zahl der Menschen, die hauptsächlich Waschmittel in Pulverform für ihre Wäsche verwenden, während die Zahl der Menschen, die mit Flüssigwaschmitteln waschen, steigt. Bei den Vollwaschmitteln waschen zwar insgesamt noch mehr Menschen in Deutschland mit Pulver als mit Flüssigprodukten. Aber ihre Zahl sinkt – von fast 40 Millionen 2017 auf 35 Millionen 2020. In demselben Zeitraum stieg die Zahl der Menschen, die hauptsächlich mit Liquid Tabs waschen, von 1,6 auf 5,5 Millionen. Rechnet man die 19 Millionen hinzu, die bei Vollwaschmitteln Flüssigprodukte präferieren, kommen wir auf rund 25 Millionen Menschen, die hauptsächlich mit den umweltschädlicheren Flüssigwaschmitteln waschen. Und noch krasser ist das Bild, wenn es um Color-Waschmittel geht. Hier wuschen 2020 insgesamt sogar mehr

Deutsche mit Flüssigprodukten (rund 30 Millionen) als mit Pulvern (rund 22 Millionen). Und? Wer freut sich da? Na klar, die Industrie. Denn besonders die Pods und Caps sind pro Waschgang schnell teurer als Pulver – ganz besonders, wenn man deutlich verschmutzte Wäsche hat und statt einem Pod gleich zwei in die Wäsche wirft oder wenn man nur sehr leicht verschmutzte Wäsche hat und entsprechend weniger Pulver verwenden würde.

– AUTSCH! –

- Viele Weichspüler sind nicht vegan. In vielen stecken kationische Tenside, die aus tierischen Fetten, meist aus Schlachtabfällen, gewonnen werden.

- Obwohl Flüssigwaschmittel die Umwelt stärker belasten als Pulver, steigt die Zahl der Menschen, die sie nutzen – während die der Pulvernutzer sinkt.

- Jumbowaschmittel sind künstlich aufgepumpte Waschmittel, in denen jede Menge Füllstoffe stecken, die keinen Einfluss auf die Waschleistung, wohl aber auf die Umwelt haben.

- Der nach Maiglöckchen riechende, aber leider fortpflanzungsschädigende Duftstoff Lilial ist in Kosmetika bereits verboten – in Putz- und Waschmitteln bleibt er erlaubt.

Gibt's das auch in Grün?
10 Tipps zum umweltfreundlichen Waschen

TIPP 1 *Naturtextilien tragen.* Die riechen nicht so schnell wie Kunstfasern, lassen sich also länger tragen. Und sie geben beim Waschen kein Mikroplastik ab.

TIPP 2 *Flüssigwaschmittel meiden.* Flüssigwaschmittel enthalten mehr Tenside, flüssige Kunststoffe, Konservierungsstoffe und stoffe als Pulver – alles Stoffe, die im Abfluss und damit teilweise Umwelt landen. Hinzu kommt die unnötige Plastikverpackung – alles in allem also eine wirklich schlechte Alternative für die Umwelt.

TIPP 3 *Richtig dosieren.* Eigentlich recht simpel: Je mehr Waschmittel, desto mehr Chemikalien landen im Abfluss. Und häufig wird Waschmittel überdosiert. Meist reicht die Menge, die auf der Verpackung für »leicht verschmutzte Wäsche« angegeben wird. Flecken kann man zudem vorbehandeln, statt einfach mehr Waschmittel zu verwenden.

TIPP 4 *Baukastensysteme kaufen.* Wenn Enthärter und Fleckentferner nur nach Bedarf in der Waschmaschine landen, reduzieren wir automatisch die Menge an Chemikalien im Abwasser.

TIPP 5 Oder wenigstens *Kompaktwaschmittel kaufen.* Die alten riesigen Jumbowaschmittelverpackungen, die es unerklärlicherweise immer noch teilweise gibt, enthalten völlig unnötige Füllstoffe wie Salze, die die Umwelt zusätzlich belasten.

TIPP 6 *Temperatur runter.* Für die meisten Verschmutzungen reichen 30 Grad völlig aus. Das spart Energie und Geld. Einmal im Monat heiß waschen, damit Bakterien abgetötet werden, reicht.

TIPP 7 *Voll waschen.* Eine halbvolle Waschmaschine belastet die Umwelt unnötig – einfach warten, bis die Maschine voll ist.

TIPP 8 *Auf Caps und Pods verzichten.* Sie kann man nicht einmal dosieren.

TIPP 9 *Auf Vorwäsche und Trockner verzichten.* Das spart Energie, zudem setzen auch Trockner noch einmal zusätzlich Mikroplastik frei.

TIPP 10 *Auf Siegel achten.* Waschmittel, die mit dem Blauen Engel, dem EU-Ecolabel oder Ecocert-zertifiziert sind, enthalten deutlich weniger umweltschädliche Chemikalien.

DAS ZEIGEN
UNSERE TESTS

So richtig bemüht zeigen sich gerade die Megahersteller großer Marken selten bei der Umweltverträglichkeit von Waschmitteln. Unser Test von Color-Waschmitteln 2023 ergab, dass fast alle Hersteller schwer abbaubare Stoffe wie Phosphonate und Kunststoffverbindungen einsetzen. Fast alle, immer noch. Was für ein Armutszeugnis. Auf ein »gut« kommen deswegen meist nur relativ kleine Hersteller mit Öko-Anspruch, die auf besonders umweltschädliche Inhaltsstoffe von vornherein verzichten. Unser Test zeigt aber auch, dass man die von uns kritisierten Inhaltsstoffe gar nicht braucht für eine »gute« Waschleistung. Drei Produkte, bei denen wir keinen einzigen Inhaltsstoff kritisierten, wuschen auch »gut« – und zwar die Color-Waschmittel von Ecover, Sonett und Sodasan. Was für ein beruhigendes Ergebnis: Es geht also!

Die andere Seite der Tabelle – also die hinteren Plätze – liest sich hingegen häufig wie ein Who's who der großen Marken. Bei unserem Test Flüssigwaschmittel[2] 2020 landeten dort Dash, Lenor, Persil, Spee, Sunil und Weißer Riese mit einem »ausreichend«. Und 2023 schnitten bei den Color-Waschmitteln ausgerechnet die Megamarken Ariel und Lenor, beide aus dem Hause Procter & Gamble, gemeinsam mit der Marke Coral (Unilever) am schlechtesten ab – auch mit »ausreichend«. Zwar waschen sie gut oder sogar sehr gut – aber mit dem Abwasser spülen wir etwa Phosphonate und Kunststoffverbindungen mit in den Abfluss. In den Produkten der Marken Ariel und Coral steckt zudem Isoeugenol, ein stark allergisierender Duftstoff. Hinzu kommt, dass die Megaanbieter unserer Bitte, uns konkretere Informationen zur Rezeptur zuzuschicken, um deren Umweltwirkung zu bewerten, einfach nicht nachkamen. Und, zumindest bei Procter & Gamble ein ganz einfacher Trick, um noch ein bisschen mehr Waschmittel zu verkaufen: eine unnötige hohe Dosierempfehlung für stark verschmutzte Wäsche. Frei nach dem Motto: Viel hilft viel. In dem Fall heißt es aber leider: Viel schadet viel – Ihrem Geldbeutel und der Umwelt.

Es gibt aber noch eine gute Nachricht. Denn der Problemduftstoff Lilial steckte in unserem Test Vollwaschmittel 2019 noch in einem Produkt (Sunil), und 2020 ärgerte er uns noch in zwei Flüssigwaschmitteln – in denen von Ariel und Sunil. Alle anderen Hersteller verzichteten schon damals auf den fortpflanzungsgefährdenden Duftstoff. Ariel und Sunil haben etwas länger gebraucht, in unserem Test Color-Waschmittel 2023 setzte aber tatsächlich kein einziger Hersteller mehr Lilial ein. Halleluja, das war ein langer Weg. Leider heißt das noch nicht, dass alle Waschmittel und vor allem alle Weich- und Hygienespüler auf den Problemduftstoff verzichten – aber wir arbeiten dran, versprochen.

Inside *ÖKO-TEST*

Das Selbstbewusstsein mancher Hersteller beeindruckt uns bei *ÖKO-TEST* regelmäßig, so auch beim Test Flüssigwaschmittel 2020. Vor einer Testveröffentlichung senden wir den Herstellern grundsätzlich die Laborergebnisse – nicht unsere Bewertung – zu, um ihnen die Möglichkeit zu geben, Stellung zu nehmen, uns möglicherweise Gegengutachten zu schicken oder, etwa bei der Überschreitung von gesetzlichen Grenzwerten, die Produkte möglichst schnell zurückrufen zu können.

Viele Hersteller reagieren gar nicht, andere setzen sich ernsthaft mit unseren Ergebnissen auseinander und wiederum andere versuchen mit allen Mitteln, eine Testveröffentlichung zu verhindern – was in aller Regel natürlich nicht funktioniert. Fast charmant sind da E-Mails à la: »Wir bedanken uns für Ihre Nachricht, aber wir haben kein Interesse daran, in Ihrem Test zu erscheinen.« Man kann es ja mal versuchen. Andere Hersteller fragen gleich nach einem Kontakt zur Labelabteilung der vom Verlag getrennten *ÖKO-TEST* AG, weil sie meist etwas arg vorschnell ein erhofftes Testergebnis für ihre Produktwerbung nutzen wollen. Oder sie rechnen sich gleich fröhlich selbst ihre Noten aus – ohne unsere Bewertung im Vorhinein überhaupt kennen zu können.

So auch im Test Flüssigwaschmittel 2020, als die Dalli-Group sich für die Zusendung der Ergebnisse bedankte, sich für ihr »Dash Alpen Frische 3-fach-Formel Vollwaschmittel, flüssig«, ein »gut« ausrechnete – und sich gleich darüber freute. Komisch: Mit Bor, Methylisothiazolinon (MIT), Parfüm und optischen Aufhellern summierten sich in unserer Rechnung die Inhaltsstoffe auf ein »ungenügend«, nur die gute Waschleistung zog das Ergebnis nach oben, auf ein »ausreichend«. Damit schnitt das Produkt als eines der schlechtesten im Test ab.

In aller Kürze: **WASCHMITTEL**

⇨ Die gute Nachricht bei all den überflüssigen Produkten: Im Grunde benötigen Sie nur zwei Waschmittel, beide in Pulverform – ein Vollwaschmittel für Weißes und ein Color-Waschmittel für Buntes.

⇨ Am besten sind Baukastensysteme, mit denen Sie genauer und sparsamer dosieren können.

⇨ Flüssigwaschmittel belasten die Umwelt durch Verpackung und Inhaltsstoffe mehr als Pulver.

⇨ Das gilt auch für die abgepackten Caps, Tabs und Discs, die nicht einmal dosierbar sind.

8

PUTZMITTEL: GRÜNER GLANZ?

Gehen wir zurück in den Supermarkt, dieses Mal zum Putzmittelregal. Die schiere Menge an dort angebotenen Putzmitteln erschlägt uns – Allzweckreiniger stehen neben WC-Reinigern, Kalkentfernern, Geschirrspülmitteln, Backofenreinigern, Bodenreinigern, Fensterputzmitteln, Kraftreinigern und Desinfektionsmitteln jeglicher Art. Und dann gibt es da noch komplett absurde Produkte wie den »Schmutzradierer«, der Flecken »einfach wegradiert«. Wie bei den Waschmitteln auch lassen die Hersteller ihrer Kreativität freien Lauf bei der Entwicklung neuer Produkte, die wir angeblich ganz dringend brauchen, um nicht in unserem eigenen Dreck zu ersticken.

Lange dominierte in Sachen Werbung die »Power«, gern auch als Multipower, Ultrapower oder Megapower, die »kraftvolle Reinigung« auch gegen »hartnäckigen« Schmutz. Mehr und mehr setzen die Hersteller aber inzwischen auf Grün, auf »Öko« und »Bio«, möglichst »natürlichen Glanz«. Allerdings sind im Gegensatz zur Verwendung bei Lebensmitteln die Begriffe »Öko« und »Bio« bei Reinigungsmitteln (und auch bei Waschmitteln) nicht geschützt. Nur weil da »Bio« draufsteht, ist da also noch lange nicht »Bio« drin. Auch sie können etwa Duftstoffe enthalten, die in der Umwelt schwer abbaubar sind. Und das, obwohl Duftstoffe vom Prinzip her in Putzmitteln völlig unnötig sind. Sie machen die Flächen schließlich nicht sauberer. Die Hersteller setzen sie nur ein, weil wir Sauberkeit mit einem frischen Geruch verbinden. Siegel wie der Blaue Engel oder das EU-Ecolabel sagen da deutlich mehr aus als das reine Wort »Bio«, weil sie strengere Vorgaben für Putzmittel machen als der Gesetzgeber und diese auch regelmäßig kontrollieren. Dennoch bleibt jedes Putzmittel eine Belastung für die Gewässer – das eine mehr, das andere weniger. Deswegen: Ja, kaufen Sie zertifizierte Produkte. Wirklich »grünen« Glanz gibt es aber nicht, egal wie sehr die Hersteller sich darum bemühen, diesen Eindruck zu erwecken. Der wichtigste Tipp, die Umwelt zu schützen, ist wohl der, möglichst wenig Putzmittel zu benutzen.

Was die Umwelt bei Putzmitteln besonders belastet, ist neben Tensiden, Duft- und Farbstoffen, Kunststoffen und Konservierungsmitteln, die wir uns schon bei den Waschmitteln genauer angeschaut haben, vor allem eines: die Verpackung. Denn die meisten Putzmittel bestehen zum Großteil aus Wasser. Viel Verpackung also für wenig Tenside und Co. Wer Konzentrate oder feste Putzmittel kauft, tut der Umwelt also in jedem Fall schon einmal etwas Gutes.

Diese Putzmittel brauchen Sie wirklich

Der »Schmutzradierer« kann getrost im Regal liegen bleiben, das wird Sie wenig überraschen. Aber auch sehr, sehr viele der anderen Spezialmittel, die wir alle irgendwo im Putzschrank stehen haben, sind überflüssig. Genau genommen kann man mit vier Putzmitteln so gut wie alles sauber kriegen.

Als erstes ist das in jedem Fall ein Allzweckreiniger. Der Name ist Programm: Mit einem Universal- oder Allzweckreiniger können Sie so gut wie jede leicht verschmutzte Oberfläche im Haushalt sauber bekommen – ob nun Fliesen, Böden, Fenster oder Kacheln. Sie sind relativ mild, greifen deswegen die Oberflächen auch nur wenig an. Allerdings enthalten einige Allzweckreiniger Stoffe, die Sie vielleicht nicht unbedingt zu Hause haben wollen – darunter umweltschädliche Phosphonate oder allergisierende Duft- und Konservierungsstoffe. In unserem Test Allzweckreiniger[1] 2020 steckte in zwei Produkten noch der Problemduftstoff Lilial (Butylphenyl Methylpropional), Sie erinnern sich, in Kosmetika ist er wegen seiner fortpflanzungsgefährdenden Wirkung verboten, in Putz- und Waschmitteln weiterhin erlaubt. Auch ärgerlich: Viele Hersteller setzen flüssige Kunststoffe ein, die in der Umwelt teils schwer abbaubar sind. Deswegen hilft, wie immer, den Chemikerinnen und Chemikern unter Ihnen ein Blick auf die Inhaltsstoffliste, die Sie vermutlich mit etwas Zeit, Liebe und Geduld im Internet finden – und allen anderen ohne Chemiestudium ein Siegel wie der Blaue Engel oder ein »sehr gut« von ÖKO-TEST.

Als zweites gehört auf jeden Fall ein Geschirrspülmittel in den Schrank, weil es fettigen Schmutz sehr gut löst. Sie können es außer für Ihr Geschirr überall da gut einsetzen, wo Öle und Fette eine Rolle spielen, also etwa auf den Arbeitsflächen in der Küche oder im Backofen. Allerdings: Viele der Produkte sind noch mit Isothiazolinonen konserviert – Stoffe mit teils erheblichem Allergiepotenzial. Deswegen: Falls Sie zu Allergien neigen, benutzen Sie beim Spülen besser Putzhandschuhe – oder greifen auf ein Produkt ohne diese Konservierungsmittel (Benzisothiazolinon (BIT), Methylisothiazolinon (MIT) oder Chlormethylisothiazolinon (CIT)) zurück.

Das dritte Putzmittel, das Sie besitzen sollten: eine Scheuermilch. Die brauchen Sie für hartnäckige Verschmutzungen, bei denen der Allzweckreiniger nicht weiterkommt. Vorteil einerseits: Sie löst den Schmutz mechanisch, mit Schleifmitteln wie Tonerde oder Kreide. Nachteil andererseits: Das kann empfindliche Oberflächen zerkratzen. Für Aluminium, Plastikoberflächen oder Acrylglas eignet sie sich also nicht.

Das vierte Must-have im Putzschrank ist ein saurer Reiniger – am besten auf Basis von Zitrone. Mit dem sauren Reiniger bekommen Sie die Kalkflecken an der Badewanne, Toilette oder am Waschbecken weg. Essig geht auch, belastet laut Umweltbundesamt die Raumluft aber stärker. Bedenklicher ist allerdings Ameisensäure, die in unserem Test Badreiniger[2] in etwa der Hälfte (!) der Produkte steckte. Dazu später mehr in »Das zeigen unsere Tests«, aber Spoiler-Alarm: Da kommt nichts Gutes. Denn das Zeug ist laut Europäischer Chemikalienagentur (ECHA) »giftig beim Einatmen«. Genau: giftig. Und glauben Sie uns: Sie atmen es ein, wenn Sie es verwenden.

Den Rest? All die Spezialmittelchen? Können Sie getrost im Regal stehen lassen. Backofenreiniger etwa oder WC-Reiniger, die wirklich harten, verkrusteten Schmutz lösen sollen, die können Sie sich sparen, wenn Sie den Backofen direkt nach der Benutzung und die Toilette häufig und regelmäßig reinigen. Denn: Die meisten dieser Putzmittel haben gemeinsam, dass sie diesen hartnäckigen Schmutz nicht mit ein bisschen Zitrone lösen. WC-Reiniger enthalten oft aggressive Säuren wie Ameisensäure oder, noch schlimmer, Salz- und Sulfamidsäure. Dabei zeigte unser Test[3], dass auch WC-Reiniger auf Basis von Zitronen- oder Milchsäure wunderbar funktionieren – wenn man sie einfach ein bisschen länger einwirken lässt. Viele Hersteller mischen trotzdem die aggressiven Säuren hinein, die uns und der Umwelt schaden.

In Backofenreinigern sind die Laugen das Problem. Auch die sind nicht sonderlich sanft zu Ihrer Haut, geschweige denn zu den Gewässern. Wenn diese Laugen versehentlich in Kontakt mit Schleimhäuten kommen, können sie diese verätzen. Deswegen: Wer sie unbedingt benutzen will, sollte wenigstens Handschuhe tragen und danach gründlich lüften. Neben den Laugen belasten Phosphonate und flüssige Kunststoffe, die in vielen der Produkte stecken, die Umwelt. Besser also: Auf einen Küchenreiniger auf Sodabasis zurückgreifen – oder einfach schnell direkt nach dem Backen wischen, dann lassen sich die meisten Verschmutzungen gut ohne harte Chemie lösen.

Was Sie auch nicht brauchen: Fensterreiniger. Klar, sie sind praktisch, einfach sprühen, wisch und weg, ganz ohne Schlieren und Streifen. Aber Fensterreiniger verursachen eine immense Menge an Abfall, weil sie ja zum direkten Gebrauch bestimmt sind. In den Flaschen steckt also vor allem ein Haufen Wasser – aufgesprüht und weg. Pro geputzter Fläche braucht man deswegen viel mehr Glasreiniger als von einem Konzentrat, bei dem man das meiste Wasser erst bei Benutzung zufügt. Das schadet der Umwelt – durch Verpackung und Transport –, Ihrem Geldbeutel und Ihnen, weil die Glasreiniger die Innenraumluft mit alkoholischen Lösemitteln belasten. Die Hälfte der Glasreiniger[4] in unserem Test 2021 enthielt zudem flüssige Kunststoffe, obwohl unsere Prüfung ergab, dass die für die Putzleistung überhaupt nicht nötig sind. Die Alternative? Wasser mit einem bisschen Spülmittel, mit einem Abzieher getrocknet und einem Fensterleder poliert. Genauso gut, aber günstiger und besser für Ihre Gesundheit und die Umwelt.

Aggressive Säuren, starke Laugen, flüssige Kunststoffe und jede Menge andere in der Umwelt schwer abbaubare Stoffe, und das alles versteckt und nicht sichtbar für die Kundinnen und Kunden – deswegen fordern wir bei ÖKO-TEST seit Jahren: Die Volldeklaration der Inhaltsstoffe muss aufs Etikett! Ob Wasch- oder Putzmittel – die Verbraucherinnen und

Verbraucher haben ein Recht darauf zu erfahren, welche Chemikalien sie mit ihren Reinigungsmitteln in die Umwelt spülen. Diese wichtigen Informationen irgendwo ins Netz zu verschieben und dann auch noch möglichst schwer zugänglich zu machen, ist sicher eines: praktisch für die Hersteller. Denn wer (außer uns) macht sich schon die Mühe? Hersteller müssen endlich auf den Verpackungen transparent machen, welche Inhaltsstoffe sie verwenden. Bisher fehlt die gesetzliche Verpflichtung – dafür ist es aber allerhöchste Zeit. Denn Begriffe wie »Ameisensäure« werden die Kundinnen und Kunden wohl selten auf einer Verpackung lesen. Sobald die Hersteller Inhaltsstoffe wie diese transparent auf ihre Produkte schreiben müssen, werden sie, hex-hex, aus der Rezeptur verschwinden – schneller als die Hersteller »keine Alternative« sagen können.

Sonderfall Desinfektionsmittel

Eines vorab, und das wird Sie jetzt wenig überraschen, dass wir das sagen: Desinfektionsmittel brauchen Sie im Haushalt in aller Regel nicht. In aller Regel heißt: Wenn Ihnen ein Arzt, eine Ärztin wegen einer bestimmten Vorbelastung, einer bestimmten Krankheit (meist kurzzeitig) zur Verwendung rät – wer sind dann wir, das Gegenteil zu behaupten? In allen anderen Fällen können Sie die Produkte getrost im Regal stehen lassen. Aber schauen wir uns die Desinfektionsmittel trotzdem genauer an – einfach, um zu wissen, was wir uns und der Umwelt ersparen, wenn wir sie nicht benutzen.

Desinfektionsmittel sind rechtlich als Biozidprodukte eingestuft. Das klingt nicht ganz so harmlos, weil es nicht ganz so harmlos ist. Rechtlich heißt das zunächst einmal, dass die eingesetzten bioziden Wirkstoffe nach EU-Biozid-Verordnung auf europäischer Ebene bewertet und genehmigt und auf nationaler Ebene zugelassen werden müssen. Na, das klingt doch sicher, wunderbar – zumindest in der Theorie. Nur: Für Biozidprodukte, deren Wirkstoffe vor dem Jahr 2000 (!) zu bioziden Zwecken eingesetzt wurden, gelten in der Praxis immer noch Übergangsregelungen. Oha, Übergangsregelungen, seit über 20 Jahren? Ja, und was jetzt kommt, ist hart: Sie dürfen weiterhin komplett ohne Zulassung verkauft werden, bis ihre Wirkstoffe abschließend bewertet und genehmigt sind. Ohne Zulassung – bis zum 31. Dezember 2024, mindestens. »Das trifft momentan auf die meisten chemischen Desinfektionsmittel zu«[5], schrieb das Bundesinstitut für Risikobewertung (BfR) 2014 auf seiner Homepage.

Wir fragen natürlich nach, wie das inzwischen aussieht, und das BfR antwortet im Juli 2023: »Seit 2014 sind zahlreiche Bewertungen von Desinfektionsmittelwirkstoffen unter der Europäischen Biozid-Verordnung (EU) Nr. 528/2012 zum Abschluss gebracht worden und viele Desinfektionsmittel bereits zugelassen worden.« Ah, also alles wunderbar? Na ja! Weiter heißt es, dass »aktuell von 364 Wirkstoff-Produktart-Kombinationen im Desinfektionsmittelbereich die Altwirkstoffe betreffend 106 Verfahren mit einer Genehmigung« (yeah!) und »21 mit einer Nichtgenehmigung« (nicht so yeah!) abgeschlossen wurden. Heißt also, dass etwa jede sechste der »Wirkstoff-Produktart-Kombinationen« keine Zulassung bekommen hat. Dass all diese Produkte jahrelang ohne Zulassung verkauft werden durften. Und dass noch ein Haufen Bewertungen aussteht. Auch diese Präparate dürfen weiter verkauft werden. Der Hammer kommt zum Schluss: Das BfR stellt fest, dass mit dieser Praxis absehbar auch Ende 2024 nicht Schluss sein wird: »Insgesamt beabsichtigt die Europäische Kommission, das Altwirkstoffprogramm zu verlängern, da absehbar nicht alle Verfahren bis Ende 2024 abgeschlossen werden können.«

Es wird also weiterhin Desinfektionsmittel auf dem Markt geben, die komplett ohne Zulassung verkauft werden. Das allein wäre Grund genug, die Mittel nicht anzufassen. Hinzu kommt aber noch ein ganz anderer Aspekt: Die Desinfektionsmittel spülen wir mit all ihren bioziden Wirkstoffen in den Abfluss. Von dort gelangen sie in die Kläranlagen und stören dort den Betrieb. Ja richtig, Biozide wirken ja gegen Bakterien. Im Zweifelsfall auch gegen die Mikroorganismen in den Kläranlagen, die dort Schadstoffe und organisches Material abbauen sollen. Wenn die Desinfektionsmittel die Mikroorganismen dort stören, gelangen mehr Schadstoffe in Oberflächengewässer. Und wenn Kanalisationen durch starke Regenfälle überlastet sind, laufen Abwässer schon auch mal ungeklärt in die Gewässer.

Mikroorganismen können gegen die bioziden Wirkstoffe Resistenzen entwickeln, wenn sie regelmäßig sehr geringen Konzentrationen ausgesetzt werden. Zudem, so auch das BfR, »könnten einige Wirkstoffe in Desinfektionsmitteln die Resistenzentwicklung von Mikroorganismen gegen Antibiotika fördern«. Man kann also mit dem Versuch, Keime zu töten, viel gefährlichere Keime schaffen. Hinzu kommt, dass die Mittel auch uns nicht guttun. Einige können Allergien auslösen, andere zu Verätzungen etwa der Augen oder der Haut führen. Gibt's das auch in Grün? Ja, weglassen!

– AUTSCH! –

- Viele Desinfektionsmittel dürfen aufgrund einer Übergangsregelung noch bis mindestens Ende 2024, wahrscheinlich länger, komplett ohne Zulassung verkauft werden.

- In vielen Badreinigern steckt Ameisensäure, eine stark flüchtige Säure, die die ECHA als »giftig beim Einatmen« einstuft.

- Gerade in WC-Reinigern stecken teils noch aggressivere Säuren wie Salz- oder Sulfamidsäure. Deswegen müssen die Packungen Warnhinweise tragen.

- Wenn Sie saure Reiniger mit hypochlorithaltigen Reinigern mischen (Chlorbleichlauge), kann extrem giftiges Chlorgas entstehen. Deswegen: Mischen Sie nie Putzmittel, deren Inhaltsstoffe Sie nicht kennen.

Auf diese Siegel ist Verlass

Fangen wir mit uns an, schließlich schreiben wir nicht extra ein Buch, um dann unser Licht unter den Scheffel zu stellen. Wenn ein Reinigungs- oder Waschmittel mit einem *ÖKO-TEST* »sehr gut« bewertet ist, dann können Sie sicher sein, dass es zu den Mitteln gehört, die

die Umwelt deutlich weniger belasten als andere – Sie erinnern sich: Kein Putzmittel, kein Waschmittel belastet die Umwelt überhaupt nicht. Wir unterziehen die Produkte umfangreichen Schadstofftests und Praxisprüfungen, sodass Sie sicher sein können, dass das Produkt für Sie unschädlich ist und gleichzeitig ordentlich wäscht oder putzt.

Auch gut: der **Blaue Engel**. Dabei handelt es sich um ein staatliches Umweltzeichen – die Anforderungen dafür legt das Umweltbundesamt fest. Der Blaue Engel garantiert im Vergleich zu den gesetzlichen Vorgaben eine bessere Umweltverträglichkeit und prüft zugleich die Reinigungskraft der Produkte. Wichtig: Die Zertifizierung macht bei den Tensiden Vorgaben, die über die gesetzlichen Vorschriften hinausgehen. Und Stoffe wie Nanosilber, Moschusdüfte oder Formaldehyd verbietet der Blaue Engel. Auch festes Mikroplastik dürfen die Hersteller nicht einsetzen – das gilt allerdings nicht per se für flüssige Kunststoffe, die wir bei ÖKO-TEST grundsätzlich als Umweltbelastung abwerten, sondern nur für einige schwer abbaubare. Ähnlich strenge Vorgaben macht das **EU-Ecolabel**.

Ecocert-zertifizierte Produkte müssen zu 95 Prozent aus Inhaltsstoffen natürlichen Ursprungs bestehen – meistens stehen sie in Bio-Läden. Festes Mikroplastik und flüssige Kunststoffe sucht man in den Inhaltsstofflisten dieser Produkte also vergebens. Auch auf der No-go-Liste: Isothiazolinone, Phosphate und synthetische Duft- und Konservierungsstoffe. Außerdem sind nur Tenside erlaubt, die auf pflanzlichen Rohstoffen basieren. Zu (strenger) Kritik führt innerhalb der Naturwarenbranche immer wieder, dass etwa einige pflanzliche Tenside mit synthetischem Anteil akzeptiert werden. Und auch der Einsatz von gentechnisch veränderten Enzymen ist unter bestimmten Auflagen erlaubt.

Produkte, die eines dieser Siegel tragen, haben bei aller Kritik, dass die Vorgaben für die Siegel vielleicht teils noch strenger sein könnten, eines gemeinsam: Sie sind deutlich weniger schädlich für die Umwelt, als die gesetzlichen Vorgaben es erlauben. Deswegen ist es sicherlich sinnvoll, beim Kauf von Wasch- und Reinigungsmitteln darauf zu achten.

Gibt's das auch in Grün?
7 Tipps zum umweltfreundlichen Spülen und Putzen

TIPP 1 Auf Labels wie den Blauen Engel, das EU-Ecolabel oder Ecocert achten, weil diese Reinigungsmittel weniger belastend sind. Komplett »grünen Glanz« bieten auch diese Mittel nicht – bei jedem Putzmittel gilt: je weniger, desto besser.

TIPP 2 Konzentrate oder feste Putzmittel kaufen, das spart jede Menge Verpackungen. Zum Nachfüllen von Fensterreinigerverpackungen gibt es beispielsweise Tabs, die man in der alten Flasche in Wasser auflöst. Das nur für alle, die nicht aufs Sprühen verzichten wollen – ein Eimer Wasser mit etwas Spülmittel tut es sonst auch.

TIPP 3 Lieber gleich nach der Anwendung putzen als warten, bis die Reste angetrocknet und verkrustet sind. Denn dann reichen sanftere Putzmittel teilweise nicht mehr aus.

TIPP 4 Harte Putzmittel wie Backofen- und WC-Reiniger brauchen Sie in aller Regel nicht. Wenn WC-Reiniger, dann welche auf Basis von Zitronen- oder Milchsäure. Die bekommen den Dreck oft genauso gut weg, müssen nur etwas länger einwirken.

TIPP 5 Reinigungsmittel mit antibakteriellen Zusätzen oder Desinfektionsmittel sind für den normalen Hausgebrauch in aller Regel unnötig. Wer krank machende Bakterien in der Küche eindämmen will, sollte Putztücher und Schwämme so aufbewahren, dass sie schnellstmöglich trocknen und sie häufiger bei 60 Grad Celsius waschen.

TIPP 6 Die Spülmaschine spült meist ökologischer als wir selbst per Hand – es sei denn, das Geschirr füllt keine ganze Spülmaschine.

TIPP 7 Eco-Programme dauern oft länger, brauchen aber weniger Energie. Für Kurzprogramme gilt das Gegenteil: Sie verbrauchen mehr Energie in kürzerer Zeit.

DAS ZEIGEN UNSERE TESTS

»Ätzend« oder »reizend« – je nach Stärkegrad der enthaltenen Säuren werden WC-Reiniger mit einer dieser wenig harmlos klingenden Kennzeichnungen versehen. Und damit gehören WC-Reiniger zu den aggressivsten Produkten am Markt. Klar, ihre Aufgabe ist auch hart: Sie sollen Urinstein aus der Toilette entfernen. Und dafür setzen die meisten Hersteller aggressive Säuren ein – in unserem Test von 20 WC-Reinigern 2021 steckten in zwölf der Produkte Säuren, die wir bei *ÖKO-TEST* kritisch sehen. Darunter Salzsäure, die als »ätzend« eingestuft ist, die Atemwege reizen und schwere Verätzungen auf der Haut verursachen kann, oder Sulfamidsäure, die als »reizend« eingestuft ist, die Atemwege reizen kann sowie für Wasserorganismen schädlich ist. Und eine alte Bekannte, die uns durch viele Tests begleitet: Ameisensäure.

Die steckte auch in neun Badreinigern in unserem Test 2022. Keiner der Hersteller deklarierte die Säure auf der Verpackung. Die stark flüchtige Säure geht in die Raumluft über und reizt dort selbst in verdünnter Form noch die Atemwege. Laut Europäischer Chemikalienagentur (ECHA) ist Ameisensäure »giftig beim Einatmen«. Ja, die Hersteller mischen eine Säure, die »giftig beim Einatmen« ist, in Produkte, deren Dämpfe wir einatmen. Auch in unserem Praxistest zeigte sich, dass bei den Produkten mit Ameisensäure jeweils eine höhere Anzahl von Testern angab, dass ihre Atemwege sich während der Anwendung gereizt anfühlten. Wir meinen: echt jetzt, Ameisensäure, Salzsäure, Sulfamidsäure? Und das nicht mal auf die Verpackung schreiben, weil man es halt nicht muss? Ein wunderbares Beispiel dafür mal wieder, dass die Industrie sich nicht bewegt, wenn sie sich nicht bewegen muss. Hier müssen endlich Gesetze her.

Dass »Bio«, »Öko« oder »Eco« auf Putzmitteln wenig bedeuten muss, zeigte ein Badreiniger, der »Eco« sogar im Namen trägt. Das Produkt enthielt Sulfamidsäure – eine Säure, die laut ECHA als schwer abbaubar gilt und damit in einem Putzmittel mit ökologischem Anspruch noch einmal weniger zu suchen hat als in einem ohne.

Die gute Nachricht aus dem Test Badreiniger: Die Hälfte der Hersteller setzte allein auf Zitronen-, Apfel- oder Milchsäure – das ist deutlich harmloser, auch wenn man allgemein Sprühnebel mit Säuren grundsätzlich eher nicht einatmen sollte. Direkt von Nahem auf den Schwamm sprühen und dann verwenden ist sicherer. Unsere Tests zeigen übrigens immer wieder, dass die Reinigungsleistung dieser Produkte in Ordnung sein kann – wenn man sie einfach ein bisschen länger einwirken lässt.

Dem Anbieter SC Johnson reichte 2021 für seine beiden bekannten Marken »WC-Reiniger Null Null WC Aktiv Gel 4 in 1 Fresh Garden« und »WC Ente Total Aktiv Gel Marine« die Ameisensäure allein nicht aus. Er mischte auch Benzalkoniumchlorid in die Rezepturen, ein Desinfektionsmittel, das die Haut reizen und Allergien auslösen kann. »Beseitigt 99,9 Prozent der Bakterien« – ja danke, aber warum? Eine keimfreie Kloschüssel hilft Ihnen nicht, hilft der Kloschüssel nicht und der Umwelt schadet sie, indem sie das Abwasser belastet. Auf der Unternehmenswebseite wirbt der Anbieter vollmundig damit, ein »Familienunternehmen im Einsatz für eine bessere Welt« zu sein. Nun ja, wir hätten da die ein oder andere Idee, wenn es SC Johnson ernst mit dem Bessere-Welt-Ziel ist. Und bis zu deren Umsetzung bewerten wir Produkte wie diese mit »mangelhaft«.

Inside *ÖKO-TEST*

Wenn die Testprodukte in den Laboren durchgeprüft sind, schicken wir den Herstellern grundsätzlich die Laborergebnisse – ganz einfach, um ihnen die Möglichkeit zu geben, Stellung zu den Ergebnissen zu nehmen.

Schließlich interessiert uns auch: Haben sie die Probleme auf dem Schirm? Was tun sie dagegen? Und wird das Produkt zum Zeitpunkt unserer Veröffentlichung überhaupt noch auf dem Markt sein? Denn klar: Produkte werden ständig überarbeitet, bekommen ein neues Design, eine neue Verpackung oder eine neue Rezeptur – oder sie verschwinden gleich ganz vom Markt. Nicht selten teilen uns Hersteller dann mit: »Das Produkt haben wir gegen ein neues ausgetauscht.« Im Test Allzweckreiniger 2020 war das etwa das Produkt »Ajax Ultra 7 Zitronenfrische«, das allein aufgrund seiner eingesetzten Inhaltsstoffe auf ein »mangelhaft« kam, der Praxistest zog das Produkt auf eine glatte Sechs im Gesamturteil herunter. Was also tun, wenn der Hersteller vor Veröffentlichung mitteilt, dass sein Produkt »nur noch in Restbeständen« – wenn überhaupt – am Markt ist? Schließlich vergehen zwischen Einkauf und Veröffentlichung bei uns schnell drei, vier Monate und mehr, weil die Tests einfach so umfangreich sind.

Unsere Antwort, in aller Regel: trotzdem veröffentlichen. Denn unsere Erfahrung zeigt zum einen, dass diese »Restbestände« häufig noch monatelang in den Regalen der Supermärkte und Drogerien zu finden sind. Zum anderen geht es nicht nur um die Produkte, die Sie möglicherweise kaufen könnten. Es geht auch um die, die schon längst bei Ihnen im Putzschrank stehen. Zudem möchten wir Herstellern keine Schlupflöcher bieten. Schließlich können sie anhand der eingesetzten Inhaltsstoffe und der Laborergebnisse zumindest einmal ahnen, wie der Hase läuft – ob da am Ende ein »sehr gut« steht oder eher was ganz anderes. Uns dann einfach mitteilen zu können, dass das Produkt umgestellt wird? Dass es eine neue Rezeptur gibt? Und damit einfach eine Veröffentlichung umgehen? Keine Chance. Wir veröffentlichen das Ergebnis des getesteten Produkts, weisen darauf hin, dass es eine neue Variante gibt oder künftig geben soll. Danach kaufen wir das neue Produkt ein, testen es exakt so wie das vorherige, bewerten es und veröffentlichen die neue Bewertung, die dann die alte ersetzt. Das »ungenügend« kassierte das Ajax-Produkt also trotzdem – unter anderem, weil es den fortpflanzungsschädigenden Duftstoff Lilial einsetzte.

Dass ein Hersteller ein Produkt umstellt oder ein neues auf den Markt bringt, heißt leider nicht, dass es automatisch ein besseres ist. Ajax-Anbieter Colgate-Palmolive setzte auch nach unserem Test noch Lilial in einigen seiner Putzmittel ein – zumindest, wenn man den Datenblättern glaubt, auf die der Anbieter selbst verlinkte. Auf unsere Nachfrage im September 2023 hin, ob der fortpflanzungsschädigende Inhaltsstoff tatsächlich immer noch in einigen Ajax-Produkten stecke, teilte Colgate-Palmolive uns zunächst einmal mit, dass dem nicht mehr so sei. Nur: Auf den Datenblättern stand er zu dem Zeitpunkt halt immer noch. Auf eine erneute Nachfrage hin hieß es dann lediglich, dass alle Produkte gesetzeskonform seien – was ja aber nichts darüber aussagt, ob Lilial noch in einigen Produkten steckt. Eine dritte und vierte Anfrage ließ der Konzern komplett unbeantwortet. Das zeigt wieder einmal, wie hilflos Verbraucherinnen und Verbraucher häufig sind, wenn sie wissen wollen, welche Inhaltsstoffe in ihren Putzmitteln stecken. Erst einmal »sucht man sich da häufig einen Wolf«, wie eine unserer Lebensmittelchemikerinnen einmal sagte, zudem muss man mit den ganzen Bezeichnungen etwas anfangen und sie einordnen können – und dann sind die Angaben manchmal nicht einmal aktuell. Transparenz sieht anders aus.

In aller Kürze: REINIGUNGSMITTEL

⇨ Auf die allermeisten Spezialmittelchen können Sie beim Putzen getrost verzichten. Ein Allzweckreiniger, ein Spülmittel, eine Scheuermilch und ein saurer Badreiniger reichen in aller Regel völlig aus.

⇨ Sie haben als Verbraucherin, als Verbraucher kaum eine Chance, Produkte mit giftigen Chemikalien zu erkennen, weil die Hersteller sie nicht auf der Verpackung deklarieren müssen – Sie müssen sie mühselig im Internet suchen.

⇨ Verdünnte Reiniger wie Fensterputzmittel zum Sprühen verbrauchen viel mehr Verpackungen als Konzentrate.

⇨ Begriffe wie »Öko« oder »Bio« sind bei Lebensmitteln geschützt, bei Putz- und Waschmitteln nicht.

9

(ULTRA) FAST FASHION: UNTRAGBAR

Als im Jahr 2013 die Textilfabrik Rana Plaza in der Nähe von Dhaka in Bangladesch einstürzte und 1135 Menschen unter sich begrub, weitere 2 438 Menschen teils schwer verletzt, gingen die Bilder des Unglücks um die Welt. Es fielen Namen wie Primark, KiK, C&A, Mango und Benetton, die dort neben vielen anderen produziert hatten, und das Entsetzen war groß. Es gab Berichte über die oft ignorierten massiven Sicherheitsmängel, die katastrophalen Arbeitsbedingungen der Näherinnen, die mit giftigen Chemikalien verseuchten Flüsse und Böden in Bangladesch, China, Vietnam, Kambodscha und Indien. Das »Bündnis für nachhaltige Textilien« bildete sich und irgendwie hatte man das Gefühl, jetzt schaut die Welt hin, jetzt ändert sich was.

Und ja, es hat sich ein bisschen was geändert. Einerseits. Denn ja, die Welt schaut seitdem etwas genauer hin. Es gibt mehr Vorschriften, mehr Kontrollen. Noch im selben Jahr haben viele große Konzerne in Bangladesch den »Accord on Fire and Building Safety« unterzeichnet, der gemeinsam mit Gewerkschaften die Gebäude- und Arbeitssicherheit in der Textilindustrie verbessern sollte. Ein freiwilliges Abkommen, das verpflichtende Kontrollen nach sich zieht. In Deutschland gründete das Entwicklungsministerium das »Bündnis für nachhaltige Textilien«, um wenigstens einmal Mindeststandards in der globalen Textilproduktion durchzusetzen. Inzwischen zählt das Bündnis rund 120 Mitglieder, immerhin. Auch das staatliche Siegel »Grüner Knopf«, das für nachhaltigere und sozialer produzierte Textilien steht, entstand in Folge der Katastrophe. Und neben diesen großen gibt es auch viele kleine Initiativen, die etwas an den extremen Missständen in der Textilindustrie ändern wollen. Das ist gut. Aber es ist nur eine Seite der Medaille.

Denn zwei Jahre nach Rana Plaza begann die Welt der Billigmode sich noch schneller zu drehen. Shein, ein damals noch sehr kleiner und unbekannter chinesischer Onlinemodeshop, eroberte den internationalen Markt. Und wuchs in einer schier unfassbaren Geschwindigkeit. Warf neue Kollektionen in einem Tempo auf den Markt, das Primark, H&M und Zara alt aussehen ließ. Ja, die Fast-Fashion-Anbieter, die bis zu 24 Kollektionen im Jahr rausbrachten, waren plötzlich zu langsam. Damit Sie ein Gefühl für die Schnelligkeit bekommen, mit der Shein den Markt mit neuen Klamotten flutet, hier ein paar Zahlen: Allein im ersten Quartal 2022 hat Shein in den USA fast 315 000 verschiedene neue Artikel angeboten. Wir wissen, dass Sie wissen, was ein Quartal ist. Aber wir müssen es trotzdem betonen: 315 000 neue Artikel in drei (!) Monaten. Bei Zara waren es im gleichen Zeitraum rund 6 800, bei H&M 4 400. Mit Shein und anderen reinen Onlinemodeshops wie ASOS oder Boohoo begann die Ära der Ultra Fast Fashion. Noch schneller, noch billiger, noch mehr.

Und noch giftiger? Das legt zumindest eine Untersuchung von Greenpeace nahe. Die Umweltschutzorganisation hat 2022 bei Shein 47 Artikel bestellt und in einem Labor untersuchen lassen. Das Ergebnis: 15 Prozent der Proben enthielten laut Greenpeace gefährliche Chemikalien in einer Höhe, die gegen EU-Grenzwerte verstießen. Heißt: mehr Schadstoffe als erlaubt. Vielleicht auch, weil der Konzern angesichts der schieren Masse an neuen Klamotten einfach den Überblick verliert? Laut Greenpeace stellt Shein 6 000 bis 9 000 neue Artikel pro, Achtung, Tag neu auf seiner Website ein. Pro Tag. Das ist eine völlig neue Dimension von Massenproduktion – mit all ihren Auswirkungen auf die Menschen, die sie produzieren, das Klima und die Umwelt.

Ein »Crop Top« für 1,25 Euro

Aber werfen wir doch mal einen Blick auf die Shein-Webseite. In die Welt der Tausenden von neuen Klamotten pro Tag. »Bis zu 90 Prozent Rabatt, nur jetzt!«, schreit es uns aus blinkenden Fenstern quasi entgegen, daneben Uhren mit ablaufenden Countdowns. Dazu gibt es – »Nur jetzt: Gratisgeschenk plus Gratisversand!« – viel Bling-Bling, viel Kopfschmerzpotenzial. Die Botschaft ist bei all den vielen, ständig aufpoppenden und blinkenden Fenstern immer dieselbe: Jetzt klicken! Jetzt Rabatt sichern! Jetzt kaufen! Ein Crop Top für 1,25 Euro, ein Strick-Top für 1,80 Euro – für das Geld bekommt man in der Regel nicht einmal einen Cappuccino. Die Zielgruppe ist jung, modebewusst, kaufwillig, aber nicht besonders kaufstark. Shein hat es auf das Taschengeld von Teenagern abgesehen und das Konzept funktioniert. Der Ultra-Fast-Fashion-Gigant aus China, 2008 überhaupt erst gegründet, hat inzwischen mehr als 10 000 Mitarbeiterinnen und Mitarbeiter und verkauft in und mehr als 150 Länder. Von 2021 auf 2022 hat der Konzern seinen Umsatz fast verdoppelt. Verdoppelt – von 15,7 Milliarden US-Dollar auf 30 Milliarden. In einem Jahr. Im Vergleich zu 2019 hat er seinen Umsatz sogar fast verzehnfacht. Das Erfolgsrezept: aggressives Social-Media-Marketing, aggressive Schnelligkeit, aggressives Preisdumping und reiner Onlineverkauf. Das Unternehmen, das viele jenseits der 35 nicht einmal kennen, hat laut Statista einen geschätzten Wert von rund 100 Milliarden US-Dollar – auf die Summe kommen H&M und Zara nicht einmal zusammen.

Warum bestellen Kinder einer Generation, die auf Klimademos geht, Crop Tops bei Shein? Warum kaufen erwachsene Frauen alle naselang bei Zara oder Mango ein topmodisches günstiges Teil? Damit sind wir beim Thema kognitive Dissonanz. Denn laut einer Umfrage der Unternehmensberatung KPMG (2020) können sich 73 Prozent der Befragten vorstellen, künftig nachhaltig produzierte Kleidung zu kaufen. Ganze 56 Prozent gaben an, das sogar bereits zu tun. Und 53 Prozent interessieren sich für die Produktionsbedingungen. Nur spiegelt sich das in den Verkaufszahlen nicht wider. Und das Bundesumweltministerium stellt bezüglich der ökologischen und sozialen Auswirkungen der Herstellung von Bekleidung fest: »Bei der Kaufentscheidung spielen diese Aspekte praktisch keine Rolle.«[1]

Kognitive Dissonanz – ein grundsätzliches Problem, wenn es um nachhaltigen Konsum geht. Wir wissen es eigentlich besser, aber im Moment der Kaufentscheidung handeln wir anders. Wir wissen, dass die Arbeiterinnen in Bangladesch, China oder Indien so wenig Geld verdienen, dass sie Unmengen an Überstunden machen müssen, um genug zu essen für ihre Familien zu kaufen. Wir wissen, dass sie mit

Chemikalien arbeiten, die ihre Gesundheit und die Umwelt gefährden. Wir wissen, dass sie kaum Rechte haben, in den wenigsten Fällen eine wirkliche Arbeitnehmervertretung. Wir wissen, dass viele von ihnen Gewalt und Belästigung am Arbeitsplatz ausgesetzt sind, dass die Arbeitsbedingungen viele von ihnen krank machen. Und doch kaufen wir die Klamotten. »Bis zu 90 Prozent Rabatt, nur jetzt!«, blinkt es auf der Shein-Homepage. Jetzt klicken! Jetzt Rabatt sichern! Jetzt kaufen!

Wie bequem, wenn uns dann Firmen wie H&M, Zalando, Primark und Co. mit blumigen Worten von ihren angeblich nachhaltigen Konzepten überzeugen wollen. Wie gern wollen wir ihnen glauben – weil wir diese Dissonanz zwischen Denken und Handeln auf Dauer schlecht aushalten. Und in diese Kerbe hauen H&M und Co. Sie überschlagen sich in ihren Werbekampagnen und auf ihren Webseiten mit Versprechen rund um ökologische und soziale Nachhaltigkeit – natürlich immer, ohne allzu konkret zu werden. Nur der chinesische Onlineriese Shein gibt eine überraschend ehrliche Antwort. Als wir bei Shein auf der Homepage im August 2023 auf den Button »Soziale Verantwortung« klickten, poppt ein Fenster auf: »Nothing found. It seems we can't find what you're looking for.« Ja, den Eindruck haben wir auch. Noch Wochen später poppt dasselbe Fenster auf. Bei Shein scheint der Button nicht allzu häufig geklickt zu werden.

Es gibt noch eine interessante Zahl aus der KPMG-Umfrage: 48 Prozent der Befragten sehen die Verantwortung für Nachhaltigkeit bei den Herstellern. Nur 48 Prozent? Ja, Himmel, bei wem bitte soll die Verantwortung denn sonst liegen? Bei den Kundinnen und Kunden? Sollen sie die Lieferketten verfolgen, nach Bangladesch reisen und bessere Löhne, bessere Arbeitszeiten und bessere Bedingungen für die Näherinnen dort vereinbaren? Selbstverständlich sind die Hersteller in der Pflicht. Nur kommen die meisten von ihnen dieser Pflicht nicht nach.

Textilmüllhalden in Afrika und Chile

Je schneller die Firmen neue Klamotten auf den Markt werfen, desto weniger relevant ist deren Qualität – und Haltbarkeit. Sie sollen ja nicht einmal lang halten, es warten schließlich schon morgen die nächsten zigtausend Artikel auf die Käuferinnen und Käufer. Die »alten« Klamotten? Landen in der Altkleidersammlung. Sind aber meist qualitativ so schlecht, dass das für sie nur ein kleiner Abstecher ist – auf dem Weg in den Müll. Denn rund 80 Prozent der global anfallenden Altkleider werden laut Bundesumweltministerium verbrannt oder landen auf Deponien. Gerade mal 1 Prozent des »Textilmülls« wird demnach zu neuer Kleidung recycelt.

Unsere Altkleider landen zu Hunderttausenden von Tonnen auch in Afrika – und zerstören dort mit ihren Dumpingpreisen die heimische Textilindustrie. Das wirtschaftliche Problem ist aber nicht das Einzige, was diese Textilflut nach sich zieht. Denn wenig überraschend sind es nicht nur die guten, tragbaren Teile, die in Afrika landen, sondern auch immense Mengen an kaputten, untragbaren Klamotten. Die Sachen werden in Europa vor dem Transport nicht aussortiert. Und landen dann überall in der Umwelt. Auf riesigen Halden, wo sie verbrannt werden und dabei giftige Dämpfe freisetzen. In den Flüssen, die sie verstopfen. Oder auf massiv-großen Deponien, wo sie einfach vor sich hin gammeln. Auch in Südamerika, etwa in der berühmten Atacama-Wüste in Chile. Dort wächst seit Jahren ein immenser Textilmüllhaufen, von Tag zu Tag, mit jedem Import von Altkleidermüll, mit jedem Crop Top für 1,25 Euro, mehr. In Bangladesch genäht, in Deutschland ein paar Mal getragen, in Chile entsorgt. »Bis zu 90 Prozent Rabatt, nur jetzt!«, blinkt es auf der Shein-Website. Jetzt klicken! Jetzt Rabatt sichern! Jetzt kaufen!

60 Kleidungsstücke kaufen wir Deutschen pro Jahr im Durchschnitt. Die globale Kleidungsproduktion hat sich laut Bundesumweltministerium seit der Jahrtausendwende mehr als verdoppelt. Und jedes fünfte Kleidungsstück tragen wir so gut wie nie.

Gibt's das auch in Grün?

Eines ist klar, ob langsame Mode oder Ultra Fast Fashion: Je mehr Klamotten wir kaufen, desto mehr Ressourcen verbrauchen wir. Je mehr

Klamotten, desto mehr Wasser, Energie und natürlich auch Chemikalien. Es hilft also wenig, statt Polyester ab sofort nur noch Baumwolle zu kaufen, solange wir insgesamt die Menge an gekauften Klamotten nicht reduzieren. Denn auch im Baumwollanbau gibt es riesige Probleme. Der Pestizideinsatz auf den Feldern ist enorm, der Wasserverbrauch in meist sehr trockenen Regionen immens. Heißt: Der wichtigste Schritt hin zu einem nachhaltigeren Konsum ist, weniger neue Klamotten zu kaufen. Secondhandkleidung kaufen, kaputte Kleidung reparieren und Klamotten tauschen – ob auf Kleidertauschbörsen, im Internet oder mit Bekannten. Kleidung, die einfach nur im Schrank rumliegt, kann man weitergeben – an Menschen, die sie tragen möchten. Für einmalige Anlässe können wir Kleidung mieten (Stichwort »Hochzeitskleid«!), und vor allem können wir unsere alten Klamotten möglichst lange tragen. Das sind die wichtigsten Stellschrauben, an denen wir drehen können. Was aber, wenn es doch mal neue sein sollen?

– AUTSCH! –

- Der Ultra-Fast-Fashion-Onlineriese Shein stellt pro Tag Tausende neue Kleidungsstücke online und verkauft Klamotten für teils weniger als 2 Euro.

- Für unsere Kleidung arbeiten Näherinnen in Bangladesch, China oder Indien für einen »Mindestlohn«, der in der Regel nicht zum Leben reicht. Existenzsichernde Löhne garantiert bisher kein Label – Fairtrade mit einer Übergangsfrist von sechs Jahren.

- Unsere immensen Altkleidermengen verschiffen wir zu großen Teilen nach Afrika, wo die noch tragbaren Klamotten die heimische Textilindustrie zerstören und die schlechten riesige Müllberge verursachen, die die Umwelt dort extrem belasten.

- 80 Prozent der global anfallenden Altkleider werden verbrannt oder landen auf Deponien, nur etwa 1 Prozent wird zu neuen Kleidern recycelt.

Auf diese Siegel können Sie achten

Auf Textilien prangen unzählige Siegel und Labels, die uns glauben machen sollen, dass die Klamotten sozialer, nachhaltiger, grüner hergestellt wurden. Einige von ihnen bedeuten etwas, andere wenig mehr, als dass die Konzerne gemerkt haben, dass ihren Kundinnen und Kunden diese Aspekte wichtig sind. Das Problem, auch bei den »Guten«: Die allermeisten Siegel betrachten einzelne Aspekte – also etwa bessere Arbeitsbedingungen oder geringere Umweltauswirkungen, nicht beides.

Und hier kommt das staatliche Siegel »Grüner Knopf« ins Spiel. Denn das ist so eine Art »Übersiegel«, das nur Produkte kennzeichnet, die zuvor mit mindestens einem Label zertifiziert sind, das für ökologische Verbesserungen steht, und einem, das für soziale Verbesserungen steht. Dafür hat das Bundesentwicklungsministerium »Referenzsiegel« benannt, die untereinander kombiniert werden können. So könnte ein Unternehmen etwa das Fairtrade-Label (soziale Standards) mit dem Bluesign-Label (ökologische Standards) kombinieren – und wenn es beide Zertifizierungen hat, kann es den »Grünen Knopf« beantragen. Zumindest, wenn es auch die zweite Voraussetzung erfüllt, nämlich nicht nur auf Produktebene, sondern auch insgesamt auf Unternehmensebene bereit ist nachzuweisen, dass es Verantwortung für seine Lieferkette übernimmt. Wir skizzieren hier einige Referenzsiegel des »Grünen Knopfs«, an denen Sie sich orientieren können, weil sie für relativ hohe Standards stehen.

IVN BEST ist ein Siegel des Internationalen Verbands der Naturtextilwirtschaft, das Naturfasern zertifiziert. Ökologisch gesehen ist es das wohl strengste Textilsiegel am Markt. Produkte, die damit gekennzeichnet sind, müssen aus Naturfasern bestehen, die aus kontrolliert biologischem Anbau oder kontrolliert biologischer Tierhaltung stammen. Synthetische Fasern dürfen in der Regel nur zu 5 Prozent eingesetzt werden. Und: Der Chemikalieneinsatz ist stark begrenzt.

GOTS steht für Global Organic Textile Standard. Auch dieses Siegel ist, was die Ökologie betrifft, ziemlich streng. Es umfasst Produktion und

Anbau. GOTS steht dafür, dass mindestens 70 Prozent des Kleidungs-stücks aus Naturfasern aus kontrolliert biologischem Anbau oder kon-trolliert biologischer Tierhaltung bestehen sollen. Im Öko-Anbau gibt es keine gentechnisch veränderte Baumwolle. Und auch synthetische Pestizide, die im konventionellen Baumwollanbau häufig und viel ge-spritzt werden, sind tabu. Der Anteil von vorgeschriebenen Öko-Na-turfasern ist im Vergleich zu IVN Best allerdings geringer, was auch deswegen ein Nachteil ist, weil Mischfasern kaum zu recyceln sind.

OEKO-TEX MADE IN GREEN Der Oeko-Tex Standard mit dem Zusatz »Made in Green« ist ein relativ strenger Standard mit Kriterien für Ökologie und Arbeitssicherheit. Das Siegel zertifiziert auch Mischfa-sern, wo wiederum das Problem der mangelnden Recyclingfähigkeit ins Spiel kommt. Allerdings bitte nicht verwechseln mit dem Oeko-Tex Standard 100, ein Siegel, das auf sehr vielen Produkten prangt, aber lediglich die Schadstoffrückstände im Endprodukt betrachtet.

FAIRTRADE steht, wie bei Lebensmitteln auch, in erster Linie für sozia-le Verbesserungen. Der Standard umfasst die gesamte Lieferkette und regelt Aspekte wie eine bessere Bezahlung, sicherere Arbeitsbedingun-gen und stärkere Arbeitnehmerrechte. Er garantiert nicht sofort exis-tenzsichernde Löhne, aber »eine Umsetzung existenzsichernder Löh-ne innerhalb von sechs Jahren«. Das ist ein immens großer Schritt, da es diese existenzsichernden Löhne bisher in den Hauptproduktions-ländern nicht gibt.

FAIR WEAR FOUNDATION In der Fair Wear Foundation sind Gewerk-schaften, Nichtregierungsorganisationen und Unternehmen vertreten. Sie vergibt keine Produktsiegel, sondern überprüft das gesamte Unter-nehmen. Das Ziel: bessere Arbeitsbedingungen und Sozialstandards in der Textilproduktion. Ökologische Aspekte spielen hingegen kei-ne Rolle.

DAS ZEIGEN UNSERE TESTS

Als wir im Jahr 2019 Jeans[2] testeten, konnten wir es kaum glauben: In 15 von 21 Hosen wies das von uns beauftragte Labor den krebsverdächtigen Farbstoffbestandteil Anilin nach. In 15 von 21. Und zwar ganz egal ob die Jeans 10 Euro kostete wie bei H&M oder 150 wie die von Diesel. Das Anilin stammte aus dem Farbstoff Indigo, der die Bluejeans so hübsch blau aussehen lässt – steht aber halt leider unter Krebsverdacht. Blöd für alle, die die Jeans tragen. Aber ja noch viel ätzender für alle, die mit diesem giftigen Farbstoff färben müssen. Deswegen wollten wir von H&M, Zara, Levi's und Co. natürlich ganz genau wissen: Woher stammt die Jeans? Wie viel Geld bekommen die Näherinnen, wie steht es um ihre Sicherheit am Arbeitsplatz? Welche Bedingungen herrschen in der Produktion und welche Bemühungen zeigen die Hersteller, um ihre ökologischen Auswirkungen so gering wie möglich zu halten? Insgesamt stellten wir 22 Fragen. Und wollten für jede Angabe natürlich aussagekräftige Belege sehen.

An so eine Anfrage kann man natürlich so oder so rangehen. Die Verantwortlichen bei den großen Megamarken Diesel, Wrangler, Lee und Mustang zuckten offenbar nur kurz mit den Schultern und antworteten gar nicht. Nicht einmal ein Minimalinteresse an unseren Fragen vorzutäuschen? Kann man nach Rana Plaza natürlich machen, ist dann aber halt ganz schön ignorant. ARMEDANGELS hingegen beantwortete alle unsere Fragen sehr genau und schickte mehr als 40 Dokumente mit, um die Angaben zu belegen. Mehrere Tage lang werteten wir damals gemeinsam mit zwei Expertinnen der Nichtregierungsorganisation FEMNET, die sich in der Textilindustrie für bessere Arbeitsbedingungen von Frauen einsetzt, die Nachweise aus. Am Ende überzeugten uns nur zwei: ARMEDANGELS und hessnatur. Existenzsichernde Löhne allerdings zahlte kein einziger Anbieter im Test.

Für Anilin in Textilien gab es damals wie heute noch keine gesetzliche Begrenzung, was sogar ein Jeanshersteller kritisierte: »Eine gesetzliche Regulierung wäre vorteilhaft und würde klare Rahmenbedingungen für alle Teilnehmer bieten«, schrieb er uns. Für Spielzeug hingegen gibt es seit 2021 Grenzwerte – siehe »Inside *ÖKO-TEST*«. Und unser Test Fingermalfarben zeigte 2021 auch sofort, dass die Industrie sich bewegt, wenn nur genügend Druck da ist. In keiner der Farben war Anilin mehr nachweisbar. Nur wenn nicht genügend Druck da ist, dann geht es eben auch nicht, was unser Test Krabbelschuhe[3] 2023 zeigte. In sechs der getesteten Schuhe steckte Anilin – teils in Gehalten, die den Grenzwert für Spielzeug um ein Vielfaches überschreiten.

Inside *ÖKO-TEST*

Warum wir unsere Arbeit lieben? Weil wir so viel bewegen können – und das auch tun. Dafür brauchen wir manchmal allerdings einen ziemlich langen Atem. Aber am Ende können wir sagen: Dass es seit 2021 endlich Grenzwerte für den krebsverdächtigen Farbbestandteil Anilin in Kinderspielzeug gibt, das ist auch unser Verdienst. Mehr als 20 Jahre lang haben wir Kleidung und Spielzeug auf Anilin getestet. Mehr als 20 Jahre lang haben wir die teils immens hohen Gehalte kritisiert. In Kinderklamotten, Krabbelschuhen, Kinderschminke, Spieluhren, Fingermalfarbe, Wachsmalstiften und Kugelbahnen, um nur einige Beispiele zu nennen. Immer wieder haben wir gesagt: Leute, Anilin steht unter dem Verdacht, Krebs zu erregen. Warum setzt ihr das in Spielzeug ein? Wenn es längst harmlosere Alternativen gibt? Immer wieder kritisierten uns Hersteller: Unsere Labormethode sei nicht gut genug, wir zu streng – und schließlich habe der Gesetzgeber keinerlei Probleme mit Anilin.

An alle Hersteller da draußen, die uns »vorwerfen«, strenger als der Gesetzgeber zu sein: Das ist für uns kein Vorwurf, das ist eine Notwendigkeit. Denn ja: In vielen Fällen sind wir strenger als der Gesetzgeber. Und das Beispiel Anilin in Spielzeug zeigt ganz genau auf, warum: Im Jahr 2017 – also rund 20 Jahre nachdem wir zum ersten Mal Anilin kritisiert hatten – kontaktierte uns die EU-Kommission. Ob wir ihr zusammenstellen könnten, in welchen Kinderprodukten wir Anilin nachgewiesen hätten? Das konnten wir, natürlich. Und vier Jahre später verabschiedete die EU-Kommission eine Änderung der Spielzeugrichtlinie, wonach in Fingermalfarben höchstens 10 Milligramm pro Kilogramm sowie in Textil- und Lederspielzeug höchstens 30 Milligramm pro Kilogramm Anilin nachweisbar sein dürfen. Wir wären nicht *ÖKO-TEST*, wenn wir nicht trotzdem noch was zu meckern hätten, klar. Aus unserer Sicht gehört Anilin raus aus allen Produkten, nicht nur aus Kinderspielzeug. Raus aus Krabbelschuhen, raus aus Jeans. Aber immerhin: Mit den Grenzwerten für Spielzeug ist ein erster großer Schritt getan.

Die Kommission stützte sich bei der Änderung der Spielzeugrichtlinie auch auf die Ergebnisse »einer deutschen Verbraucherzeitschrift« – das haben wir gern gemacht, liebe EU. Und wenn ihr Daten braucht für ein Verbot von Anilin in Textilien, immer her mit der Anfrage. Wir sind hier. Wir bleiben hier. Und nichts wäre uns lieber, als eines Tages zu sagen: Wir sind gar nicht mehr strenger als der Gesetzgeber – der ist streng genug. Aber bis dahin ist es noch ein langer Weg.

In aller Kürze: **ULTRA FAST FASHION**

⇨ Wir Deutschen kaufen im Durchschnitt 60 Kleidungsstücke pro Jahr, jedes fünfte davon tragen wir so gut wie nie.

⇨ Fast-Fashion-Anbieter wie Zara werfen im Jahr bis zu 24 Kollektionen auf den Markt – zu langsam für Ultra-Fast-Fashion-Anbieter wie Shein und ASOS.

⇨ Das staatliche Siegel »Grüner Knopf« steht für bessere soziale Bedingungen und geringere ökologische Belastungen.

⇨ Die meisten der anderen Siegel stehen nur für das eine oder das andere. Heißt: Am besten kaufen Sie Klamotten, die beispielsweise das Label von IVN Best (Ökologie) und das von Fairtrade (Arbeitsbedingungen) tragen – oder eben den »Grünen Knopf«.

⇨ Keine neuen Klamotten sind aber besser als neue Klamotten, egal mit welchem Label.

10

ÖKOSTROM RELOADED

Gibt's das auch in Grün? Beim Thema Energie scheint die Antwort klar. Natürlich gibt es das in Grün! Ökostrom! Um beim Klimaschutz voranzukommen, brauchen wir saubere Energien. Ökostrom aus Wind-, Wasser- und Sonnenenergie statt Strom aus Kohle und Gas. Wechseln wir doch einfach zu einem Ökostromtarif.

Dass der Ausbau der erneuerbaren Energien noch viel schneller gehen muss, darin sind sich die politischen Parteien mittlerweile einig. Putins Angriffskrieg in der Ukraine hat gezeigt, wie fatal es war, sich von russischen Gaslieferungen abhängig zu machen. Erneuerbare Energien helfen dem Klima und sie schaffen mehr politische Unabhängigkeit. Die Energiewende müssen wir schaffen. Jetzt. Zumindest so schnell wie möglich. Natürlich sind wir da mit an Bord. Als ökologisch orientierte Verbraucherinnen und Verbraucher machen wir gerne mit und beziehen grünen Strom. Ökostrom. Doch was verkaufen uns die Stromanbieter da eigentlich? Helfen wir mit Ökostromtarifen tatsächlich der Energiewende? Ja? Nein? Es kommt drauf an.

Ökostrom kaufen und damit die Energiewende fördern – das klingt per se schon nach einem guten Konzept. Es klingt logisch und es klingt einfach. Doch die Sache ist kompliziert. Denn Ökostrom ist nicht gleich Ökostrom. Der Begriff ist weder gesetzlich geschützt noch klar definiert. Klar hingegen ist: Das, was die Stromversorger uns Verbraucherinnen und Verbrauchern als Ökostromtarife anbieten, ist noch einmal etwas anderes als nur der Ökostrom, den die Politik seit mehr als 20 Jahren über das Erneuerbare-Energien-Gesetz (EEG) finanziert und fördert. Ökostromtarife enthalten zwar Strom aus erneuerbaren Energiequellen und doch ist der Nutzen solcher Tarife für die Energiewende begrenzt.

Sie bleiben erstmal dabei? Vertrauen den Botschaften der Anbieter à la »Durch den Wechsel zu unserem Ökostrom können Sie aktiv zum Klimaschutz beitragen«? Geht klar. Dann tun Sie es einfach. Suchen Sie auf einem gängigen Vergleichsportal einen Ökostromtarif aus und wechseln. Wir leben schließlich im Kapitalismus und der halbwegs freien Marktwirtschaft. Wenn die Nachfrage nach Ökostrom steigt, dann wird ja wohl auch das Angebot steigen. Oder? Na ja! In diesem Fall gilt: nicht unbedingt. Aber immerhin und unbedingt gilt: Mehr Nachfrage bedeutet mehr gute Stimmung und mehr Zuspruch für das Thema Ökostrom. Ein Wechsel zu einem Ökostromtarif – egal zu welchem – ist in jedem Fall ein wichtiges politisches Signal, das Sie senden.

Verstehen Sie uns nicht falsch: Wenn jemand für erneuerbare Energien ist, dann wir bei ÖKO-TEST. Aber wir wollen auch, dass Sie den Richtigen finden. Einen von den Guten. Einen, der mehr kann als Stimmung. Einen Ökostromtarif, der die Energiewende wirklich voranbringt – wenigstens ein bisschen. Eine gute Beziehung sollte nicht auf Missverständnissen beruhen. Räumen wir die erstmal aus dem Weg.

Missverständnis Nummer 1:
Mein Ökostrom kommt aus der Steckdose

»Sauberer Strom aus der Nachbarschaft: Ob aus Wind, Sonne oder Biomasse – wir vernetzen dich mit dem Strom, der in deiner Nähe erzeugt wird. Direkt vom Anlagenbetreiber in deine Steckdose. So bekommst Du 100 % saubere Energie« – mit diesem Spruch warb ein Stromanbieter im Jahr 2019. Geht nicht, urteilte das Oberlandesgericht Schleswig und untersagte diese Werbung.[1] Sie vermittle den Eindruck, dass tatsächlich eine Belieferung des Kunden mit Strom aus erneuerbaren Energien erfolge. Das sei aber unrichtig.

Klar, der Strom kommt aus der Steckdose. Aber nicht unbedingt der Strom, für den wir unseren Anbieter bezahlt haben. Strom ist nämlich eine sehr spezielle Ware. Anders als etwa bei Lebensmitteln kaufen wir kein bestimmtes physisches Produkt, wie etwa das leckere Vollkornbrötchen neben dem Schokocroissant. Wenn wir beim Bio-Bäcker dieses

Bio-Vollkornbrötchen bestellen, dann wurde dieses Brötchen in aller Regel mit Bio-Mehl gebacken und wir beißen am Ende in ein Bio-Brötchen. Wenn wir Ökostrom bestellen, dann fließt aus unserer Steckdose nicht unbedingt Strom aus erneuerbaren Quellen, sondern schlicht der Strom, den das nächstgelegene Kraftwerk ins Netz eingespeist hat. Das kann auch Gas- oder Kohlestrom sein. Was wir bezahlen, ist nicht das, was aus der Steckdose kommt. Das sind die physikalischen Gegebenheiten der Ware Strom, Elektronen haben eben keine Eigenschaft. So weit die Theorie.

In der Praxis ist die Stromversorgung eine riesige Herausforderung – es muss immer so viel Strom im Netz sein, wie alle privaten und gewerblichen Nutzer in einem Moment verbrauchen. Das zu schaffen, ist schon eine logistische Meisterleistung. Auch die Preisbildung bei der Ware Strom ist kompliziert. Der Preiskalkulation für Strom, den wir kaufen, liegt eine Mischung aus Termingeschäften, langfristigen Lieferverträgen und kurzfristiger Beschaffung zugrunde. Es gibt Anbieter, die betreiben eigene Kraftwerke und verkaufen ihren Strom auch an Endkunden. Sie sind Erzeuger und Händler gleichzeitig. Das sind etwa klassische Stadtwerke oder regionale Versorger. Es gibt aber auch die reinen Händler. Sie kaufen direkt von Erzeugern und an der Strombörse und verkaufen an andere Kundinnen und Kunden weiter. Das ist auch gut so, denn das belebt den Wettbewerb und sorgt für günstigere Strompreise für uns. Der Handel mit Strom basiert auf einem Handel mit Einspeise- und Verbrauchsmengen. An vielen Stellen kann er abstrakt vonstattengehen, völlig losgelöst von der physikalischen Ware Strom, die Stromerzeuger ins Netz einspeisen. Denn anders als das Vollkornbrötchen lässt sich der Strom ja schwer einpacken und nach Hause tragen. Vom Produkt her betrachtet würde das auch überhaupt keinen Sinn ergeben, denn der Strom, der aus der Steckdose kommt, hat im Prinzip immer die gleiche Qualität. Beim Bäcker wählen wir zwischen Vollkornbrötchen, Baguette oder Schokocroissant. Wir wissen, welcher Bäcker die besten Vollkornbrötchen backt, und kaufen sie deshalb genau dort ein. Unser physischer Strom ist einfach nur Strom. Die Eigenschaft, aus erneuerbaren Energiequellen zu stammen, ist im Stromnetz nicht mehr erkennbar.

Viele Stromanbieter, vor allem Anbieter von Ökostromtarifen, versuchen dieses Prinzip mit der Metapher vom Stromsee zu erklären: Jeder produzierte Strom fließe in den Stromsee, egal ob Kohlestrom, Strom aus

Biomasse, Windstrom und Solarstrom. Egal ob von einem großen Konzern oder einem kleinen Windparkbetreiber. Im See verliere der Strom die Zuordenbarkeit seiner Herkunft. Wir Verbraucherinnen und Verbraucher auf der anderen Seite des Sees entnähmen dann gemischtes Wasser – Pardon, gemischten Strom. Je mehr Strom aus regenerativen Energien in den Stromsee fließe, desto grüner werde der See. So weit, so klar.

Aber die Metapher kann noch mehr und da wird's falsch: Wenn wir als private Verbraucherinnen und Verbraucher einen Ökostromtarif wählen würden, dann würden wir dafür bezahlen, dass am anderen Ende des Sees jemand grünen Strom in den See kippt. Der See werde dadurch grüner und grüner. Auch das ist ein schönes Bild. Und eine schöne Geschichte. Das Problem: Dieser Teil der Geschichte stimmt nicht so ganz.

Missverständnis Nummer 2:
Alle Ökostromtarife bringen die Energiewende voran

In der Realität ist Stromhandel zunächst ein Handel auf dem Papier beziehungsweise im Computer: Wir Verbraucherinnen und Verbraucher suchen uns einen Ökostromtarif aus. Dann bezahlen wir den Ökostromanbieter. Wir bezahlen ihn aber nicht für den physikalischen Strom, der aus der Steckdose kommt, sondern dafür, dass er die Menge Strom, die wir verbrauchen, auftreibt. Und dafür, dass es sich bei diesen Mengen ganz sicher um Strom aus regenerativen Energien handelt. Das ist schon einmal gut. Im besten Falle betreibt unser Ökostromanbieter Solar- oder Windkraftanlagen und steckt unser Geld in den Ausbau weiterer Kraftwerke für erneuerbare Energie. Das fördert die Energiewende. Um im Bild mit dem Stromsee zu bleiben: Es macht den See ein bisschen grüner. Im schlechtesten Fall aber betreibt der Ökostromanbieter Kohlekraftwerke, erwirbt Strom an der Strombörse und kauft dazu Ökostromzertifikate – genauer: Herkunftsnachweise – für erneuerbaren Strom aus uralten Anlagen, zum Beispiel aus norwegischen Wasserkraftwerken. Das bringt die Energiewende keinen Schritt weiter. Viele Ökostromtarife machen unseren Stromsee also nicht wirklich grüner, sondern die Anbieter färben mit Ökostromtarifen grauen Strom im Stromsee grün.

Stopp. Wie bitte? Was heißt denn hier Herkunftsnachweise? Warum für Wasserkraft aus Norwegen? Warum nicht einfach Ökostrom kaufen, also einen Vertrag für Ökostrom aus der nächstgelegenen Windkraftanlage schließen? Von vorne. Um zu erklären, was ein Ökostromtarif überhaupt ist, muss man zwei Fragen beantworten:

1. Was sind Herkunftsnachweise?
2. Für welchen Strom gibt es sie?

Zunächst die Antwort auf Frage Nummer 1: Wer in Deutschland einen Ökostromtarif anbietet, muss nachweisen, dass es sich um Strom aus erneuerbaren Quellen handelt. Dazu muss das Unternehmen Herkunftsnachweise (HKNs) vorlegen. Und da ist sie wieder, die besondere Ware Strom, bei der sich der physische Strom von der Produkteigenschaft, aus einer Anlage auf Basis erneuerbarer Energieträger zu stammen, trennen lässt. Oder um noch einmal die Metapher vom Stromsee zu bemühen: Die Herkunft des Stroms, die dem Strom im See nicht mehr anzumerken ist, lässt sich auf einem Stück Papier beziehungsweise in einer Datei niederschreiben. Mit diesen Dateien, also den Herkunftsnachweisen, können die Akteure am Strommarkt dann handeln. Genau das tun sie auch, und zwar folgendermaßen: Für jede Megawattstunde erzeugten erneuerbaren Strom stellen die jeweiligen Behörden – auf Anfrage und wenn zulässig (dazu gleich mehr) – elektronische Herkunftsnachweise aus, EU-weit, inklusive Schweiz und Norwegen. In Deutschland ist für diese HKNs das beim Umweltbundesamt angesiedelte Herkunftsnachweisregister zuständig. Mit diesen HKNs handeln die unterschiedlichen Marktteilnehmer – Produzenten, Energiehändler und Energieversorger. Und das in den allermeisten Fällen komplett unabhängig vom Handel mit Strom. Wenn Verbraucherinnen und Verbraucher Ökostromprodukte kaufen, dann entwertet das Umweltbundesamt (UBA) die korrespondierenden Herkunftsnachweise. HKNs sind eine prima Erfindung. Sie bilden die Grundlage dafür, dass Ökostrom überhaupt gehandelt und nur einmal verkauft werden kann, sie stellen sicher, dass wir als Kundinnen wissen, dass diese erneuerbaren Energien auch wirklich eingespeist wurden. Es kann aber leider auch sein, dass ein »Ökostromanbieter« Herkunftsnachweise gekauft hat und dazu Kohlestrom. Er kann mit diesen Herkunftsnachweisen aus grauem Kohlestrom für uns Verbraucherinnen und Verbraucher grünen Ökostrom machen. Ganz legal.

Aber ansonsten ist doch alles prima? Diese Herkunftsnachweise gibt es doch nur für Strom, der tatsächlich aus regenerativen Quellen stammt, und damit ist doch auch wirklich Ökostrom erzeugt worden. Ja, stimmt. Allerdings – um beim Bild vom Stromsee zu bleiben – schwimmt ein ordentlicher Teil dieses Ökostroms schon seit Jahrzehnten in unserem See. Er ist zwar grün, aber er sorgt nicht dafür, dass der See immer grüner wird, also die Energiewende schneller vorangeht. Ganz einfach, weil er aus uralten Kraftwerken stammt. In Skandinavien und im Alpenraum gibt es jede Menge jahrzehntealte Wasserkraftwerke. Und auch die Betreiber dieser Kraftwerke dürfen HKNs ausstellen. Es gibt also ordentlich viel HKN-fähigen Strom am Markt. Was sich wiederum auf den Preis der HKNs auswirkt – für norwegische Wasserkraft liegt der Preis für die HKNs etwa bei 1 bis 2 Euro pro Megawattstunde – oder umgerechnet 0,1 bis 0,2 Cent pro Kilowattstunde. Wir ahnen es bereits: So ein minimaler Aufpreis für Herkunftsnachweise bietet Energieunternehmen auf dem freien Markt wenig Anlass, neue Kraftwerke zu bauen. Die Nachfrage nach Ökostrom kann wunderbar durch billige HKNs befriedigt werden, sie steigert nicht zwangsläufig das Angebot an neuem erneuerbarem Strom.

Ja, okay, aber der Strom aus all den neu gebauten Windkraft- und Solaranlagen macht unseren Stromsee doch bestimmt mit jedem Tag grüner? Auf jeden Fall! Und wenn wir Ökostromtarife wählen, dann unterstützen wir doch zum Teil auch diese neuen Anlagen, oder? Leider nicht in jeden Fall. Und damit wären wir bei der alles entscheidenden Frage Nummer 2: Für welchen Strom gibt es Herkunftsnachweise? Und welcher Strom darf somit als Ökostrom an Verbraucher und Verbraucherinnen verkauft werden? Die Antwort lautet: in Deutschland ausschließlich Strom aus Anlagen, die nicht mittels des Erneuerbare-Energien-Gesetzes gefördert wurden. Und das ist nur ein winziger Teil der Kraftwerke, die hierzulande in den vergangenen zwei Jahrzehnten gebaut und in Betrieb genommen wurden.

Aber schauen wir uns erst einmal den großen Motor der Energiewende an: das Erneuerbare-Energien-Gesetz (EEG). Es trat im Jahr

2000 in Kraft. Sein Ziel ist nichts weniger als »die Transformation zu einer nachhaltigen und treibhausgasneutralen Stromversorgung, die vollständig auf erneuerbaren Energien beruht«. Was für ein Projekt. Die am 1. Januar 2023 in Kraft getretene Novelle des Gesetzes sieht vor, dass der Anteil erneuerbarer Energie am Bruttostromverbrauch bis 2030 auf mindestens 80 Prozent steigt. Das EEG bietet für diesen Ausbau große finanzielle Anreize. Wenn Betreiber von Erneuerbare-Energien-Anlagen ihren Strom ins Netz eines lokalen Versorgers einspeisen, erhalten sie dafür eine festgelegte Vergütung je Kilowattstunde. Anlagebetreiber, die direkt vermarkten, bekommen eine Marktprämie für insgesamt 20 Jahre ab Inbetriebnahme. Das EEG hat so zu einem gewaltigen Ausbau der Erneuerbaren geführt. Laut Umweltbundesamt hat sich ihr Anteil am Bruttostromverbrauch in den vergangenen zehn Jahren fast verdoppelt und stieg im Jahr 2022 auf 46,2 Prozent. Das ist gigantisch. Das EEG wirkt.

Gleichzeitig schreibt dieses EEG aber auch vor, dass geförderter Strom nicht an Letztverbraucher – also an uns Stromkundinnen – vermarktet werden darf. Die Erzeuger dürfen keine Herkunftsnachweise für EEG-Strom ausstellen. Das bedeutet, dass der allergrößte Teil der neu geschaffenen erneuerbaren Energie gar nicht als Ökostrom vermarktet werden darf.

Die Logik hinter diesem Verbot? Es soll eigentlich dafür sorgen, dass wir Verbraucherinnen und Verbraucher nicht zweimal zur Kasse gebeten werden. Bis zum 1. Juli 2022 haben nämlich alle Stromkundinnen für jede Kilowattstunde Strom automatisch einen Aufpreis bezahlt: die EEG-Umlage. Sie betrug zuletzt 3,723 Cent pro Kilowattstunde, davor sogar fast das Doppelte. Damit zahlte der Staat die Vergütungen an die Erzeuger erneuerbarer Energien. Sprich, mit der EEG-Umlage hatte jeder Verbraucher schon einmal für den EEG-geförderten Ökostrom bezahlt. Und natürlich haben wir den auch gutgeschrieben bekommen. Auf unseren Stromrechnungen finden wir den Anteil an geförderter Energie in der Stromkennzeichnung.

Mit dem Doppelvermarktungsverbot wollte der Gesetzgeber ausschließen, dass wir Verbraucher für diesen Strom noch einmal bezahlen, wenn wir einen Ökostromtarif wählen. Das ist eigentlich eine sehr gute Sache. Nur macht es das Thema Ökostromhandel eben auch arg kompliziert. Die EEG-Umlage ist inzwischen Geschichte. Der Staat hat sie abgeschafft, um die direkt sichtbaren Energiekosten für uns Verbraucherinnen und Verbraucher zu senken. Die Förderung für EEG-Strom wird nun aus anderen Bundesmitteln bezahlt und kommt aus dem Klima- und Transformationsfonds. Das Doppelvermarktungsverbot ist aber geblieben. Grünen Strom, den wir mit unseren Steuern und Abgaben und bis zum Juli 2022 auch mit der EEG-Umlage mitgefördert haben, können wir also nach wie vor nicht direkt als Ökostrom kaufen. Um das Ganze mit Zahlen zu beschreiben: In der Zeit von Januar bis November 2021 hat das Umweltbundesamt im deutschen Herkunftsnachweisregister Herkunftsnachweise für eine erneuerbare Strommenge in Höhe von rund 115 Terrawattstunden entwertet. Im selben Zeitraum umfasste allein der Nettoimport von HKNs – also der Kauf von Zertifikaten für erneuerbaren Strom aus ausländischen Kraftwerken – etwa 95 Terrawattstunden. Wenn wir Ökostrom kaufen, dann zahlen wir daher mit sehr hoher Wahrscheinlichkeit für Zertifikate für Strom aus Wasserkraft aus längst abgeschriebenen, jahrzehntealten Kraftwerken.

Missverständnis Nummer 3:
Der Wechsel zu Ökostromprodukten trägt wesentlich zum Klimaschutz bei

Wenn die Ökostromtarife, die wir kaufen können, nicht signifikant zum Ausbau erneuerbarer Energien beitragen, wenn die Energiewende durch ein ganz anderes Rad – das EEG – angetrieben wird, dann ist es im Grunde folgerichtig, dass Ökostromtarife auch im Kampf gegen die Klimakrise eine sehr kleine Rolle spielen. Logisch. Und sehr ernüchternd. Aus Sicht des ökologischen Verbraucherschutzes ist es beinahe fatal, dass die Rahmenbedingungen derart verwickelt und kompliziert sind. Wer will das noch verstehen? Viele Verbraucherschützerinnen und -schützer stellen sich mittlerweile die Frage: »Brauchen wir unter den aktuellen Bedingungen überhaupt noch Ökostromtarife?« Etliche beantworten die Frage mit Nein. Vor allem vor dem Hintergrund, dass alles teurer geworden ist und viele Menschen sich fragen, wie sie überhaupt ihre Stromrechnung bezahlen sollen. Die Verbraucherzentrale Nordrhein-Westfalen zum Beispiel rät in Zeiten hoher Strompreise zunächst, einfach den günstigsten Stromtarif zu wählen. Auch in einem »normalen« Stromtarif stecke bereits jede Menge erneuerbarer Strom. Wenn es Ökostrom sein solle, »dann von einem Anbieter, der einen gewissen Zubau gewährleistet«, sagt Christina Wallraf, Referentin Energiemarkt bei der Verbraucherzentrale NRW.

Bei 46,2 Prozent lag der Anteil an erneuerbarer Energie am allgemeinen Strommix im Jahr 2022. Oder um es mit der Metapher vom Stromsee zu sagen: Der See ist zu 46,2 Prozent grün. Deshalb sehen auch die Fachleute des Instituts für Zukunftsenergie- und Stoffstromsysteme (IZES), mit deren Unterstützung *ÖKO-TEST* in den vergangenen Jahren Ökostromtarife geprüft hat, diese Tarife inzwischen sehr kritisch. Schließlich spiele die Musik ganz woanders. Eva Hauser, Forschungskoordinatorin am IZES, die für *ÖKO-TEST* die Prüfung von Ökostromprodukten federführend begleitet hat, sagt im Gespräch mit uns dazu: »Die große Veränderung ist auf der politischen Agenda und wird durch das EEG erreicht. Ökostromtarife spielen, wenn überhaupt, nur eine sehr geringe Rolle für den Ausbau der erneuerbaren Energien.« Zur Erinnerung: Die am 1. Januar 2023 in Kraft getretene EEG-Novelle schreibt vor, dass der Anteil erneuerbarer Energie am Bruttostromverbrauch bis 2030 auf mindestens 80 Prozent steigen soll. Warum sich also noch mit Ökostromtarifen abgeben, die zum Großteil auf Zertifikaten für skandinavische Wasserkraft beruhen?

»Weil Strom aus erneuerbaren Energien eigentlich eine tolle Sache ist, weil Verbraucherinnen und Verbraucher wissen sollen, was sich hinter den Tarifen verbirgt, und weil wir die Spreu vom Weizen trennen wollen«, lautet die stark verkürzte *ÖKO-TEST*-Antwort. Weit über 1 000 Ökostromtarife finden sich derzeit auf dem Markt. Laut *Monitoringbericht 2021* der Bundesnetzagentur bezogen 30 Prozent der Haushaltskunden im Jahr 2020 ein Ökostromprodukt. Nach diesem Bericht sind das 14,6 Millionen Verbrauchsstellen. Viele dieser Verbraucherinnen und Verbraucher dürften glauben, mit ihrem Ökostromtarif einen Beitrag zum Umwelt- und Klimaschutz zu leisten. Das sagen ihnen die Energieversorger ja schließlich ständig. Wir sind da ein bisschen nüchterner. Gibt's das auch in Grün? Unsere Antwort ist zurückhaltend: Da steht zwar »grün« beziehungsweise »Ökostrom« drauf – ganz legal, gesetzlich geregelt, mit Brief, Siegel und Herkunftsnachweis –, aber fürs Klima und die Umwelt bringen die konkreten Ökostromtarife in den allermeisten Fällen trotzdem kaum etwas. Weil Ökostromhandel so kompliziert über HKNs aus alten Kraftwerken funktioniert, ist eigentlich schon im System begründet, dass diese Art von Handel weder etwas an der eigenen Klimabilanz ändert noch allgemein zum Klimaschutz beiträgt, etwa durch den Bau zusätzlicher Wind- oder Solarkraftwerke. Trotzdem werben Ökostromanbieter mit genau solchen Versprechen. Unter den gegebenen Umständen sollten sie das besser bleiben lassen. Oder zumindest ganz genau erklären, was sie mit Werbeaussagen zum Klimaschutz genau meinen – sagen wir als ökologische Verbraucherschützerinnen. Und das sagt mittlerweile auch das Öko-Institut.

Im Auftrag des Ökostromanbieters Green Planet Energy (ehemals Greenpeace Energy) haben die Wissenschaftlerinnen und Wissenschaftler des Öko-Instituts sich in einer 2023 veröffentlichten Analyse mit Aussagen zur Klimabilanz von Ökostromprodukten auseinandergesetzt. Die zehn größten Ökostromanbieter werben demnach mit Aussagen im Sinne von: »Unser Ökostrom ist klimaneutral/CO_2-frei.« »Mit einem Wechsel zu (unserem) Ökostrom können Sie Ihren persönlichen CO_2-Fußabdruck deutlich reduzieren.« »Durch den Wechsel zu (unserem) Ökostrom können Sie ca. x Kilogramm CO_2 im Jahr einsparen.« »Durch den Wechsel zu (unserem) Ökostrom können Sie aktiv zum Klimaschutz beitragen.« Diese Aussagen, so das Öko-Institut, könnten bei Verbraucherinnen und Verbrauchern zu Missverständnissen führen, wenn nicht darüber aufgeklärt würde, dass der Bezug dieses Ökostroms nicht zur Verminderung von Emissionen führe. Wenn beispielsweise ein Haushalt in seinem Eigenheim eine Ölheizung durch eine Holzpelletheizung ersetze, so werde der Verbrauch an fossilem Öl tatsächlich reduziert und die entsprechenden Emissionen vermieden. Bei Strom sei dieser Zusammenhang nicht gegeben.

Warum nicht? Weil (Öko-)Stromhandel nun einmal so kompliziert ist. Das Öko-Institut drückt das natürlich etwas wissenschaftlicher aus: Die Erzeugungsstrukturen im Stromsektor seien durch lange Investitionszyklen geprägt. Daher hänge die Erzeugung kaum von der aktuellen Nachfragestruktur nach bestimmten Erzeugungsarten ab, sondern vielmehr vom bestehenden Kraftwerkspark. Es gebe so große Kapazitäten an Ökostrom, beispielsweise aus skandinavischer Wasserkraft, dass die Nachfrage nur zu einer Umverteilung führe. Mit »Umverteilung« beschreibt das Öko-Institut die Lage sehr treffend: Umverteilung sorgt nämlich nicht für neue Anlagen und mehr erneuerbare Energie und damit auch nicht für eine Verringerung der Emissionen. Das Öko-Institut kommt daher zu dem Schluss: Aussagen, die eine Klimaschutzwirkung von Ökostrom suggerierten, seien als missverständlich oder sogar irreführend anzusehen und sollten vermieden werden. Die Expertinnen und Experten raten Anbietern von Ökostrom, vereinfachte Aussagen zur Minderung von Treibhausgasemissionen durch den Strombezug in jedem Fall zu unterlassen.

Wir kennen das Problem der Werbung mit den Begriffen »klimaneutral« und Co. aus anderen Konsumbereichen zur Genüge. Hähnchenfleisch kann weder klimaneutral noch klimafreundlich sein – das haben wir schon zu Anfang dieses Buches beschrieben und das erschließt sich ziemlich schnell. Aber dass die Dinge beim Thema Ökostrom so kompliziert sind, dass uns das Öko-Institut jetzt auch noch schriftlich gibt, dass die Wahl eines Ökostromtarifs nicht zum Klimaschutz beiträgt – das muss man erstmal einsortieren. Was heißt das denn für die vielen ökologisch orientierten Verbraucherinnen und Verbraucher, die etwas Gutes bewirken wollen? Die Sachlage ist erst einmal frustrierend – und die Tatsache, dass wir mit dem Bezug von Ökostrom in der Regel keinen Beitrag zum Klimaschutz leisten, rückt Ökostrom und neue Energien in ein schlechtes Licht. Wie kommen wir da wieder raus? Augen zu und weg? Besser: Augen auf und durch! Schauen wir genau, was Ökostromprodukte sind, wo ihre Grenzen liegen und was die Guten unter ihnen bewirken können.

In den Bewertungen von *ÖKO-TEST* schneiden einige Produkte tatsächlich »sehr gut« ab, weil sie eben doch einen kleinen Beitrag zur Energiewende leisten. Ein wichtiges Wort in diesem Satz ist allerdings »klein«. Denn auch das gehört zur Wahrheit: Selbst ein in unseren Tests »sehr guter« Ökostromtarif leistet nur einen sehr geringen Beitrag zur Energiewende. Damit wären wir beim letzten großen – beziehungsweise kleinen – Missverständnis.

Missverständnis Nummer 4:
Mit dem richtigen Ökostromprodukt leiste ich einen großen finanziellen Beitrag zur Energiewende

Wissen Sie noch, was wir Ihnen eingangs des Kapitels versprochen haben? Wenn Sie weiterlesen, finden Sie den Richtigen. Einen Ökostromtarif, der wirklich einen Beitrag zur Energiewende leistet. Wir halten Wort. Aber wir bleiben ehrlich: Es ist nur ein klitzekleiner Beitrag. Diesen kleinen Beitrag können Sie auf den Internetseiten vieler Anbieter nachvollziehen. Diese Anbieter weisen in ihren Angeboten für den jeweiligen Ökostromtarif einen »Aufpreis« aus. Diesen Aufpreis investieren die Anbieter dann wieder in neue Projekte für regenerative Energie.

Im Idealfall weist der Anbieter den Aufpreis transparent auf seiner Webseite aus und verrät Ihnen dort auch direkt, für welche Projekte im Bereich erneuerbare Energie Ihr Geld zum Einsatz kommt. Dass die finanzielle Wirkung solcher Aufpreise sich im überschaubaren Rahmen bewegt, wird schnell deutlich, wenn wir uns eine Beispielrechnung ansehen. Nehmen wir an, ein Ökostromanbieter nimmt pro Kilowattstunde Strom einen Aufpreis von 1 Cent, den er in erneuerbare Energieprojekte steckt. Für eine Familie mit einem durchschnittlichen Stromverbrauch von 3 000 Kilowattstunden pro Jahr wären das umgerechnet 3 000 Cent – das sind gerade einmal 30 Euro. Üblich am Markt sind aber auch Aufpreise von 0,5 oder 0,25 Cent pro Kilowattstunde. Da wären wir dann bei 15 Euro oder 7,50 pro Jahr. Ja, das ist besser als nichts, aber es bleibt ein sehr kleiner finanzieller Beitrag zur großen Energiewende. Das ist kein Argument gegen einen »richtigen« Ökostromtarif. Und hey, Kleinvieh macht auch Mist: In der Summe können viele kleine Beiträge viele tolle Projekte finanzieren. Das ist definitiv eine gute Sache. Sie sollten sich nur klar darüber sein, wie klein der individuelle Beitrag ist. Elke Mohrbach, Energieexpertin beim Umweltbundesamt und Chefin des Herkunftsnachweisregisters für Strom aus erneuerbaren Energien, drückt es im Gespräch mit *ÖKO-TEST* so aus: »Das EEG ist der ICE, der die Energiewende voranbringt. Ökostromtarife, auch die guten, wollen als Draisine den ICE beschleunigen.«

Welcher Ökostromtarif hilft der Energiewende?

Dann also rauf auf die Draisine. Welche Ökostromtarife tragen denn nun dazu bei, dass es vorangeht? Blicken wir noch einmal auf unseren halbgrünen Stromsee. Wir wissen, dass die Herkunftsnachweise für skandinavische Wasserkraft den See nicht grüner machen. Wir wissen, dass der Löwenanteil des grünen Stroms im See auf die Förderung durch das EEG zurückgeht, und wir wissen, dass wir genau diesen grünen Strom wegen des Doppelvermarktungsverbots nicht als Ökostrom kaufen können. Welche Ökostromtarife machen denn unseren Stromsee nun ein kleines bisschen grüner?

Das sind erstens Ökostromtarife, die wie oben beschrieben einen klaren Aufpreis definieren und diesen Aufpreis in erneuerbare Energieprojekte investieren. Zweitens sind das Ökostromtarife von Unternehmen, die erneuerbaren Strom außerhalb der EEG-Förderung produzieren. Zum Beispiel in neuen Kraftwerken, die ohne EEG-Förderung gebaut wurden. Solche Kraftwerke finanzieren sich meist durch langfristige Stromabnahmeverträge – Fachleute sprechen von Power Purchase Agreements (PPAs) –, entweder von Industriekunden oder von Energielieferanten, die Verbraucherinnen und Verbraucher mit Ökostrom versorgen wollen. Oder der Strom kommt aus relativ neuen Anlagen, deren Anbieter bewusst auf die EEG-Marktprämie verzichten und ihren Strom direkt vermarkten (Direktvermarktung). Die dritte Form von effektivem Ökostrom, der als solcher vermarktet werden darf, stammt aus hiesigen Anlagen für erneuerbare Energie, die nach 20 Jahren aus der EEG-Förderung gefallen sind. Anbieter, die Ökostrom aus solchen Anlagen ins Portfolio nehmen, schaffen neue Einkünfte und Anreize für die Besitzer, die Anlagen weiterzubetreiben, statt sie rückzubauen. Klar, es kann auch ohne die Vermarktung von Ökostrom gelingen, solche Anlagen wirtschaftlich sinnvoll zu erhalten. Im Falle von Post-EEG-Lösungen muss man also genau hinschauen, ob die Vermarktung von Ökostromtarifen zu deren Erhalt beiträgt. Grundsätzlich bleibt es aber dabei: Nur Ökostrom aus neuen Nicht-EEG-Anlagen, aus der Direktvermarktung oder aus Post-EEG-Modellen sorgt – zum heutigen Zeitpunkt und unter der aktuellen Gesetzeslage – für zusätzliche Impulse für die Energiewende und – bildlich gesprochen – für mehr grünen Strom im Stromsee. Viele ambitionierte Anbieter von Ökostromtarifen kombinieren den Bezug von solchen Stromarten mit einem Aufpreis. Um unter den über 1 000 Ökostromprodukten am Markt einen wirksamen Tarif zu finden, können Verbraucherinnen und Verbraucher sich an zwei etablierten Labels für Ökostrom orientieren. Es gibt zwar mittlerweile noch viel mehr Zertifizierungen für Ökostromtarife. Allerdings sind diese beiden Labels die einzigen, die auch das Umweltbundesamt empfiehlt. Beide zertifizieren Tarife, die einen Zusatznutzen für die Energiewende bringen. Das ok-power-Label lässt den Stromanbietern dabei mehr Möglichkeiten als die Förderung von Projekten mit einem klar definierten Aufpreis.

An diesen Labels können Sie sich orientieren

Grüner-Strom-Label

Das Gütesiegel wurde 1998 von Umweltverbänden ins Leben gerufen, es war damit das erste Label für Ökostrom. Zu den Trägern gehören der NABU, der BUND, die Deutsche Umwelthilfe und die VERBRAUCHER INITIATIVE. Das Label garantiert zusätzliche Investitionen in erneuerbare Energien.

Es werden nur Stromtarife zertifiziert, bei denen die Kunden vollständig mit Strom aus erneuerbaren Energien beliefert werden und bei denen darüber hinaus ein fester Förderbetrag pro Kilowattstunde in den Ausbau erneuerbarer und in innovative Energiewendeprojekte fließt. Das sind meist Investitionszuschüsse für Erneuerbare-Energien-Anlagen, oft neue Solaranlagen oder Windräder. Mehr als 1 800 Energiewendeprojekte wurden mit dem Geld bereits finanziert.

Der Förderbetrag muss für Kundinnen und Kunden mit einem Verbrauch bis zu 10 000 Kilowattstunden mindestens 0,5 Cent pro Kilowattstunde betragen. Welche Projekte und Anlagen gefördert werden dürfen, regelt ein strenger Kriterienkatalog. Er wurde 2021 geändert, seither darf auch Geld in Projekte fließen, die zur Biodiversität beitragen – das sind beispielsweise Streuobstwiesen. Die Biodiversitätsförderung ist aber nur erlaubt, falls der Stromanbieter mehr als den Mindestaufpreis von 0,5 Cent verlangt und dann nur mit dem Anteil, der über den 0,5 Cent liegt. Somit bleibt der Kern, Energiewendeprojekte zu fördern, erhalten. Neu ist auch, dass mit dem Aufpreis Projekte aus dem Bereich Wärme und Mobilität gefördert werden dürfen. Die neuen Kriterien sollen neben dem Ausstieg aus der fossilen Energie langfristig den Weg zum Einstieg in die Erneuerbaren auf allen Sektoren ebnen.

Das Label verlangt, dass die Herkunftsnachweise (HKNs) und die gekauften Strommengen aus derselben erneuerbaren Energiequelle stammen. Diese Koppelung sorgt dafür, dass Anbieter nicht Atom- oder Kohlestrom mit Herkunftsnachweisen grün waschen können. Das Geschäftsmodell, HKNs für skandinavische Wasserkraft zu kaufen und damit Kohlestrom grün zu waschen, ist damit bei Tarifen mit dem Grüner-Strom-Label vom Tisch. Auch tabu ist, Strom aus ausländischen geförderten Anlagen zu zertifizieren. In einigen Ländern ist es nämlich erlaubt, dass Erneuerbare-Energien-Anlagen (EE-Anlagen), die öffentlich gefördert werden, HKNs erhalten und damit ihren Strom »doppelt« vermarkten dürfen. Der aktuelle Kriterienkatalog schließt Tarife, die solchen Strom anbieten, aus der Zertifizierung aus.

Wenn sie wollen, können sich Labelnehmer testieren lassen, dass ihr Strom aus deutschen oder regionalen Kraftwerken stammt, dass er aus eigenen Anlagen kommt oder aus der Direktvermarktung von EEG-fähigen Anlagen bezogen wird.

Zwar zeichnet das Grüner-Strom-Label Ökostromtarife aus, es stellt aber auch Anforderungen an den Energieanbieter. Danach werde Unternehmen, die sich negativ gegenüber der erneuerbaren Energieerzeugung verhielten, das Label grundsätzlich nicht erteilt.

Auch Unternehmen, die an einem Atomkraftwerk direkt beteiligt sind, bekommen kein Label. Direkte Beteiligung heißt, dass die Unternehmen das Atomkraftwerk selbst betreiben oder mit Stammkapital beziehungsweise Grundkapital an einer Betreibergesellschaft beteiligt sind.

Ein Unternehmen, das zum Stichtag 1.1.2027 noch direkt an einem Kohlekraftwerk beteiligt ist, bekommt kein Label. Diese Bedingungen gelten auch für Muttergesellschaften der jeweiligen Energieanbieter, die mit mehr als 50 Prozent am Labelnehmer beteiligt sind, und für Tochtergesellschaften, an denen der Labelnehmer mit mehr als 50 Prozent beteiligt ist.

Stand Sommer 2023 waren 210 Ökostromtarife mit dem Grüner-Strom-Label zertifiziert, insgesamt wurden 92 Millionen Euro Fördergelder damit akquiriert. Alle zertifizierten Tarife sowie ein Vergleichsrechner und die detaillierten Kriterien und Zertifizierungsbedingungen finden sich transparent dargestellt auf der Homepage gruenerstromlabel.de.

ok-power-Label

Das ok-power-Label wird vom im Jahr 2000 gegründeten Verein EnergieVision verantwortet. Träger dieses Vereins sind das Öko-Institut e. V. und die HIR Hamburg Institut Research gGmbH. Das Label sieht Pflichtkriterien und Wahlpflichtkriterien vor. Erstere müssen alle zertifizierten Tarife erfüllen, unter letzteren können die Anbieter eines oder mehrere wählen.

Erstes Pflichtkriterium ist, dass Anbieter ihren Kundinnen und Kunden nur Strom aus erneuerbarer Energie liefern dürfen. Darüber hinaus gibt es Pflichtkriterien für die Verflechtung mit Atom- und Kohlekraftwerkseigentümern und -betreibern: Die Anbieter dürfen nicht an Atomkraftwerken beteiligt sein. Für den Fall, dass eine am Ökostromanbieter beteiligte Gesellschaft an einem Atomkraftwerk beteiligt ist, muss die Beteiligung am Ökostromanbieter unter 50 Prozent liegen. Das Gleiche gilt für Beteiligungen an Braunkohlekraftwerken. An Steinkohlekraftwerken dürfen die Anbieter nicht beteiligt sein, wenn die Kraftwerke erstmals nach dem 1. Januar 2015 in Betrieb gegangen sind oder wenn sie nach dem 1. Januar 2011 Beteiligungen an einem Steinkohlekraftwerk erworben haben. Zu den Pflichtkriterien gehören auch einige Verbraucherschutzelemente. So dürfen Anbieter von Strom für private Endkundinnen und -kunden keine Vorkasse-Zahlungen verlangen und keine Mindestabnahmemengen vorschreiben.

Mit den Wahlpflichtkriterien will das ok-power-Label sicherstellen, dass durch den Ökostromtarif ein zusätzlicher Treiber für die Energiewende entsteht. Das von den meisten Anbietern gewählte Kriterium ist die Neuanlagenförderung. Dazu müssen sie entweder Herkunftsnachweise (HKNs) aus neuen Anlagen beschaffen oder sich stark in Finanzierung, Bau und Betrieb von Erneuerbare-Energien-Anlagen engagieren.

Als weiteres Wahlpflichtkriterium lässt das Label die Förderung innovativer Energieprojekte zu. Das können zum Beispiel Energieeffizienzmaßnahmen sein, die den Strombedarf reduzieren, oder Mieterstrommodelle, die den Ausbau von Fotovoltaikanlagen vorantreiben. Dazu muss der Ökostromanbieter pro verkaufter Kilowattstunde einen festen Betrag – mindestens 0,2 Cent – in solche Projekte investieren. Anbieter, die ihre gesamte Strommenge nach ok-power-Kriterien zertifizieren lassen, erhalten das ok-power-plus-Siegel.

Die detaillierten Kriterien und die Regeln für den Zertifizierungsprozess finden sich transparent dargestellt auf der Webseite ok-power.de. Hier gibt es auch einen Vergleichsrechner. Zudem sind die zertifizierten Tarife und Anbieter aufgeführt und nach welchem Wahlpflichtkriterium die Tarife zertifiziert sind.

Gibt's das auch in Grün?

Ein wirksames Ökostromprodukt trägt transparent, etwa mittels eines klar definierten Aufpreises, zum Ausbau der erneuerbaren Energien bei. Orientierung im Tarifdschungel bieten unsere Tests und die Labels ok-power und Grüner Strom.

Ein Ökostromtarif ist kein moralisches Must-have – auch nicht für superengagierte Ökos. Strom ist teuer. Sie brauchen kein schlechtes Gewissen zu haben, wenn Sie deshalb einfach einen möglichst günstigen Stromtarif wählen, denn Sie tragen bereits von Gesetzes wegen – über die Finanzierung der EEG-Anlagen – maßgeblich zur Energiewende bei. Wir alle bezahlen mit unseren Steuern und Abgaben – bis zum Juli 2022 mit der EEG-Umlage – einen riesigen Batzen für die Energiewende. Allein im Jahr 2019 wurden laut Bundesnetzagentur rund 27,6 Milliarden Euro EEG-Zahlungen vorgenommen. Zum Vergleich: Die Fördermittel, die das Ökostromlabel Grüner Strom bislang insgesamt generiert hat, belaufen sich – nach eigenen Angaben – gerade einmal auf 92 Millionen.

Klar: Es ist prima, wenn Sie ein vorbildliches Unternehmen unterstützen. Wer aus politischen Gründen kleine, unabhängige Anbieter wählt, die seit Jahrzehnten für erneuerbare Energien kämpfen, setzt damit natürlich immer noch ein politisches Signal.

Sie können sich auch finanziell an Energiewendeprojekten beteiligen. Manche Energieunternehmen bieten, oft zusammen mit Genossenschaften, schon Beteiligungen im niedrigen dreistelligen Euro-Bereich an. Bürger-Energiegenossenschaften sorgen vor Ort für neue Anlagen, unterstützen dezentrale Strukturen und schaffen mehr Akzeptanz für die Erzeugung erneuerbarer Energie.

Sie können selbst Ökostrom erzeugen. Eine Fotovoltaikanlage auf dem Dach, ein Solarmodul auf dem Balkon – rechnen Sie durch, ob die Investition wirtschaftlich sinnvoll ist, kalkulieren Sie Fördermittel beziehungsweise die EEG-Vergütung mit ein und starten Sie durch.

Erneuerbare Energie erzeugen und Energie sparen – das gehört zusammen. Vor allem für Hausbesitzerinnen, aber auch für Mieter. Es gibt sehr viele Förderprogramme für eigene Fotovoltaikanlagen, Energiesparmaßnahmen und bauliche Verbesserungen, vom Heizungstausch bis zur Dämmung oder dem Austausch alter Energiefresser. Engagieren Sie einen Energieberater, er erstellt Ihren Möglichkeiten und Wünschen entsprechend einen Sanierungsfahrplan, hilft beim Beantragen von Fördergeldern und gibt wichtige Hinweise zum Einsparen von Energie.

Ganz klar: Die umweltfreundlichste Energie ist die, die erst gar nicht produziert werden muss. Der beste Ökostrom ist der, der nicht verbraucht wird. Energiesparen ist definitiv das Beste für die Energiewende. Das muss vor allem im Großen geschehen, von Seiten der Industrie, mit neuen Technologien. Dazu gibt es aber auch im privaten Konsumverhalten sehr viele Gelegenheiten: energieeffiziente Haushaltsgeräte wählen und sparsam betreiben, Stand-by vermeiden, energiesparende Beleuchtungssysteme wählen, kleinere Geräte wählen und, und, und.

DAS ZEIGEN UNSERE TESTS

Auf dem Markt für Ökostromprodukte gibt es mittlerweile mehr als 1 000 Tarife. Die haben wir natürlich nicht alle geprüft. Aber wir haben uns ein breites Spektrum an Ökostromtarifen angesehen und aus der langen Liste solche Tarife ausgewählt, die in den meisten Gemeinden Deutschlands erhältlich waren. Für die überwiegende Zahl der Ökostromtarife, die wir in Zusammenarbeit mit dem Institut für Zukunftsenergie und Stoffstromsysteme (IZES) geprüft haben, lautete das Urteil: »mangelhaft«. Unsere Anforderungen waren einfach, aber streng: Ökostromprodukte müssen dem zur EEG-Förderung zusätzlichen Ausbau erneuerbarer Energien dienen und sie müssen das für ihre Kundinnen und Kunden transparent auf ihrer Webseite darstellen. Im Jahr 2022 haben wir 14 von 78 geprüften Tarifen mit »sehr gut« und vier mit »gut« bewertet, 42 schnitten »mangelhaft« ab. Ein Jahr zuvor (2021) waren von 69 geprüften Tarifen zehn »sehr gut«, 49 jedoch »mangelhaft«. Die »mangelhaft« bewerteten hatten für uns keine nachvollziehbare Ausbauwirkung auf zusätzliche erneuerbare Energien – zumindest ließen sie uns und ihre Kundinnen und Kunden auf ihren Webseiten darüber völlig im Unklaren. An der transparenten Darstellung haperte es sogar bei einigen Tarifen mit Grüner-Strom-Label oder ok-power-Zertifikat.

Aus *ÖKO-TEST*-Sicht ist es aber wichtig, dass Kundinnen und Kunden nachvollziehen können, was sie mit ihrem Ökostromtarif bewirken. Anders als zum Beispiel ein gesundes, biologisch erzeugtes Lebensmittel ohne Pestizide, da sind wir wieder bei unserem Bio-Vollkornbrötchen, bietet Ökostrom keinen direkten Produktvorteil für Verbraucherinnen und Verbraucher. Wer sich für ein Ökostromprodukt entscheidet, möchte damit erneuerbare Energien fördern. Umso wichtiger ist es aus unserer Sicht, dass Anbieter ihren Kundinnen und Kunden auf ihren Internetseiten transparent darlegen und belegen, wie der Ausbau mit dem angebotenen Ökostromprodukt funktioniert. Zu den empfehlenswerten Produkten gehörten daher Tarife mit einem klaren Aufpreis, den die Anbieter – auf der Internetseite nachvollziehbar kommuniziert – in den Ausbau erneuerbarer Energien stecken. Außerdem »sehr gut«: Tarife von Anbietern, die – nachvollziehbar – Strom aus Modellen vermarkten, die zusätzlich zu den EEG-geförderten Modellen erneuerbare Energie liefern.

Unter den empfehlenswerten Produkten in unseren Tests sind viele Tarife von Stromanbietern, die zu den Pionieren der erneuerbaren Energien gehören und die schon seit Jahrzehnten für die Energiewende kämpfen. Dazu zählen zum Beispiel Green Planet Energy (ehemals Greenpeace Energy) und die Elektrizitätswerke Schönau (EWS). Sie und etliche andere Unternehmen mit Anspruch haben mit ihrem politischen Engagement viel für die Energiewende getan und schaffen es auch heute unter den komplexen Marktbedingungen noch, wirksame Ökostromtarife anzubieten und auf ihren Internetseiten umfassend und transparent über ihre Tarife und ihre Arbeit zu informieren. Aber auch etliche eher klassische Anbieter – zum Beispiel die Stadtwerke Münster – liefern Ökostromtarife mit Zusatznutzen und kommunizieren fair und transparent.

Was unsere Tests aber ebenso zeigen: Viele Internetauftritte sind wenig kundenfreundlich und es fehlt an Transparenz. Teils nennen die Anbieter Zertifizierungen von Stromprodukten, zeigen aber die Zertifikate nicht. Dazu kommen häufig aussagelose Produktbeschreibungen und schwer nachvollziehbare Tarifübersichten. Auch viele neue Labels sind aus Verbrauchersicht wenig aussagekräftig. Einige der

Labels und Zertifizierungen, auf die wir bei unseren Tests gestoßen sind, bescheinigen beispielsweise lediglich, dass die bestehenden rechtlichen Regelungen etwa im Hinblick auf die Entwertung von Herkunftsnachweisen eingehalten werden. Dass Anbieter Gesetze einhalten, halten wir aber für eine Selbstverständlichkeit.

– AUTSCH! –

- Die meisten Ökostromtarife bringen die Energiewende nicht weiter, sie beruhen auf dem Handel mit Herkunftsnachweisen aus uralten Wasserkraftwerken und bewirken keinen Zubau von Neuanlagen.

- Mit Herkunftsnachweisen lässt sich Strom, der auch Anteile von Kohle- oder Atomstrom hat, grün waschen und als Ökostrom verkaufen.

- Der Bezug von Ökostromtarifen trägt – aufgrund des komplexen Beschaffungssystems und des Handels mit Herkunftsnachweisen – kaum zum Klimaschutz bei. Werbung wie »durch den Wechsel zu XY können Sie aktiv zum Klimaschutz beitragen« sehen wir deshalb sehr kritisch.

Inside *ÖKO-TEST*

Ökostrom bedeutete lange Zeit: Kampf gegen Atomkraft, Kampf gegen Konzerne, Kampf für saubere Energie. Weil *ÖKO-TEST* im Grunde eine ganz ähnliche Geschichte hat wie viele Pioniere des Ökostroms, waren unsere Tests lange Zeit vor allem an energiepolitischen Kriterien ausgerichtet.

Das erste ÖKO-TEST Magazin erschien 1985, in dem Jahr, in dem Joschka Fischer in Wiesbaden zum ersten Grünen Umweltminister vereidigt wurde, auf der Höhe der damaligen Umweltbewegung. Die Gründungscrew formulierte in ihren Statuten: »Das Ziel ist: Wir wollen die Leser des ÖKO-TEST Magazins über die Möglichkeiten einer gesünderen Lebensweise und eines verantwortungsvollen Verhaltens informieren.« Als Zielgruppe hatten die Pioniere den »normalen Stadtbewohner« im Sinn, »der sich mit der Vergiftung seiner Lebensumstände nicht abfinden will«. Sie schrieben: »Das ÖKO-TEST Magazin zielt in erster Linie auf Menschen mit Umwelt- und Gesundheitsbewusstsein, die eine Orientierung haben wollen bei dem Bemühen, gesund zu leben und sich halbwegs umweltfreundlich zu verhalten.«

Das klingt auch heute noch gut, mit dem Unterschied, dass ÖKO-TEST damals eine absolute Pionierstellung innehatte und die Ansichten einer kleinen Minderheit vertrat. Das hat sich gewaltig geändert. Das Konzept von 1985 trifft heute nicht ein Häuflein langhaariger Ökos, sondern ziemlich viele Menschen. Ein verantwortungsbewusstes und umweltfreundliches Leben gehört heute zum guten Ton. Die Debatten in den Medien drehen sich um Klimaschutz und Nachhaltigkeit. »Normale Stadtbewohner« retten Lebensmittel, entscheiden sich für eine vegane Ernährung und kaufen Bio-Gemüse. Ohne Gift. Eltern begleiten ihre Kinder zur Klimaschutzdemo und diskutieren am Küchentisch über Schokoaufstrich ohne Palmöl.

Klingt nach einem großen und breiten Engagement für die Umwelt. Klingt aber auch danach, dass die Sache ganz schön vielfältig und kompliziert geworden ist. In den schlechten alten Zeiten war klar, wo die Fronten verlaufen. Atomkraft? Nein danke! Große Energiekonzerne? Igitt! Entsprechend sahen unsere Tests von Ökostromtarifen aus. Wir richteten uns nach einer exklusiven Liste des Öko-Instituts, der damaligen EcoTopTen, und recherchierten, ob die dort gelisteten Anbieter Atomstrom oder Kohlestrom in ihrem Portfolio hatten. Bei Verflechtungen gab es Notenabzug. Doch die Zeiten änderten sich. Die Zahl der Ökostromtarife stieg gewaltig – es gab schließlich immer mehr Menschen, die Ökostrom nachfragten. Statt nur einer Handvoll Strompioniere brachten auf einmal

Hinz und Kunz – ganz zu schweigen von Eon und RWE – einen Ökostromtarif heraus. Eine Auswertung eines Energiedienstleisters kam im Jahr 2021 auf sage und schreibe 1 284 Ökostromtarife. Was sollten Verbraucherinnen und Verbraucher von all diesen Tarifen halten? Ein Ökostromtarif von Vattenfall oder EnBW? Was soll das sein?

Parallel zu dieser Entwicklung schlug das EEG voll ein. Der Ausbau erneuerbarer Energien beschleunigte sich. Der Reaktorunfall in Fukushima gab den deutschen Atomkraftwerken den Rest: Im Juni 2011 beschloss der Bundestag, dass die letzten Atomreaktoren bis Ende 2022 abgeschaltet werden sollen, am 15. April 2023 gingen dann die letzten drei Atomkraftwerke vom Netz. Dieses politische Ziel war erreicht. Und der Kohlestrom? Hopp, hopp, hopp, Kohlestopp? Auch der Kohleausstieg ist politisch beschlossene Sache. Bis spätestens 2038 soll das letzte Kohlekraftwerk in Deutschland stillgelegt werden. Was früher Minderheitenmeinung war, ist heute Staatsräson.

Wie geht *ÖKO-TEST* mit diesem Wandel um? Wir haben unsere Tests von Ökostromtarifen erweitert. Wir schauen uns genau an, welche Tarife die Energiewende zusätzlich zum EEG voranbringen, und bewerten, ob die Anbieter das transparent auf ihren Websites kommunizieren. Das politische Kriterium »Verflechtungen mit Kohle oder Atomstrom« rückte in den Hintergrund. Natürlich schlägt unser Herz für engagierte Unternehmen, die den Atom- und Kohleausstieg auf den Weg gebracht haben. Aber wir sehen auch, dass das System Ökostrom so groß und kompliziert geworden ist, der Markt für Ökostromprodukte so riesig, dass wir in erster Linie Klarheit brauchen. Unser Credo: Nur aufgeklärte Verbraucherinnen und Verbraucher können auf der Grundlage sachlicher Informationen umweltbewusste Entscheidungen treffen. Das Thema Ökostrom ist ein gutes Beispiel dafür, dass dies heute nicht mehr so einfach ist, wie es vor 40 Jahren vielleicht einmal schien. Politisch ist der Kampf für erneuerbare Energien gewonnen – erst einmal. Aber der Planet benötigt noch weiter unsere Hilfe. Praktisch bleibt somit unendlich viel zu tun. Wir glauben fest daran, dass eine der Grundvoraussetzungen für den ökologischen Wandel ist, dass die Menschen wissen, was bei Produkten, die sie kaufen, mit »öko« oder »grün« gemeint ist.

In aller Kürze: **ÖKOSTROM**

⇨ Der große Motor der Energiewende ist die Förderung durch das Erneuerbare-Energien-Gesetz (EEG). Der Löwenanteil des grünen Stroms in Deutschland stammt aus diesen geförderten Anlagen.

⇨ Doch Strom aus EEG-geförderten Anlagen darf nicht als Ökostrom vermarktet werden. Er taucht aber in der Stromkennzeichnung auf, weil er von uns Kundinnen und Kunden finanziert wird und uns deshalb auch zugeschrieben wird.

⇨ Zur Vermarktung von Ökostrom müssen Herkunftsnachweise entwertet werden. Die werden nur für grünen Strom ausgestellt, der nicht durch EEG-Mittel gefördert wurde. Sie sind ein Instrument zur Nachverfolgung und verhindern, dass erneuerbare Energie doppelt vermarktet wird.

⇨ Die Herkunftsnachweise stammen aus ganz Europa. In Deutschland werden zum Großteil Herkunftsnachweise aus skandinavischen Wasserkraftwerken entwertet. Das europaweite Angebot an HKNs ist viel größer als die Nachfrage nach Ökostromtarifen.

⇨ Herkunftsnachweise, gerade die aus Skandinavien, sind relativ günstig und die Nachfrage nach Ökostrom erhöht deshalb nicht automatisch das Angebot an neuen Anlagen zur Erzeugung erneuerbarer Energie.

⇨ Trotz aller Einschränkungen: Mit der Wahl eines wirksamen Ökostromtarifs können Verbraucherinnen und Verbraucher einen kleinen Beitrag zum zusätzlichen Ausbau erneuerbarer Energien leisten und Unternehmen unterstützen, die sich stark für die Energiewende engagieren.

NERVEN SIE!

Gibt's das auch in Grün? Ja, gibt es. Der Skandal dabei: Sich beim Einkauf ökologischer, fairer oder sozialer zu verhalten, kostet mehr Geld, als das nicht zu tun. Konventionelles Fleisch ist billiger als ökologisches, Kuhmilch günstiger als Hafermilch, Flugrosen aus Kenia kosten weniger als regionale Öko-Tulpen, das Shein-Shirt weniger als das mit Fairtrade-Zertifikat, und, na klar, auch feste Naturkosmetik-Shampoos sind teurer als konventionelle in Plastikflaschen. Sobald wir mit unserem Einkauf die Umwelt schützen wollen, sobald wir das Auto stehen lassen und dafür mit dem Zug fahren, müssen wir tiefer in die Tasche greifen. Weil die Allgemeinheit die Kosten übernimmt, die die umweltschädliche Produktion konventioneller Produkte verursacht. Weil wir für unsere Billigprodukte Menschen in ärmeren Ländern ausbeuten und für fast nichts arbeiten lassen. Weil der Markt nicht den Regeln der Moral, sondern denen des Kapitalismus folgt.

So kommt es, dass nicht wir Verbraucherinnen und Verbraucher den wirklichen Preis von Flugrosen, Billigfleisch und Ultra Fast Fashion zahlen, sondern andere. Im Falle des konventionellen Fleischs sind es die Tiere, die in den engen Ställen vor sich hin vegetieren und mit Antibiotika vollgepumpt werden. Es sind die Landwirtinnen und Landwirte, die unter dem Preisdumping leiden und ihre Höfe aufgeben müssen. Und es ist die Umwelt, weil Massentierhaltung extrem klimaschädlich ist. Im Falle der Flugrosen aus Kenia sind es die mies bezahlten Arbeiterinnen und Arbeiter auf den Feldern, die hochgiftige Pestizide spritzen, die teilweise bei uns längst verboten sind, und dabei nicht einmal Schutzkleidung tragen. Die Umwelt, wegen der hochgiftigen Pestizide und weil die Rosen zu uns geflogen werden und im Anbau im trockenen Kenia extrem viel Wasser verbrauchen. Und im Falle der Billigklamotten sind es die Arbeiterinnen und Arbeiter in Asien, die für einen Hungerlohn mit gefährlichen Chemikalien arbeiten. Die Flüsse und Seen in Asien, in die diese Chemikalien teils ungefiltert entsorgt werden. Und die Menschen und die Umwelt in vielen Ländern Afrikas, in denen riesige unserer Textilberge vor sich hin gammeln oder verbrannt werden. Wir profitieren von billigen Produkten, die Industrie externalisiert die Kosten und exportiert Umweltsünden.

Na klar, Ausbeutung ist nicht nur ein Thema des globalen Südens und unser System hat auch hierzulande zur Folge, dass nicht jede und jeder tiefer in die Tasche greifen kann, um ökologische, fairere Einkaufsentscheidungen zu treffen. Nicht alle haben überhaupt die finanziellen Möglichkeiten, sich diesen »Luxus« zu leisten. Was für ein mieses, falsches System, dass das überhaupt ein Luxus ist.

Aber wo immer es möglich ist: Tun Sie's. Nicht nur, weil das ein besseres Gefühl gibt. Wenn Sie feste Naturkosmetik kaufen, ökologische, regionale und saisonale Lebensmittel, nachhaltige und faire Kleidung – dann erkennen Firmen das als Trend. Schließlich würde es kaum so viele Bio-Lebensmittel im Discounter geben, kaum so eine große Auswahl an Milchersatzprodukten oder fester Kosmetik, wenn Industrie und Handel da nicht schon umgesteuert hätten. Der Markt regelt – so fies das oft ist, so positiv kann es auch mal sein –, denn wenn der Markt regionale Bio-Hafermilch oder festes Shampoo will, bekommt er das.

Aber lassen Sie sich nicht für dumm verkaufen. Unterscheiden Sie beim Einkauf zwischen echten Bemühungen um mehr Nachhaltigkeit und reinem Greenwashing der Firmen. »100 % recyceltes Plastik im Flaschenkörper«? Sie wissen: Hier geht es nur um die Flasche, nicht um Deckel. Und 100 Prozent von vielleicht 80 Prozent sind eben nur 80 Prozent. »Klimaneutrale Milch«? Sie wissen: Kuhmilch ist per se klimaschädlich, da helfen ein paar billig gekaufte Zertifikate für Klimaschutzprojekte im globalen Süden wenig. Es gibt keine klimaneutralen Lebensmittel im Supermarkt, es gibt keine klimaneutralen Kosmetika und klimaneutralen Ökostrom gibt es schon gar nicht. Wenn die Werbung dann sogar noch von »CO_2-positiv« oder »klimapositiv« spricht, bitte einfach weghören. Konsum hat grundsätzlich einen negativen Einfluss auf die Umwelt, kein Produkt der Welt kann so hergestellt sein, dass es sogar einen positiven Einfluss auf sie haben könnte. Das sind alles Versuche der Industrie, die Produkte grün zu waschen.

Greenwashing schadet. Es schadet dem Großen und Ganzen. Es bremst die nachhaltige Entwicklung, weil wir Verbraucherinnen und Verbraucher die echten Bemühungen und Verbesserungen nicht mehr erkennen können und nicht die wirklich umweltfreundlichen Produkte kaufen. Und Greenwashing schadet im konkreten Einzelfall: wenn Unternehmen für ihr Greenwashing, für ihre blumigen Worte auf den Verpackungen, mehr Platz brauchen und ihre Verpackungen aufblasen. Wenn sie also Extraverpackungsmüll produzieren für ihre grünen Lügen. Fallen Sie nicht auf den schäbigen Trick rein: Unnötige Umverpackungen mit leeren Versprechen können Sie einfach liegen lassen.

Die gute Nachricht in Sachen »Gibt's das auch in Grün?«: Es kann sogar günstiger sein, ökologischer (oder zumindest weniger umweltschädlich) einzukaufen. Sie brauchen höchstens vier verschiedene Putzmittel, Spezialreiniger können Sie sich sparen. Auch das teure Mineralwasser, ob nun bio oder nicht, können Sie im Regal stehen lassen. Leitungswasser ist in aller Regel sauber, günstiger und viel, viel besser für die Umwelt. Und wenn Sie sich bezüglich der Sauberkeit unsicher sein sollten – etwa, weil Sie in einem Haus mit alten Leitungen wohnen –, dann lassen Sie das Wasser untersuchen. Die Kosten dafür haben Sie schnell wieder drin, wenn Sie danach das so viel günstigere Leitungswasser trinken. Gesichtscreme für 375 Euro? Ein hochpreisiges Hyaluron-Serum? Kann man machen, hilft dann aber auch nicht gegen Falten. Dann besser 20 Euro in Kosmetik aus nachwachsenden Rohstoffen investieren. Selbst ein teurer Ökostromtarif ist kein ökologisches Must-have – bringt die Energiewende ja kaum weiter. Wählen Sie einfach den günstigsten Tarif, den Sie finden. Und falls Sie das Geld danach übrighaben, unterstützen Sie damit ein Projekt, das wirklich einen Beitrag zur Energiewende leistet.

Und ja, der Einkauf ökologischer, fairerer, nachhaltigerer Produkte ist teurer als der klimaschädlicher. Aber das umweltfreundlichste Hemd, das ökologischste Steak ist jenes, das gar nicht erst produziert wird. Der beste Strom ist jener, der gar nicht erst verbraucht wird. Wir schützen die Umwelt also auch und vor allem, wenn wir uns ein bisschen zurücknehmen. Wenn wir weniger Klamotten kaufen – und wenn, dann vielleicht gebrauchte Klamotten. Nur sonntags Fleisch essen, wenn überhaupt. Und: wenn wir Energie sparen, statt teuren Ökostrom zu bezahlen.

Klar bringen unsere Kaufentscheidungen etwas! Zu sagen, dass bewusster und reduzierter Konsum von Einzelnen überhaupt nicht weiterhilft, ist ein bisschen so, als würden wir sagen: Die Sache mit dem Wählen können wir im Grunde auch gleich lassen, was soll das schon bringen – eine einzelne Stimme. Aber es geht bei einer Wahl nun einmal nicht um eine einzelne Stimme, sondern um Demokratie. Und es geht bei ökologischen Kaufentscheidungen nicht um einen einzelnen Einkauf, sondern darum, gemeinsam die Firmen dazu zu bewegen, umweltfreundlichere Produkte zu verkaufen.

Aber gerade weil die Abstimmung an der Kasse Geld kostet und das in Zeiten von hoher Inflation und oft niedrigen Löhnen häufig knapp ist: Wer es sich nicht leisten kann, zu den teureren Produkten zu greifen, der kann es sich nicht leisten. Punkt. Öko-Produkte sind toll, aber allein damit retten wir die Welt nicht. Denn wir brauchen nicht nur das richtige Shampoo, wir brauchen das richtige Mindset, um gemeinsam etwas im Großen zu verändern.

Wir können noch Wichtigeres tun, als korrekt zu konsumieren

Einfach zurücklehnen ist angesichts der massiven Veränderungen, die das Klima bereits jetzt durchlebt, die denkbar schlechteste Option. Die verheerenden Waldbrände, die Überschwemmungen, die Hitzewellen und Dürren – alles erste Vorboten für das, was uns in den kommenden Jahrzehnten erwartet. Erste Vorboten für das Leben auf einem Planeten, der in weiten Teilen nicht bewohnbar sein wird – wenn wir nicht jetzt gegensteuern.

Was also tun? Jede Menge. Beispielsweise aufhören, für Klimakiller zu arbeiten. Was, wenn der klimaschädlichen Industrie der Nachwuchs ausbleibt? Wenn die auf dem Arbeitsmarkt so krass umworbene junge Generation nur für Firmen arbeitet, die sich aktiv für Umwelt-

und Klimaschutz einsetzen? »Climate Quitting« nennt sich das, was tatsächlich schon einige, vor allem junge Arbeitnehmerinnen und Arbeiternehmer, tun: Sie kündigen, wenn ihr Unternehmen der Umwelt schadet. Was für ein effektives Druckmittel auf die Arbeitgeber – in dem schon jetzt so hart umkämpften Arbeitnehmermarkt.

Aber da geht noch mehr: Wir können auf die Straße gehen, Bürgerinitiativen unterstützen, uns politisch engagieren. Denn natürlich ist es in erster Linie die Politik – und nicht wir als Einzelne –, die die Konzerne dazu bewegen muss, umweltfreundlicher zu produzieren. Und natürlich ist es die Politik, die die Konzerne davon abhalten muss, uns ihre mangelnden Bemühungen mit vollmundigen Klimaversprechen grün zu waschen. Sie muss dafür sorgen, dass Lebensmittel ihren wahren Preis kosten. Dass die Unternehmen die Schäden, die durch Ausbeutung der Umwelt entstehen, einpreisen müssen. Ja, dass eben am Ende im Supermarktregal die regionale Bio-Hafermilch günstiger ist als die konventionelle Kuhmilch. Aber weder Politik noch Industrie bewegen sich ohne Druck. Helfen Sie dabei, den Druck zu erhöhen.

Wir bei ÖKO-TEST machen schon seit fast 40 Jahren Druck und wir haben damit gute Erfahrungen gemacht. Machen Sie mit. Nerven Sie die Unternehmen. Sie sind König Kunde, Kaiserin Kundin. Die Unternehmen leben von Ihren Bedürfnissen und sind auf Ihre Kaufentscheidungen angewiesen. Fragen Sie nach, wenn auf einem Kleidungsstück Ihrer Lieblingsmarke kein Hinweis auf faire Produktion, kein Hinweis auf ökologische Herstellung steht. Haken Sie nach, wenn Ihnen nicht klar ist, woher die Rosen stammen, die Sie kaufen wollen. Wenden Sie sich an die Firma, die ihre Milch als »klimaneutral« bewirbt – fragen Sie, wie aus einem der klimaschädlichsten Lebensmittel überhaupt, hex-hex, ein klimaneutrales geworden ist. Gehen Sie den Konzernen auf die Nerven, so richtig – so, wie wir es machen, Tag für Tag. Fragen Sie: »Gibt's das auch in Grün?« So lange, bis es das wirklich auch in Grün gibt. Wir machen das auch, versprochen.

DANK

K lar, geschrieben haben wir dieses Buch – das Projekt wäre aber ohne unser gesamtes Team bei *ÖKO-TEST* nicht möglich gewesen. Ganz besonders danken möchten wir Annette Dohrmann für die liebevolle Redigatur und Dr. Jürgen Steinert für seinen geduldigen fachlichen Beistand. Beiden auch ein großes Danke dafür, dass sie uns im Verlag den Rücken freigehalten haben, wenn wir uns in unseren Büros zum Schreiben verkrochen haben. Ein herzliches Dankeschön auch an den Vorstand der *ÖKO-TEST* AG, Dr. Serge Schäfers, der dieses Projekt befürwortet und unterstützt hat.

Bei *ÖKO-TEST* müssen wir grundsätzlich sehr akribisch arbeiten, schließlich hängt an unseren Ergebnissen immens viel. Fact Checking können wir also – und so ist auch jedes Kapitel dieses Buchs aufs Genaueste geprüft. Dafür möchten wir Heike Baier, Vanessa Christa, Birgit Hinsch, Lisa-Marie Karl, Marieke Mariani, Johanna Michl, Bianca Puff, Verena Richter, Karen Richterich, Philip Schulze und Christine Throl von Herzen danken. Ein großes Danke geht auch an Dr. Nadine Dinig für die juristische Prüfung dieses Buchs und an Norbert Schüren, den Aufsichtsratsvorsitzenden der *ÖKO-TEST* AG – dafür, dass er an *ÖKO-TEST* glaubt und uns und unsere Arbeit unterstützt.

Zu guter Letzt müssen wir ein Greenwashing in eigener Sache gestehen: Das Jackett, das Katja Tölle auf dem Cover trägt, ist eigentlich blau. Als unsere Fotografin Nina Rocco (mit dankenswerter Begleitung unserer Art-Direktorin Bettina Kratzsch) das Foto schoss, stand der Titel des Buchs noch nicht fest. Als dann klar war, dass es *Gibt's das auch in Grün?* heißen würde, lag es natürlich nahe, dass wir beide grün tragen auf dem Cover. Was also tun? Eine grüne Bluse kaufen, neu shooten? Ja, oder selbst ein bisschen schummeln. Und so hat unsere Bildredakteurin Sina Kern das Jackett kurzerhand grün eingefärbt. Wir hoffen, dass Sie uns dieses kleine Greenwashing verzeihen – immerhin ist es tatsächlich nachhaltig, weil wir kein neues grünes Jackett gekauft haben. Danke an alle Beteiligten für das großartige Cover.

Und nur deswegen zum Schluss, weil er das Buch finalisiert hat: Unser Dank geht auch an Patrik Ludwig vom Campus Verlag, der unserem Buch mit seinem konstruktiven und genauen Lektorat den letzten Feinschliff gegeben hat.

ANMERKUNGEN

1 Weit gereister Irrsinn

1 Test Weinblätter (*ÖKO-TEST* Magazin 04/2023)
2 Test Kidneybohnen (*ÖKO-TEST* Magazin 10/2021)
3 Test Erdnüsse, gesalzen (*ÖKO-TEST* Magazin 09/2021, Jahrbuch für 2022)
4 Test Tiefkühlkräuter (*ÖKO-TEST* Magazin 01/2023)
5 Test Honig (*ÖKO-TEST* Magazin 11/2022)
6 Test Leinsamen (*ÖKO-TEST* Magazin 02/2022)
7 Malet, Jean-Baptiste: *Das Tomatenimperium*. Eichborn 2018, S. 88
8 Test Ketchup (*ÖKO-TEST* Magazin 03/2023)
9 Test geschälte Tomaten (*ÖKO-TEST* Magazin 07/2023)
10 Test Erdbeeren (*ÖKO-TEST* Magazin 05/2023)
11 Test Rosen (*ÖKO-TEST* Magazin 02/2023)
12 Verordnung (EU) 2018/848 über die ökologische/biologische Produktion und die Kennzeichnung von ökologischen/biologischen Erzeugnissen sowie zur Aufhebung der Verordnung (EG) Nr. 834/2007 des Rates
13 https://www.hjheinz.de/grownnotmade?category=ketchup

2 Abgepumpt: Der Kampf ums Wasser

1 Test Mineralwasser, medium (*ÖKO-TEST* Magazin 06/2023)
2 Test Mineralwasser, medium (*ÖKO-TEST* Magazin 06/2020, Jahrbuch für 2021)
3 https://www.stern.de/genuss/mineralwasser-pruefung-in-der-kritik---keine-wissenschaftliche-belege--9325390.html

3 Das tierisch schlechte Gewissen

1 Test Quark (*ÖKO-TEST* Magazin 02/2018, Spezial vegetarisch & vegan 11/2018, Jahrbuch für 2019)
2 Test Bio-Milch (*ÖKO-TEST* Magazin 02/2021)
3 Test Butter (*ÖKO-TEST* Magazin 12/2022)

4 https://www.bmel.de/DE/themen/tiere/tierschutz/herausforderungen-schweinehal tung.html

5 Ebd.

6 https://www.aktionsplankupierverzicht.bayern.de/

7 https://www.gesetze-im-internet.de/tierschg/BJNR012770972.html

8 Test Grillwürste (*ÖKO-TEST* Magazin 07/2022)

9 Test Chicken Nuggets (*ÖKO-TEST* Magazin 11/2017, Jahrbuch Kinder & Familie für 2018)

10 Test Chicken Nuggets (*ÖKO-TEST* Magazin 08/2023)

11 https://www.foodwatch.org/de/kuekentoeten-verbot-sag-mir-wo-die-haehne-sind

12 Test Grillwürste (*ÖKO-TEST* Magazin 07/2016)

4 Klimakämpfer Soja und Co.

1 Test Tofu, natur (*ÖKO-TEST* Magazin 08/2022, Spezial vegetarisch & vegan 11/2022, Jahrbuch für 2023)

2 Test Pflanzendrinks (*ÖKO-TEST* Magazin 03/2019, Spezial vegetarisch & vegan 11/2019, Jahrbuch für 2020)

3 Test Haferdrinks (*ÖKO-TEST* Magazin 11/2021, Jahrbuch Kinder & Familie für 2022)

4 Test Veggie-Hackfleisch (*ÖKO-TEST* Magazin 03/2021)

5 Test Veganer Aufschnitt (*ÖKO-TEST* Magazin 04/2022, Spezial vegetarisch & vegan 11/2022)

6 Test Vegane Nuggets (*ÖKO-TEST* Magazin 08/2023)

5 Kosmetik: Schöner Schein

1 https://www.cremedelamer.de/customer-service-careers

2 https://www.cremedelamer.de/product/5834/12343/face/moisturizers/creme-de-la-mer#/sku/26766

3 https://lexparency.de/eu/32009R1223/ART_2/

4 Test Gesichtscremes (*ÖKO-TEST* Magazin 02/2022, Ratgeber Kosmetik 06/2022, Jahrbuch Kosmetik für 2023)

5 Test Feuchtigkeitsseren (*ÖKO-TEST* Magazin 05/2021)

6 Test Anti-Schuppen-Shampoos (*ÖKO-TEST* Magazin 05/2023)

7 Demeter: Richtlinien 2022, S. 9 (https://www.demeter.de/sites/default/files/2022-11/richtlinien_gesamt.pdf)

8 https://www.umweltbundesamt.de/biobasierte-biologisch-abbaubare-kunststoffe#311-bieten-einwegprodukte-aus-biologisch-abbaubaren-kunststoffen-vorteile

9 Test Feste Shampoos (*ÖKO-TEST* Magazin 09/2023)

10 Test Zahncremes, universal (*ÖKO-TEST* Magazin 04/2023, Ratgeber Kosmetik 06/2023)

11 Test Augencremes (*ÖKO-TEST* Magazin 03/2022, Ratgeber Kosmetik 06/2022, Jahrbuch Kosmetik für 2023)

12 Test Anti-Cellulite-Mittel (*ÖKO-TEST* Magazin 04/2023, Ratgeber Kosmetik 06/2023)

13 Test Reinigungsmasken (*ÖKO-TEST* Magazin 11/2022, Jahrbuch Kosmetik für 2023)

6 Mikroplastik aus der Tube

1 https://www.bfr.bund.de/de/mikroplastik__fakten__forschung_und_offene_fra gen-192185.html

2 Test Gesichtspeelings (*ÖKO-TEST* Magazin 09/2020, Jahrbuch Kosmetik für 2021)

3 Test Körperpeelings (*ÖKO-TEST* Magazin 02/2020, Jahrbuch für 2021)

4 Test Körperpeelings (*ÖKO-TEST* Magazin 02/2017, Ratgeber Kosmetik 2017, Jahrbuch für 2018)

5 Test Körperpeelings (*ÖKO-TEST* Magazin 03/2023, Ratgeber Kosmetik 06/2023)

6 Test Haarstyling-Produkte (*ÖKO-TEST* Magazin 04/2022, Ratgeber Kosmetik 06/2022)

7 Test Schaumfestiger (*ÖKO-TEST* Magazin 01/2023, Ratgeber Kosmetik 06/2023)

8 Test Vollwaschmittel (*ÖKO-TEST* Magazin 09/2019)

7 Waschmittel: Das Geschäft mit der Reinheit

1 Test Color-Waschmittel (*ÖKO-TEST* Magazin 09/2023)

2 Test Flüssigwaschmittel (*ÖKO-TEST* Magazin 07/2020)

8 Putzmittel: Grüner Glanz?

1 Test Allzweckreiniger (*ÖKO-TEST* Magazin 11/2020)

2 Test Badreiniger (*ÖKO-TEST* Magazin 07/2022, Jahrbuch für 2023)

3 Test WC-Reiniger (*ÖKO-TEST* Magazin 08/2021, Jahrbuch für 2022)

4 Test Glasreiniger *(ÖKO-TEST* Magazin 04/2021, Jahrbuch für 2022)

5 https://www.bfr.bund.de/de/fragen_und_antworten_zu_nutzen_und_risiken_von_ desinfektionsmitteln_im_privathaushalt-190275.html

9 (Ultra) Fast Fashion: Untragbar

1 https://www.bmuv.de/themen/nachhaltigkeit/konsum-und-produkte/produktbe reiche/mode-und-textilien

2 Test Damenjeans (*ÖKO-TEST* Magazin 08/2019, Jahrbuch für 2020)

3 Test Krabbelschuhe (*ÖKO-TEST* Magazin 02/2023, Spezial Baby 04/2023)

10 Ökostrom Reloaded

1 OLG Schleswig, Urteil vom 03.09.2020 – 6 U 16/19 (https://openjur.de/u/2299766.html)

Heike Buchter
Wer wird Milliardär?
Vom grossen globalen Abkassieren

2023. 320 Seiten. Gebunden

Auch als E-Book erhältlich

Superreiche kapern unsere Welt

Unser Finanzsystem ist ihre Geldmaschine, unsere Arbeit ist ihr Spielball, unser Land ist ihr Rohstofflager, unsere Gesundheit sind ihre Patente, unsere Umweltschäden sind ihr Profit: Die Milliardäre der Welt bekommen immer mehr Geld und immer mehr Macht. Dabei haben viele von ihnen nicht mal ein Produkt erfunden und erst recht kein Start-up zum Großkonzern geführt. Sie machen schlicht mit viel Geld immer mehr. Doch wer sind diese Geldherrscher? Wall-Street-Korrespondentin Heike Buchter stellt die relevanten Akteure vor, die ihre ganz persönliche Agenda verfolgen und bei denen es sich nicht nur um die üblichen Verdächtigen handelt. Ihr Aufstieg ist das Resultat eines überdrehten Finanzkapitalismus, der droht, unsere Demokratie auszuhöhlen. Enthüllende Geschichten von Finanztycoons, Silicon-Valley-Investoren, Oligarchen und Industriekapitalisten aus den verschiedensten Ländern kombiniert mit augenöffnendem Finanzwissen.

campus.de

Frankfurt. New York